Institutional Desirability and Economic Growth: A Study on China's Road to Development

制度适宜与经济增长

——中国发展道路研究

李若谷　何自云 ◎ 著

中国金融出版社

责任编辑：仲　垣　张黎黎
责任校对：孙　蕊
责任印制：赵燕红

图书在版编目（CIP）数据

制度适宜与经济增长——中国发展道路研究／李若谷，何自云著．—北京：中国金融出版社，2018.11
ISBN 978-7-5049-9758-6

Ⅰ.①制…　Ⅱ.①李…②何…　Ⅲ.①中国经济—经济制度—研究②中国经济—经济增长—研究　Ⅳ.①F12

中国版本图书馆 CIP 数据核字（2018）第 218372 号

出版发行　中国金融出版社
社址　北京市丰台区益泽路 2 号
市场开发部　(010)63266347，63805472，63439533（传真）
网上书店　http：//www.chinafph.com
(010)63286832，63365686（传真）
读者服务部　(010)66070833，62568380
邮编　100071
经销　新华书店
印刷　保利达印务有限公司
尺寸　169 毫米×239 毫米
印张　19
字数　231 千
版次　2018 年 11 月第 1 版
印次　2018 年 11 月第 1 次印刷
定价　68.00 元
ISBN 978-7-5049-9758-6
如出现印装错误本社负责调换　联系电话(010)63263947

献给中国改革开放四十周年

前 言

（一）

2018年是中国改革开放四十周年。这四十年来中国经济增长取得了举世瞩目的巨大成就，中国在国际上的地位也得到了大幅度的提升，但与此同时，中国在国际上也面临着越来越大的压力。中国的市场经济地位饱受质疑。

对中国发展方式的不理解，从根本上源于对中国发展道路的不理解。改革开放四十年来，中国走了一条不同于西方的发展道路，这条道路与许多发展中国家不成功的发展模式形成了鲜明的对比，有人将其称为“北京共识”，也有人称其为“中国模式”。无论何种称谓，中国的发展理念、发展道路为几个世纪以来苦苦探索发展理念和发展道路的广大后发国家提供了选择。

中国在经济建设上已取得了显著的成就，现在需要在理论上也取得应有的成就，关键是要让世界了解并理解中国制度上的成就，这与西方过去所取得的成就一样是人类共同的财富。希望中西文化互学互鉴，共同促进人类社会的发展。

改革开放前夕，经过一场轰轰烈烈的解放思想的大讨论，形成了“实践是检验真理的唯一标准”的共识，为实施改革开放奠定了思想基础。目前，中国再次面临如何发展的问题。应该承认中国过去四十年的成功与充分融入世界市场、利用已有的国际制度是分不开的。因此，总结好经验与教训，对全世界其他国家的发展也会有启示。

（二）

制度适宜是中国发展道路的核心，也是解释中国改革开放经济持续高速增长的关键。中国的发展道路就是坚持把经济发展作为最主要的目标，只要是能使经济不断发展和生产力不断提升的做法就支持。同时，必须处理好稳定、发展与改革的关系。没有稳定的环境，经济发展无法实现，没有不断的改革，发展也无法实现，而发展又是稳定和改革的基础。要发展就不能墨守成规，就必须敢于创新，敢于冲破原有制度的束缚。改革也好，创新也好，检验的标准只有一个，即是否能促进先进生产力的发展。中国发展的经验就是要有适宜的制度，适宜的制度就是能够促进发展的制度。因此，制度的选择应该与特定国家的经济发展水平、文化传统、意识形态和所处的国际环境相适应，同时要随着条件和环境的改变，特别是随着生产力水平的改变而不断调整，在变与不变之中达成适宜制度。因此，制度适宜实际上是变与不变的哲学，环境是变的，制度是变的，而制度必须适应发展的需要这一原则是不变的。

制度适宜理论与西方制度经济学的关键区别在于，前者认为，对于经济发展来说，并不存在最优制度，也不存在普适性制度。无论是市场经济模式还是计划经济模式，无论是“华盛顿共识”还是“北京共识”，都不可能在所有发展阶段适用于所有国家；任何国家都必须根据自己的具体国情和具体环境，探索建立适合于自己的独特制度。

东西方在经济发展基本理论方面是有差异的。西方的观念中总是有一个所谓的“最佳模式”，世界各国都应当效仿，例如“华盛顿共识”。但世界是具有多样性的，这个所谓的最佳模式不可能适用于所有国家的所有发展阶段。这种思维方式不变，就不会有前途。“华盛顿共识”在拉丁美洲和非洲一些国家实行多年，并没能帮助这些国家复制美国的成功，相反遗留下来的是增长缓慢甚至近乎停滞的经济，以及所谓的“民主政治”，使这些国家贻误了集中发展的时机。而中国发展之所以成功，就是因为它是一个“没有模式的模式”，也就是根据自己的情况和发展阶段建立最适合自己的适宜制度，不断地去适应经济基础的发展情况和要求。

中国改革的渐进特征是对制度适宜这一原则的最好诠释。中国在推出一项改革措施时，总是先在较小范围内进行试点，根据试点的情况进行修正、完善，然后逐步推广到更多的地区。这样做的好处是，改革措施更贴近各地的实际情况，通过试点检验后也容易为广大群众所理解和接受，从而有利于国家政治、经济和社会的稳定，因而较容易取得成功。

制度适宜的基本原则是中国哲学思想的充分体现。“中和”是中国哲学思想的核心。《中庸》中说：“中也者，天下之大本也；和也者，天下之达道也。致中和，天地位焉，万物育焉。”“中和”就是反对极端和对立，崇尚和谐，遵循自然法则。道家学派代表人物老子讲“人法地，地法天，天法道，道法自然”，强调的就是人、地、天、道应一脉相承、顺应自然的运行法则。因此，中国人在社会活动中更注重自我节制，强调根据客观情况和现实环境，逐步达到自己的目的，而不盲目追求理论中存在而现实中无法达到的所谓最优，不追求并不存在的“最佳制度”，而是侧重更符合实际的解决办法，寻找适合特定环境的适宜制度。因而，坚定对以适宜制度为核心的中国发展道路的信心，也必将有助于坚定对中国文化的信心。

（三）

改革开放以来中国经济之所以能够实现持续的高速增长，主要得益于在制度适宜这一总原则下成功解决了如下两个方面的关键问题：一是建立起了有效的激励机制，为中国高增长提供了强劲的经济动力；二是在中国共产党的领导下，通过政府主导，创造了一个有利于经济发展的稳定环境。这两个方面互为支撑、互为强化，缺一不可。

改革开放以前中国建立的高度集中计划经济体制，在初期为促进中国经济的恢复和发展发挥了积极的作用，用不到30年的时间就建立了比较好的工业基础，但随着经济条件的变化其弊端开始显现，其中最为突出的一点就是激励不足。改革开放最为明显的成就是建立起了有效的激励机制："以经济建设为中心"的战略转换激发了各级政府和广大人民发展经济的积极性，使得大量有利于经济增长的政策得以出台，并得到有效实施；通过分权让利还原了个人、企业的经济主体地位，解决了竞争和激励问题，在各类市场主体的逐利行为下，更多的经济资源被投入到了生产活动当中；通过发挥市场的调节作用，解决了集中决策的信息成本问题，各种经济资源得到更加有效的配置，提高了经济效率；对外开放参与国际市场和分工扩大了市场范围，发挥了比较优势和后发优势，提高了中国经济的竞争力。这几个方面的有机结合，激发了全社会的改革热情、劳动热情、投资热情和教育热情，为中国的高速增长提供了强大的经济动力。

仅仅建立起有效激励机制还远远不足以实现实际的经济增长，实施"休克疗法"的转轨经济国家的例子就说明了这一点：它们通过私有化，建立起了强有力的激励机制，但并没有实现经济的持续高速增长。中国高增长的实现，除了经济动力和资金来源以外，还得益于一个使这一强大动力得以充分发挥作用的重要因素，那就是稳定的环境，而这一点是在中国共产党的领导下通过政府主导实现的。中国共产党领导下的政府是中国改革的主要推动者和领导者，中国共产党坚持以人民为中心的发展思想确保了改革的普惠目标，这一点为改革的成功奠定了坚定基础。改革得到了广大人民群众的真心拥护，再加上改革推进的渐进性，保证了改革过程中整个社会的稳定。由于中国经济增长的资金主要来源于银行体系通过贷款创造的货币，如果管理得不好，就有可能产生威胁经济金融稳定的两个不利后果，一是不良贷款，二是通货膨胀。中国在改革开放的过程中，确实曾一度形成了巨额的不良贷款，但银行和企业的国有属性确保了经济金融的稳定，同时通过一系列措施使得这些不良贷款得到了较好的处置，使其对社会经济发展的副作用降到了尽可能低的程度，而使其创造货币进而刺激经济增长的正面作用却得到了更加充分的发挥。中国改革开放以来的货币增长率始终大大超过实际经济增长率，但却始终保持物价的基本稳定，并未出现持续的或严重的通货膨胀。其主要原因在于，中国政府对银行体系的严格管理使中国居民对银行体系有着几乎从未动摇的信心，中国相当部分的货币被持有者视为一种资产持有着，并未形成促进商品价格上涨的压力，再加上中国价格体制改革的渐进性，物价得以始终保持基本稳定。

当然，政府和市场的作用都不应被神化。市场与政府对经济的调节作用不是一成不变的，而是在动态中寻找平衡。如果盲目相信市场的作用，走向市场原教旨主义，经济危机就会出现。如果过分使用政府的力量去调整经济，就会扭曲市场，阻碍经济的发展。这已经被中国过去四十年的发展所印证。

正如赫拉克利特所说，“人不能两次踏入同一条河流”，中国的经济体制改革已经持续了四十年，与四十年前相比，当前的改革在指导思想、具体内容和重点领域等方面可以说是截然不同。从制度适宜角度来看，先进生产力的发展要求不断作出制度上的改革以适应生产力发展的需要。党的十四大提出的使企业真正成为“市场竞争的主体”、使市场对资源配置起“基础性作用”（党的十八届三中全会改为“决定性作用”）是实现制度适宜性的关键。绝不能因为政府主导的发展模式曾经取得成功就认为这个模式可以一成不变地坚持下去。随着市场主体的大量增加和多元化，以及经济规模的不断扩大，政府配置资源的效率在不断下降，现在已经到了让市场在资源配置上发挥决定性作用的时候了。同时，也要时刻警惕市场失灵的发生。要在继续中国经济高增长的同时不断调整以实现制度的适宜性，其中蕴含的正是变与不变的哲学思想。

（四）

本书是由我和何自云合作，在我十年前出版的《制度适宜与经济发展：基于中国实践的发展经济学》一书（以下简称原书）的基础上增补、删节、修改而成。本书保留了原书对制度适宜理论的阐述和对不同经济发展模式的比较分析，许多论述今天仍然成立，故未作修改。本书增加了对中国经济增长逻辑的具体讨论以及近年来我对中国发展道路的一些新思考，更新了部分数据，修正了一些文字表述。为节省篇幅，本书删除了原书中很具启示性的大量图表、数据和分析，因此，原书仍有阅读和参考价值。

原书把中国发展经验概括为“中国模式”。虽然我在原书中已经反复强调，“中国发展模式从根本上说并非某种特定的模式，而是一种方法、理念和哲学思想，它强调变是永恒的”，近年来我也不断指出，“中国模式是没有模式的模式”，但“模式”一词常常容易引起误解，可能会被认为应该能在其他国家或地区直接复制使用。为了避免这种误解，在本书中将其改称为“中国发展道路”。

需要指出的是，本书所讨论的经济问题是正式的银行体系建立之后的问题，而不是人类发展其他阶段的问题。

在本书的出版过程中，中国金融出版社的魏革军社长，以及仲垣、张黎黎编辑都做出了巨大努力，向他们表示真诚感谢。

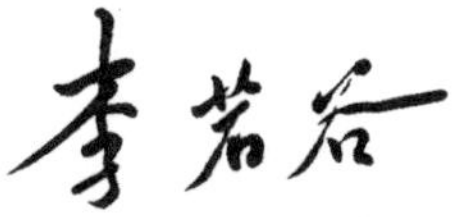

2018 年 7 月 1 日

目 录

第一章　中国经济高增长实践的理论挑战 /1

第一节　改革开放后中国经济出现高增长 /1
第二节　对中国经济何以快速增长的理论解释尚不充分 /11
第三节　制度适宜是解释中国之谜的钥匙 /28

第二章　制度适宜与政府和市场作用的边界 /32

第一节　制度与制度适宜 /32
第二节　制度适宜的标准 /39
第三节　制度适宜的相对性和动态性 /51
第四节　政府与市场作用的边界和驼峰路径 /56
第五节　适宜制度的产生 /70

第三章　经济发展模式与发展中经济体的选择 /77

第一节　发展中经济体对发展道路的探索 /77
第二节　西方模式 /84
第三节　东亚模式 /90
第四节　苏联模式 /105
第五节　拉丁美洲模式 /112
第六节　发展中经济体经济发展模式的选择 /128

第四章　中国计划经济的制度适宜性 /135

第一节　近代中国经济的困境和变革 /135
第二节　新中国计划经济体制的建立及其必然性 /139
第三节　中国计划经济体制的主要特点 /144
第四节　计划经济体制的适宜性 /150
第五节　计划经济体制所产生的问题 /155

第五章　制度适宜、激励机制与中国高增长的经济动力 /162

第一节　改革的宏观经济动力和基本路径 /162
第二节　逐步市场化与微观经济动力的激发 /170
第三节　制度适宜激发劳动热情 /178
第四节　制度适宜激发投资热情 /187
第五节　制度适宜激发教育热情 /192

第六章　制度适宜、政府主导与中国高增长的稳定环境 /196

第一节　中国改革的政府主导性 /196
第二节　中国改革的渐进性和社会稳定 /203
第三节　不良贷款的“贡献”与经济金融稳定 /216

第七章　制度适宜视角下的中国发展道路 /228

第一节　中国经济发展的成功经验值得总结 /228
第二节　中国发展道路的普遍性 /240
第三节　中国发展道路的特殊性 /255
第四节　以制度创新推进全面深化改革 /263
第五节　需要新的思想解放 /271

参考文献 /277

第一章　中国经济高增长实践的理论挑战

中国经济自1978年改革开放到现在，在长达四十年的时间里平均保持着近10%的高速增长，这在世界经济发展史上实属罕见，吸引了国内外众多学者投入到试图揭开其谜底的研究中，但迄今为止仍然没有找到令人满意的答案。本章对现有的解释中国经济高增长的文献进行回顾，并提出自己的研究视角。

第一节　改革开放后中国经济出现高增长

一、中国经济增长的巨大成就

改革开放以来，中国经济建设硕果累累，工业化、城镇化速度加快，经济结构持续优化，人民生活显著改善，贫困人口大幅下降，对外贸易额日益扩大，吸引外资不断增加，国际经济合作成就斐然，对外援助日渐拓展，国际地位显著提高，走出了一条有中国特色的发展道路。

（一）国民经济高速增长

新中国脱胎于半殖民地半封建社会，经济基础可说是一穷二白。1952年，中国的GDP仅为679亿元。经过20多年的建设，1978年GDP达到3 645亿元，排世界第10位，扣除价格因素，1952—1978

年的年均增长率为6.1%。[①] 改革开放以来，中国经济开始了长达四十年增长过程，经济总量不断扩大，与发达国家的差距迅速缩小。表1.1的数据显示，2010年，中国GDP首次超过日本达到41.30万亿元，跃居世界第二位，而在同一年，中国在货物出口总额和外汇储备两个方面都位居世界第一位。尤其值得注意的是，2016年中国成为第二大对外直接投资国，标志着中国在“引进来”的同时，也已经开始大规模“走出去”了。

表1.1　　中国主要经济指标居世界的位次

指　　标	1978年	1980年	1990年	2000年	2010年	2015年	2016年
国内生产总值	11	12	11	6	2	2	2
货物进出口贸易总额	29	26	16	8	2	1	2
出口额	31	30	15	7	1	1	1
进口额	29	22	18	8	2	2	2
外商直接投资	128	55	13	9	2	4	3
对外直接投资	45	63	23	35	5	5	2
外汇储备	38	36	9	2	1	1	1

数据来源：国家统计局：《国际统计年鉴》，2017。

1978—2016年，中国GDP年均增长率从改革开放前的6.1%大幅提高到9.6%，成为世界上经济增长速度最快的国家之一，对世界经济增长作出了巨大贡献。2016年中国对世界GDP增长的贡献率达到了32.4%，而1990年时还只有2.8%（见图1.1）。

① 除非另外注明，本书正文所引数据中，1978年前的数据来源于：国家统计局，1999；1978—2016年的数据来源于国家统计局编辑的历年《中国统计年鉴》和《国际统计年鉴》。

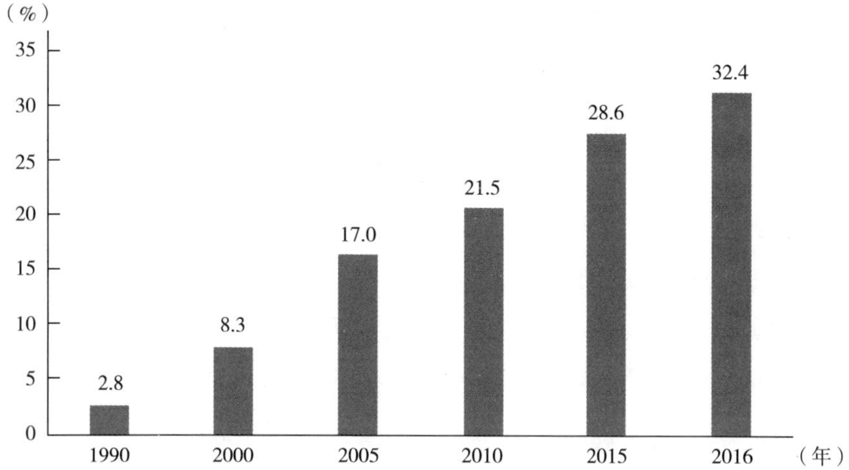

数据来源：国家统计局：《国际统计年鉴》，2017。

图 1.1　中国对世界 GDP 增长的贡献率

（二）工业化快速推进

新中国成立之初，工业部门产值在国民经济中的比重仅为 17.6%，全部工业增加值只有 120 亿元，部门残缺不全，生产技术落后，工业结构畸形，基础非常薄弱。经过六十多年的建设特别是改革开放以来四十年的发展，中国的工业化程度不断提高，建立了门类比较齐全、布局比较合理、独立的工业体系，生产能力大大增强，已由传统的农业国转变为初步实现工业化的国家。工业增加值由 1978 年的 1 621 亿元增加到 2016 年的 24.8 万亿元，按可比价计算平均每年增长 11.0%。在工业规模迅速壮大的同时，工业实力也不断增强，钢、煤、棉布、化纤、水泥、化肥、空调、电视机等产量已跃居世界首位，“中国制造”与世界经济的融合进一步加快，中国正在成为世界工业生产和出口加工的最大基地。

（三）城镇化进程稳中趋快

新中国成立之初，中国 90% 以上的人口在农村，随着改革开放的逐步深入和经济发展水平的不断提高，城镇化速度开始加快。1978 年全国人口为 9.6 亿人，其中乡村人口为 7.9 亿人，城镇人口为 1.7 亿人，城镇化率（即城镇人口占总人口的比重）不到 18%。全国就业人口为 4 亿人，2.8 亿人在农业，0.7 亿人在工业，0.5 亿人在服务业，农业就业占总就业的 70%。中国城镇化率 1993 年上升到 28%，2005 年达到 43%，2017 年达到了 58.52%。按照这个速度，中国只需要 30 年就能达到工业化高级阶段的人口城镇化率——75%。从国际来看，英国城镇化水平从 26% 提高到 70% 用了 90 年时间，法国从 25.5% 提高到 71.7%、美国从 25.7% 提高到 75.2% 都用了 120 年（罗志刚，2007），而中国可能只需要 60 年。

（四）人民生活显著改善

新中国成立时，城镇居民人均年现金收入还不足 100 元，农村居民人均年生活消费支出仅 40 元左右，很多人处于极度贫困的境地。改革开放初期，仍有 3 亿多贫困人口。改革开放以来，从脱离贫困、解决温饱，到迈向小康，人民生活水平显著提高。城镇居民人均可支配收入从 1978 年的 343 元增加到 2016 年的 33 616 元，扣除物价因素后实际增长 15.6 倍，年均递增 7.5%。农村居民人均纯收入由 1978 年的 134 元提高到 2016 年的 12 363 元，扣除物价因素后实际增长 14.7 倍，年均增长 7.3%。

中国的减贫工作取得巨大成就，为全世界减贫事业作出了重要贡献。四十年来，中国使 7 亿多人口摆脱贫困，占全球减贫人口的 70% 以上（国务院，2016）。

（五）中国经济全面融入经济全球化进程

改革开放之前，由于受国内外各种条件的限制，中国对外经济关系的发展受到很大制约。党的十一届三中全会以后，中国经济发生了翻天覆地的变化，中国的对外经济交往无论数量还是质量都实现了巨大的飞跃，中国经济日益融入全球化的国际经济体系。

第一，在对外贸易方面，1950 年，中国的进出口总额仅为 11.3 亿美元，其中出口 5.5 亿美元；1978 年，进出口总额为 206.4 亿美元，排世界第 27 位，其中出口 97.5 亿美元，仅占世界份额的 0.75%，居全球第 28 位，进口 108.9 亿美元，仅占世界份额的 0.81%，居全球第 27 位。改革开放以来，中国树立大经贸思想，不断深化外经贸体制改革，推动对外贸易不断发展。2016 年，中国进出口总额达到 36 855亿美元，其中出口 20 976 亿美元，比 1978 年扩大近 216 倍，占全球出口总额的比例上升至 13.1%；进口 15 879 亿美元，比 1978 年扩大近 146 倍，占全球进口总额的比例上升至 9.8%。外汇储备也由 1952 年的 1.39 亿美元、1978 年的 1.67 亿美元增至 2017 年的 3.12 万亿美元，长期保持世界第一大外汇储备持有国的地位。

第二，在吸引外资方面，新中国成立之初，由于受到西方国家的经济封锁，中国利用外资渠道单一，规模小，主要依靠苏联提供低息贷款，即使在改革开放的前 4 年累计利用外资也仅 124.6 亿美元。随着改革开放的不断深入，引进外资的工作得到迅速发展，利用外资规模不断扩大。1979—2016 年，中国共批准外商投资项目 86.4 万个，实际利用外资总额累计达 19 721 亿美元，其中外商直接投资为 17 655 亿美元。从 1992 年开始，中国吸引外资总额连续保持发展中国家首位，中国已成为世界上最受外资欢迎的国家之一。

第三，在海外投资方面，中国的改革开放是“引进来”与“走出去”相结合的。随着中国经济的不断发展和开放程度的日益提高，中国企业也主动“走出去”，积极开拓海外市场，对外投资取得显著进展。2015 年中国实现直接投资项下的资本净输出，成为全球第二大对外投资国。2016 年中国对外投资水平再创新高，全年对外产业投资（非金融类直接投资）累计超过 1 700 亿美元，同比增长 44%，覆盖全球164个国家和地区的7 961家境外企业。2017年中国对外直接投资1 200亿美元，同比下降29%，非理性对外投资得到切实有效遏制。随着中国经济的进一步改革开放，中国企业国际化发展要更注重质量，更注重经济效益和技术含量。

第四，在金融业的国际化方面，金融业对外开放稳步推进。以银行业为例，截至2016年末，外资银行在中国27个省（区、市）的70个城市设立营业机构，形成有一定覆盖面和市场深度的总行、分行、支行服务网络，营业网点达1 031家。其中，14个国家和地区的银行在中国设立了37家外商独资银行（下设314家分行）、1家合资银行（下设1家分行）和1家外商独资财务公司；26个国家和地区的68家外国银行在中国设立了200家分行。另有44个国家和地区的145家外资银行在中国设立了166家代表处。在中国外资银行本外币资产总额达到29 286亿元，占中国银行业金融机构总资产的1.29%。与此同时，国内的金融机构也积极“走出去”参与国际竞争。截至2016年末，15家主要中资银行共在50多个国家和地区设立了220多家机构，其中，五大国有商业银行共设立海外机构180多家，其中，中国银行和中国工商银行分别为56家和49家（《中国银行业监督管理委员会2016年年报》）。2018年，中国又宣布了进一步开放金融业的措施，随着这些措施的落实，相信中外金融机构在中国市场的公平竞争与合作会有新的发展。

第五，在对外援助方面，中国政府一直把提供力所能及的对外援助作为履行国际义务的重要手段。自新中国成立以来，中国共向166个国家和国际组织提供了近4 000亿元人民币无偿援助，为发展中国家培训各类人员1 200多万人次，派遣60多万名援助人员，其中700多人为他国发展献出了宝贵生命。2008年以来，中国连续多年成为最不发达国家第一大出口市场，吸收最不发达国家约23%的产品出口（国务院，2016）。

二、中国经济持续高速增长

（一）1978 年以来中国经济增长的速度是世界上最快的

速度快是中国经济增长最为显著的特点。改革开放以来的四十年，是中国经济转轨的四十年，也是中国经济不断跨上新台阶的四十年。与世界其他国家（地区）相比，中国经济的增长速度一直处于领先地位。与同时期世界经济增长相比，中国 1978—2016 年的 GDP 增速快于世界平均水平 6. 17 个百分点，比发达国家平均增速快 7. 21 个百分点，比发展中国家快 5. 11 个百分点，尤其是与独联体国家相比，更是高出了 7. 72 个百分点（见表 1. 2）。

表 1. 2　　GDP 增长率的国际比较

国家和地区	年均增长率（%）	中国高出百分点（个）	起迄年份
中国	9. 65		1980—2016
世界	3. 48	6. 17	1980—2016
先进经济体	2. 44	7. 21	1980—2016
欧元区	1. 50	8. 15	1992—2016
七国集团	2. 22	7. 43	1980—2016
其他先进经济体	3. 95	5. 70	1980—2016
欧盟	1. 91	7. 74	1980—2016
新兴市场和发展中国家	4. 54	5. 11	1980—2016
独联体国家	1. 93	7. 72	1993—2016
亚洲新兴市场与发展中国家	7. 37	2. 28	1980—2016
欧洲新兴市场与发展中国家	2. 99	6. 66	1980—2016
东盟五国	5. 31	4. 34	1980—2016
拉丁美洲和加勒比地区	2. 68	6. 97	1980—2016
中东、北非、阿富汗和巴基斯坦	3. 54	6. 11	1980—2016
撒哈拉以南非洲	4. 12	5. 53	1991—2016

数据来源：国际货币基金组织，世界经济展望数据库（World Economic Outlook Databases）。

与其他国家（地区）经济起飞阶段相比，中国改革开放以来GDP年增长率分别比日本和德国相应阶段高0.43个百分点和5.25个百分点；一些东亚国家（地区）的经济起飞曾被世界银行称为“东亚奇迹”，起飞阶段的GDP年均增长率为7.6%，比中国低2.05个百分点；拉丁美洲国家经济发展的黄金时期（1950—1980年）经济增长率为6.5%[①]，比中国低3.15个百分点（见表1.3）。

表1.3 中国与世界其他国家（地区）经济起飞阶段GDP增长率的比较

国家和地区		时间	年均增长率（%）
发达国家	中国	1980—2016年	9.65
	日本	1955—1973年	9.22
	德国	1952—1973年	4.4
亚洲“四小龙”	韩国	1962—1990年	8.37
	新加坡	1965—1990年	9.02
	中国台湾	1960—1990年	8.82
	中国香港	1960—1990年	8.47
亚洲“四小虎”	马来西亚	1970—1996年	7.51
	印度尼西亚	1968—1996年	7.32
	泰国	1970—1996年	7.54
	菲律宾	1970—1996年	3.55
拉丁美洲国家	墨西哥	1950—1980年	6.71
	巴西	1950—1980年	7.29
	哥伦比亚	1950—1980年	5.38

数据来源：国际货币基金组织，世界经济展望数据库（World Economic Outlook Databases）。

（二）中国经济增长惠及的人口最多

中国是世界上人口最多的国家，人口多、底子薄是中国的基本

① 这里只选取了经济增长比较快的巴西、墨西哥和哥伦比亚作为拉丁美洲国家的代表，如果考虑到其他增速较慢的国家拉低平均水平，则拉丁美洲国家这一阶段的经济增长率应该低于6.5%。

国情。在西方工业化国家中，英、法、德、意等国，人口至今仍没有上亿人，日本有 1 亿多人，美国是 3 亿多人。而中国的人口在 1978 年改革开放初期就已接近 10 亿人，现在接近 14 亿人。拥有这么多人口的大国实现经济起飞在历史上是没有先例的。改革开放的四十年，随着国民经济的迅速发展和综合国力的显著增强，中国依靠自己的力量，解决了几亿贫困人口的温饱问题，使他们的生存权和发展权得到保障；中国让世界五分之一的人口实现了从贫困到小康的历史跨越。

中国经济起飞惠及的人口数量 20 多倍于 19 世纪美国经济起飞阶段，10 多倍于 20 世纪日本经济起飞阶段。正如克鲁格曼对中国经济发展的赞扬，“在人类历史上，还从来没有过如此多的人，在物质生活方面经历如此快速的改善”（Krugman，1994）。

（三）中国经济增长的条件最为复杂

中国的经济发展还面临着复杂特殊的初始条件。例如，中国经济的二元结构特征明显，地区之间发展不平衡的问题严重，造成城乡之间、地区之间的矛盾，阻碍国家统一市场经济体制的形成及社会经济的协调发展。

中国还是一个多民族的国家，占全国总人口 8.41% 的 55 个少数民族分布在占国土面积 64% 的民族地区；2.2 万公里陆地边界线中的 1.9 万公里、135 个边境县中的 107 个都在民族地区；边境地区 2 100多万人口中，近一半是少数民族，有 31 个民族与国外同一民族跨界而居，存在着复杂的民族以及宗教问题（李德洙，2005）。

针对中国经济发展的初始条件，斯蒂格利茨也指出，中国的经济变革比俄罗斯和其他东欧国家复杂与艰难，因为中国经济具有特殊的双重性，中国既是发展中国家，又是转轨国家，必须同时应对体制转型和经济发展两个课题，而不像俄罗斯和其他东欧国家那样仅需要应对体制转型（Stiglitz，1999）。

此外，中国的地理环境也存在许多恶劣因素，如境内沙丘、戈壁、高山等难以利用的土地面积比例高，耕地资源紧缺，自然资源的分布不平衡，资源质量差异悬殊，低质资源所占比重较大等。

在中国的经济发展过程中，各种问题交织在一起，使得中国的改革过程异常艰难，同时也有力地证明了在如此复杂的条件下实现的中国经济发展尤为难能可贵。

（四）中国的发展道路不同于任何既有模式

中国 1978 年以前实行的是高度集中的计划经济体制，1978 年以来实行改革开放，总体方向是趋于市场化。但无论是前者还是后者，都不是照搬某种经济学理论或共识，而是具有鲜明的中国特色。特别是改革开放以来，在建立社会主义市场经济的过程中，中国坚持实践是检验真理的唯一标准，不拘泥于某一教条，不照搬他国经验，不迷信西方专家开出的药方，在实践中保持了实事求是的灵活性；不断吸收东西方的先进文化和传统，在创造性借鉴前人有关理论与经验的基础上，不断摸索并在实践中形成了自身的发展理念和做法。

中国的发展道路不同于以往任何一条道路，是从自身实际出发摸索出来的具有中国特色的道路。这样一种发展道路“难以用西方主流经济学的原理加以说明，好像也不符合正统经济学的逻辑”（张军，1997），因而曾经广受质疑。① 但令人迷惑不解的是，中国经济

① 例如有些学者认为中国总体改革的方式存在缺陷，Murphy、Shleifer 和 Vishny 在改革早期认为增量改革带来的经济扭曲将会导致产出下降；捷克斯洛伐克的前财政部部长同样质疑增量改革，认为“在扭曲经济中进行局部改革的结果，比没有改革还要差”。Dewatripont 和 Roland 从理论上推断增量改革带来的反对力量将使改革过程停滞，甚至是逆转；Sachs、Woo 和 Young 认为中国的国有企业仍占据重要地位，政府干预严重，所以快速增长只是暂时性的；Young 还认为中国增量改革将引致地方政府的保护主义，损害中国的长期经济增长；Gordon 认为中国国有银行必然因呆坏账问题深陷无力偿还贷款的困境，将引发挤兑风潮、股市危机、外国资本撤离、社会出现激烈震荡等一系列严重问题。

的高速发展恰恰就是建立在被描述成“形迹可疑、半生不熟又前后不一”的发展道路之上（萨克斯、胡永泰，1994）。中国特色发展理念和发展道路的形成，丰富了世界经济发展的理论与实践，是中国对世界的贡献。

作为一个初始条件并不好的大国，中国的改革不彻底，制度不完善，受到主流经济学家的诟病，却连续四十年保持国民经济快速增长，中国经济所发生的一切让世界感到不可思议。20 世纪 90 年代后期以来，国际上许多经济学家和研究中国问题的学者都把中国的非凡经济表现视为一个谜（张维迎、栗树和，1998），剑桥大学的诺兰（Nolan）更是在 1993 年发表的文章中专门提出了“中国之谜”（The China Puzzle），诺贝尔经济学奖获得者布坎南（Buchanan）也说过：“中国是个谜。看上去不合理，可是却管用。”（汪丁丁，1998）。中国用事实向世界证明了经济高增长的存在。

第二节 对中国经济何以快速增长的理论解释尚不充分

对经济增长源泉和动力的探索是一个古老而富有魅力的课题，也一直是经济学研究的核心问题之一。中国经济的高速增长引起了国内外学术界的极大兴趣，并对此做了大量研究，从不同角度进行解释，试图揭开谜底。下面考察比较有代表性的几种理论，分析它们对中国经济快速增长的解释力和局限性。

一、从资本积累角度解释

资本积累是经济增长的重要推动因素之一，这一思想至少可追溯到古典经济学时期。马克思创立了独特的资本主义经济增长理论，他是第一位把工业资本积累正式视为经济增长中心现象的经济学家（叶静怡，2003）。

20世纪三四十年代，哈罗德（Harrod）和多马（Domar）在将凯恩斯的短期比较静态分析长期化和动态化的基础上，分别独立地提出了两个基本思想一致的经济增长模型，被合称为哈罗德—多马模型。在一系列严格的假设条件下，哈罗德—多马模型推导出储蓄率即资本的积累率是决定经济增长的唯一因素，该模型也因此成为资本决定论的代表模型。哈罗德—多马模型开创了现代经济增长理论研究的先河，其采用的长期的、动态的分析方法较之凯恩斯理论也更有说服力和应用价值，但它对技术进步的作用重视不够，认为均衡增长只存在于“刀锋”上的结论也与经济现实不太相符。

虽然哈罗德、多马并不是要提出一种发展理论，但早期的发展经济学家深受其影响，大都非常强调资本积累在经济发展中的重要作用。较有代表性的包括纳克斯（Nurkse）的“贫困恶性循环”理论、纳尔逊（Nelson）的“低水平均衡陷阱”理论、缪尔达尔（Myrdal，1957）的“循环累积因果关系”理论、罗丹（Rodan）的“大推进”理论、莱宾斯坦（Leibeinstein）的“临界最小努力”理论、罗斯托（Rostow）的“起飞”理论以及钱纳里和斯特劳特（Chenery and Strout）的“两缺口”理论等。尽管分析的角度和政策主张不尽相同，但他们都认为，资本是发展中国家或地区的高度稀缺资源，资本的形成、规模、结构是影响和制约广大发展中国家或地区经济发展的重要因素和基本约束条件。因此，资本形成是经济发展的核心，发展中国家或地区必须大量积累资本，大幅提高投资水平以摆脱经济贫困落后和停滞的困境。

许多实证研究正面支持了资本决定论。世界银行1986年的《世界发展报告》给出的1960—1984年24个发展中国家的经济增长、净投资率及新增资本—产出比率的资料显示，10个低增长率国家人均 GNP 的年增长率平均为 0.4%，平均净投资率为 10.8%，而 14 个高增长率国家人均 GNP 的年增长率平均为 4.5%，平均净投资率为 18.4%。

许多学者从资本积累的角度解释中国经济的高增长。改革开放以后中国保持了高水平的资本积累，1980 年中国每百万人口的固定资产形成数量只有 8 600 万美元，同期英国是中国的 4 倍左右，美国、德国和法国是中国的 20 多倍，而日本是中国的 40 多倍。到 2005 年，中国每百万人口的固定资产形成数量增加到 7.3 亿美元，增长了 8 倍左右。许多研究结果都表明在中国显著的经济增长中，投资起到了重要的作用。李京文、龚飞鸿、明安书在 1996 年发表的文章中估计 1979—1995 年中国经济增长的资本贡献度为 47%。胡祖六和李山在 1997 年发表的文章中对 1979—1994 年估计的结果与前者基本相同，也为 47%。翟凡在 1998 年发表的文章中估计的资本贡献度更高，达到了 58%。世界银行在 1997 年的报告中估计的结果较低，但也达到了 36%。武剑在 2000 年的分析中指出，1979—1988 年和 1989—1998 年两个时间段中国经济增长的资本贡献度分别达到 50% 和 56%。

毫无疑问，资本积累是推动经济增长的重要因素，在中国经济的高增长中，投资在创造总需求和改进基础设施方面的重要性也得到了广泛的认可。但是，完全从资本角度来解释中国的经济增长也有一定的局限性。它强调了资本形成对促进经济增长的重要性，却忽视了其他因素对经济增长的作用。根据胡祖六和李山的估计，中国 1953—1978 年以及 1979—1994 年两个时间段的年均资本存量增加速度分别是 6.2% 和 7.7%，两个时期资本存量增加速度相差 1.5 个百分点，而中国这两个时期的经济增长速度分别为 5.8% 和 10.1%，相差了 4 个多百分点（胡祖六、李山，1997）。也就是说，即使资本的产出弹性达到 1，资本投入也只能解释中国经济增速加快的不到

40%。更何况，无论是对资本存量还是对资本贡献率的测算，都还存在较大分歧。比如，按照张军的估计，改革后的资本存量增长速度甚至低于改革前（张军，2003）。所以，仅用资本投入难以完全解释改革开放前后经济增长速度的差异。而且，投资对于经济增长的重要性众所周知，但问题是资本的形成不是一个自发的过程，为什么这么高的投资率能在中国维持如此长的时间，许多国家却苦于无力实现足够的资本积累，对这一现象的解释还需要探究更深层次的原因。

二、从技术创新角度解释

虽然斯密早在1776年就意识到了劳动生产率对经济增长的影响和技术进步的可能性，但总体而言古典经济学对技术的描述不够详尽，而且缺乏对技术进步因素在经济增长中具体作用机理的研究。从熊彼特开始，技术创新对经济增长的作用才逐渐为人所认识（Schumpeter，1934）。虽然熊彼特的研究初步给出了技术创新影响经济增长的理论基础，但他的论述缺乏数理分析的支持。

20世纪50年代，索洛（Solow）等在修正哈罗德—多马模型"刀锋"式均衡增长条件的基础上，针对该模型的缺陷，将技术进步引入分析经济增长的因素中，建立了新古典经济增长模型。索洛将资本和劳动力不能解释的经济增长归因为技术进步，即所谓的"索洛余值"，并发现技术进步是比资本、劳动更为重要的经济增长的决定因素。但是，索洛、斯旺等人把技术进步看作是外生的，对决定技术进步的因素未加以深入研究，从而经济的长期增长仍是无法解释的现象，该模型也因此被评价为"解释了一切，但独不能解释长期增长"（Barro and Sala-I-Martin，1995）。

基于这种状况，以罗默（Romer）和卢卡斯（Lucas）等的研究为代表的新增长理论围绕如何将“索洛余值”内生化，对新古典增长模型做了根本性的修正。新增长理论直接把知识和人力资本纳入经济增长分析框架中，研究了经济系统中导致技术进步的源泉，从理论上说明知识、人力资本的积累和技术进步是经济增长的决定因素。罗默（Romer，1986）在阿罗（Arrow，1962）“边干边学”思想的基础上，将知识因素作为内生变量引入增长模型，用知识的积累和溢出来解释经济增长；卢卡斯（Lucas，1988）则沿用宇泽弘文（Uzawa，1965）人力资本的分析框架，认为源于人力资本外部性的递增收益使人力资本成为“增长的发动机”；随后，研究与开发（R&D）模型的提出（Romer，1990；Aghion and Howitt，1992），将技术进步作为技术创新者为了追求自身利益最大化而进行技术投资的结果，大大增强了新增长理论的解释能力。新增长理论在解释“索洛余值”这个黑箱问题上取得了巨大的进步，将知识和人力资本因素纳入经济增长的内生性中，突破了主流经济学理论的分析框架，给增长理论重新注入了活力。它强调一个国家的经济增长主要取决于知识的积累、技术的进步和人力资本的水平，在更大范围内解释了经济现象，其中的政策内涵也更为丰富。

在推进理论研究的同时，经济学家们还做了大量的实证分析以检验技术进步对经济增长的贡献。在新古典框架下，产出增长被分解为可归因于要素增加的增长和未归因于要素增加的剩余增长，后者称为全要素生产率（TFP）增长，被看成是技术创新对于经济增长的长期贡献。索洛计算了美国非农业私营部门20世纪上半叶的全要素生产率增长，发现全要素生产率增长可以解释美国产出增长率的87.5%（Solow，1957）。库兹涅茨依据对主要工业化国家大量经验数据分析的结果，把产业革命以来西方国家现代经济增长的特点描绘成主要依赖技术的持续改进而不是资本积累，因为“科学被广泛地用来解决经济生产问题”（Kuznets，1966）。乔根森认为日本接近 50% 的产出增长以及德国和意大利超过 40% 的产出增长可以归因于全要素生产率的增长（Jorgenson，2001）。

学者们主要从两条路径入手研究技术创新对中国经济增长的影响。一是从增长核算出发，分析中国全要素生产率的增长率及其对产出的贡献。布伦斯泰因和奥斯特里（Borensztein and Ostry）在 1996 年的文章中发现中国全要素生产率的增长率改革前为负，改革后提高到 3.8%，对中国经济增长的贡献超过 30%。邹和李也得到了相似的结论，他们估计改革开放后中国全要素生产率的年均增长率为 3% ~3.7%（Chow and Li，2002）。王小鲁用生产函数法估计中国 1979—1999 年全要素生产率增长率为 1.46%，对经济增长的贡献率为 14.19%（王小鲁，2000）。郭庆旺估计 1979—2004 年中国全要素生产率年均增长率为 0.891%，对经济增长平均贡献率为 9.46%（郭庆旺，2005）。二是从研究与开发（R&D）模型出发，考察研发经费支出与技术进步乃至经济增长间的相关性。张耿庆实证说明了技术利益与经济增长之间确实存在明显的正向联系，技术创新是促使经济增长的格兰杰原因，而且研发费用、国家财政教育经费支出和中国经济增长指标有显著的正相关关系（张耿庆，2007）。

无论从理论还是实践来看，技术进步对于中国经济增长的贡献都是显著的。但是，仅从技术创新角度似乎也难以完全解释中国的经济增长之谜，因为从全要素生产率角度得到的技术进步对中国经济增长的贡献度，即使按照较高的估计，不过 30% 左右，与发达国家全要素生产率对经济增长的贡献程度相比明显偏低，而中国的经济增长率却远远超过了其他发达国家。

三、从对外开放角度的解释

传统理论多是在封闭的格局下考察一国的经济增长，忽略了对外开放对一国经济的影响。在经济日益全球化的背景下，继续孤立地看待各国经济已经不符合现实，于是经济学家开始致力于对开放如何推动经济增长的研究。钱纳里和斯特劳特的“两缺口”理论就从资本积累的角度，说明了在开放经济条件下，积极利用外部资源是发展中国家克服储蓄和外汇约束，促进经济增长的重要而有效的途径（Chenery and Strout，1966）。新增长理论则是从技术进步的角度分析开放推动经济增长的机理，认为对外开放和参与国际贸易可以利用知识和技术的溢出效应，降低创新成本，加速先进技术、知识和人力资本在全球范围内的扩散和积累，从而提高开放国家的总产出水平。同时发展中国家的技术模仿像发达国家的技术创新一样，对本国和世界的经济增长也具有重要影响。

虽然在理论上，一国经济的开放有很多机制可以促进经济增长，但实证研究对于开放作用的评价褒贬兼有。例如，巴拉萨认为发展中国家通过对外出口，提高了本国的经济增长率（Balassa，1978）。但罗德里克等认为是增长推动出口，而不是出口推动增长，通过比较经济增速最快的国家和地区出口占国内（地区）生产总值的比率，以及出口与 GDP 比率增幅最大的国家和地区其人均 GDP 增长幅度，他们得出结论：尽管经济增长较快的国家和地区往往表现出较快的出口增长率，但是出口增长快并不一定带来较快的经济增长（Rodrik，Subramanina and Trebbi，2004）。哈夫曼等分析认为引进外商直接投资（FDI）可以推动经济增长（Haveman，Lei and Netz，2001）。但也有文献认为在发展中国家吸引 FDI 对经济增长的推动作用不明显。

对中国的实证分析也没有得出令人信服的结论。如罗德里克认为中国经济增长属于出口导向型经济，出口贸易特别是出口商品结构的提升，是推动中国经济快速增长的决定性因素（Rodric，2006）。弗昂认为外商投资对中国经济增长的影响重大，除了弥补国内资金短缺，增加资本积累，促进国外先进技术的引进和利用之外，外商投资还能通过加强当地企业竞争、提高劳动力素质和管理水平等溢出效应提高东道国的经济效率（Fung，2002）。但孙焱林分析了资本投资增加、劳动力增加以及出口增长与GDP之间的关系，得到的结论是出口增长同GDP的相互关系并不显著（孙焱林，2000）。包群认为，贸易依存度对经济增长的促进作用是波动的、不稳定的，既有负面效果，也有正面效果（包群，2003）。其他国家对中国的FDI对国内同行业技术溢出效应并不明显（包群，2002）。桑秀国认为FDI同GDP增长率存在正相关关系，但其中因果关系主要是从经济增长到FDI，而非相反（桑秀国，2002）。

尽管实证分析似乎有一些分歧，但至少在现代世界经济史上，没有一个国家的快速现代化是在封闭的环境下取得的。这说明，参与国际经济贸易是一国经济快速发展的必要条件。就中国而言，毋庸置疑，对外开放是经济增长的一个重要推动力。不过，与其他一些较小的经济体，例如东南亚国家不同，大国在开放中面临的形势和挑战更为严峻和复杂。中国作为一个大国，却能维持更高的开放度并从中受益，其背后的原因和机理还有待探讨。而且在整个20世纪80年代，外贸出口和利用外资规模在中国经济总量中所占的份额并不高，但经济增长速度却有了较大跃升，这一点也不太容易解释。

四、从地理环境角度解释

地理环境理论是萨克斯讨论热带地区发展问题时，逐步正规化和发展起来的（Sachs，2001）。之前有一些经济思想史学家略微谈到了热带地区和温带地区的经济增长差异。萨克斯提出了解释热带地区发展滞后的五个重要假设前提，① 并用两个实证分析说明了地理特征决定了温带地区发展迅速：一是利用麦迪逊的历史数据，他发现 1820—1992 年温带地区人均收入的年增长率是 1.4%，而非温带地区人均收入的年增长率是 0.9%。二是他使用 1965—1990 年人均收入年增长率对初始人均收入、教育水平和一国生活在温带地区的人口比例进行回归，结论是出生在温带地区人口的比例与该国经济增长速度之间存在着正相关的关系。萨克斯认为在对美国经济增长因素的讨论中，长期忽略了地理因素，特别是海洋因素。美国的临海区域只占到美国土地面积的 13%，但集中了 51% 的人口，拥有 57% 的居民收入。20 世纪以来，这种集中趋势不断加强。

许多经济学家对经济地理理论提出了质疑。例如，阿西墨格鲁提出了很多和经济地理理论不相符的证据来证明经济地理理论的局限性（Acemoglu，2002）。② 他还提出了一个世界经济的典型事实，即财富逆转：在 1 500 年左右相对富裕的国家或地区到 1995 年变得相对贫困；相反，1 500 年左右相对贫困的地区到 1995 年变得相对富裕。③ 以地理特征为基础的假说不能解释这种现象。罗德里克等则用了一些事实论据说明经济地理理论的不适用性。例如，东南亚国家在 20 世纪六七十年代实现了经济起飞，但在这段时间中其地理因素并没有发生大的改变，也不可能有大变动（Rodrik，Subramanian and

---

① 关键地区的技术是和特殊生态相联系的，不可能轻易传播到其他生态地区；在现代经济增长的初期，温带地区的农业技术、能源利用技术以及军事技术等都比热带地区优越，但是这些技术很难扩散到热带地区；温带地区拥有足够大的市场来支持技术创新；温带地区城市化以及人口结构的变迁均比热带地区更有利于经济增长；地缘政治因素也限制了热带地区的发展。

② 比如，有些在 1 500 年前对经济增长不利的甚至是有害的地理环境，却在之后变得有利于经济增长。比如，热带地区在 1 500 年前非常适合于经济增长，而温带地区却差了很多。1 500 年后，农业技术进步了，发明了重犁和农作物轮种技术，注重了畜力的使用，温带地区反而更适合经济增长。

③ 他用两个指标来衡量富裕程度：一是生活在 5 000 人以上的城镇中居民的比例来描述的城市化程度，二是单位面积人口居住数量表示的人口密度。

Trebbi，2004）。

经济地理理论对长期经济增长的解释力并不强。诚如克鲁格曼（Krugman，2007）的分析，在很多情况下，自然地理因素起到很重要的作用，但这并不是因为地理位置的自然特征非常关键，只是因为地理环境能够提供种子，而自我强化的集聚过程则会将其催生。准确地说，地理环境并不是在任何时候都起到很重要的作用，只是在某一个阶段起了作用。用它来解释跨度很长历史时期的事件，还是存在局限性。

经济地理理论对中国的经济增长现象有一定的解释力。例如，该理论认为沿海地区和沿海国家经济增长的绩效要高于内陆地区和国家，改革开放之后，中国沿海省份的经济增长绩效显著高于内陆省份，前者比后者多增长 3 倍。但是，同样的地理环境，1952—1978 年内陆省份的经济增长却和沿海省份差不多甚至还稍高，经济地理理论似乎又无法作出说明。而且，同处于东亚地区，1952—1978 年中国人均 GDP 增长率为 4%，相较于同时期的日本、“四小龙”等亚洲经济体还是比较慢，只是在 1978 年改革开放之后，中国经济才像其他东亚经济体一样出现高增长。因此，即使地理因素有作用，为什么在这一时期才发挥出来，还是值得探讨。

五、从文化角度解释

尽管主流的经济学理论文献对文化因素的关注不多，不过用文化解释经济增长也有很深的历史渊源，大致经历了四个阶段。

第一阶段，早期的古典经济学家认为，特定的文化观念是决定人们行为乃至市场扩展、经济进步必不可少的条件之一。如斯密在《国富论》里认为特定文化观念是市场扩展和经济进步必不可少的条件；穆勒认为一国人民的信仰和法律对他们的经济状况起很大作用，而经济状况通过对智力发展和社会关系的影响又作用于人民的信仰和法律（高波、张志鹏，2004）。

第二阶段，韦伯（Weber，1987，1995）等深入探讨了整个资本主义的文化精神基础，认为资本主义精神出自新教，产生于基督教禁欲主义。他还通过比较世界主要宗教的经济伦理，得出儒教伦理阻碍了中国资本主义发展的结论。

第三阶段，发展经济学家研究哪些文化因素推动经济发展，哪些文化因素阻碍了经济发展。他们更倾向于承认文化对经济发展具有影响作用，但并没有把经济发展同某一种特定的文化联系在一起。刘易斯（Lewis，1983）清楚地意识到，经济增长依赖于人们对工作、财富、节俭、生育子女、创造性、陌生人和冒险等的态度，所有这些态度都是从人的头脑深处产生的。缪尔达尔（Myrdal，2001）描述了南亚国家普遍存在的传统价值观与战后现代化理想之间的冲突，认为这些传统价值观使人民丧失了许多经济机会。

第四阶段，制度经济学对文化与经济增长的理解。在制度经济学里，文化一般被视为非正式制度。哈耶克（Hayek，2000）认为，以交易为基础的社会之所以有可能通过可变的市场价格对广泛的劳动分工间的合作进行指导，都是基于经由逐渐演化而形成的某些道德信念在众人之间的不断传播和接受，制度无非是文化进化的结果。在诺斯（North）的研究里，意识形态（或文化）作为构建人类相互作用的非正式框架，与正式制度规则共同决定了经济绩效。在他看来，意识形态是影响经济绩效的个人选择的关键，个人如何看待游戏规则的公平与公正，明显会影响绩效。准确地说，意识形态的重要作用在于它有助于降低衡量与实施合约的交易费用（诺斯，1994；诺斯、托马斯，1999）。

大量的应用和实证研究也强调了从文化角度来解释经济发展的差异。比如，经济史学家兰德斯（Landes，2002）在对五六百年来

“富国”和“穷国”的历史进行分析之后，得出了一个重要的结论，就是文化会影响经济格局。他认为文化和经济发展是相连的，一方面的变化就会反过来影响另一方面。

文化因素对个人行为和经济发展具有重大影响毋庸置疑，但文化是一个相对宽泛和复杂的概念，从不同侧面和角度去理解文化，得到的结论可能不尽相同。为此，文化与经济发展之间的相互关系比较模糊，很难确定文化对经济发展的作用方向。

在用文化解释中国的经济发展时，也碰到了这样的问题。例如，韦伯在对儒教和新教的比较过程中强调：儒家伦理构建了以血缘关系为纽带的社会关系，而新教伦理则构建出非个人化的、理性的共同经济建设体；儒家强调培养中正平和的人格，而且作为君子的“理想”，是不屑于经济事务的，而新教伦理强调培养职业人类，并且作为上帝选民，应该兢兢业业工作。韦伯从而认为儒教伦理阻碍了中国资本主义的发展。但是近几十年中国和其他具有儒教传统的东南亚国家的经济发展却令人瞩目，因此，很多学者开始重新认识儒家文化，强调儒家文化所提倡的节俭、勤劳等品质有利于储蓄积累以及将劳动力投入到经济中，经济因此增长。如韦森（2002，2004）从国别比较的角度说明中国的经济增长可能源于其商业精神；他还观察到中国、日本和亚洲“四小龙”都深受儒教思想的影响，认为勤恳耐劳和奉行节俭的儒教文化是这些经济体实现成功赶超的重要原因。可见，儒教文化对经济的影响是非常复杂的，既有阻碍经济社会发展的消极因素，也有促进进步的积极力量。

即使假设儒教文化对经济的正面作用是主要的，问题还在于这些国家和地区长期以来就在儒教文化的濡染之下，为什么没有在16世纪、17世纪率先实现现代化和经济发展？此外，同样受到儒教文化影响的其他一些国家并没有实现同样的经济成功，而许许多多与儒教文化无缘的国家却更早地实现了经济现代化。因此，用文化解释中国经济高增长还存在不少疑问有待回答。

六、从制度角度解释

无论是哈罗德—多马模型、新古典增长模型还是新增长模型，在分析经济增长问题时都忽略了制度因素或隐含地假定经济运行的外部制度条件是给定不变的，从而将制度视为无用的“自然状态”而排除在分析框架之外。诺斯等通过经济史研究，发现了制度这一以前研究中被普遍忽视的变量，认为工业革命的发生主要不是由于技术革新，而是现代所有权体系和社会制度的漫长变迁所引致的（诺斯、托马斯，1999）。至此，制度因素开始进入经济学家研究的视野。

新制度经济学提出，有效率的经济组织是经济增长的关键，它需要在制度上作出安排以便造成一种刺激，将个人的经济努力变成私人收益接近社会收益的活动（诺斯、托马斯，1999）。而在制度因素中产权制度的作用最为重要，有效率的产权结构通过提供激励机制、降低交易费用和交易中的不确定性促进经济增长；此外，产权的界定与变化是导致制度变化的诱因和动力。基于这样的思想，制度经济学家们对利用制度促进经济增长给出的政策建议是建立私有制或市场经济，认为这种经过西方国家历史验证的“良好制度”是经济增长必要且充分的条件。

应该说，制度经济学突破了传统理论把经济增长简单归结为几个要素的作用这一机械的分析框架，着力于分析生产过程中内生的互动联系，其对制度在经济增长中关键性作用的强调是值得肯定的，也为解释中国经济现实提供了新思路。在用制度因素解释中国经济高增长中主要有两个角度。

一是认为私有制或市场经济具有更高的效率。如萨克斯（Sachs，2004）认为改革开放以后中国通过市场经济改革在一些领域

(如农村的家庭联产承包责任制、沿海经济特区等) 部分实行了私有化政策，刺激了经济的发展，中国改革的成功主要是特殊的内部条件下非国有经济迅速发展的结果，强调私有制的优越性是中国经济高速增长的关键。

二是从经济转轨的角度去解释中国经济增长，认为渐进性改革优于休克疗法。俄罗斯和东欧国家在激进式改革后经济表现大不如前，一个重要的原因就是它们的改革是基于一系列理想的假设条件，是在很短时间内快速复制西方国家的经济制度 (Sachs and Lipton, 1990)，其制度变迁存在致命缺陷。这导致了俄罗斯和东欧国家变革后的制度并不是其在当时初始条件以及改革的约束条件下能够得到的最优制度安排。中国采取了渐进式改革，逐渐改变公有制的管理体系以及公有制的产权制度（并不一定必然导致私有制)，然后再增加私有制成分，这可以使改革一直处于可控的范围内，还可以增加经济体系的效率。林毅夫等（1993）将中国渐进式制度变迁的优点总结为三个方面：第一，能够充分利用已有的组织资源，保持制度创新过程中制度的相对稳定和有效衔接；第二，可避免大规模的社会动荡和资源浪费；第三，避免了资产存量再分配过程中出现的不公平以及由此产生的冲突，使改革得以顺利进行。诺顿（Naughton, 1994）认为改革方式的正确选择是中国取得改革成功的决定性因素。一方面，中国在转轨过程中选择计划机制与市场机制并存的策略，使改革风险大大降低；另一方面，采用计划机制与市场机制相结合来解决宏观经济波动，使得改革得以持续推进。麦金农（McKinnon, 1994）认为，中国经济实现平稳过渡的重要原因在于中国的双轨过渡模式。因为在双轨的定价制度安排下，中国的国有部门按照计划内价格完成了生产任务后，便可在计划外增量上通过市场机制将剩余产品配置给非国有企业。这样，双轨制的增量改革不仅使价格改革和企业改革的贯彻执行成为可能，而且使得中国的改革规避了

“通胀税”的转型风险。张宇（1996）认为中国的渐进式改革之所以能获得成功，在于它从中国的实际出发，将自发改革与自觉改革相结合，将局部推进与整体转变相结合，将体制内改革与体制外改革相结合，保持了政治秩序的相对稳定和政治体制的相对集中，实现了改革与发展的良性循环。

改革无疑是中国经济高增长的重要动因，与传统经济增长理论以及新增长理论相比，虽然制度经济学在分析框架、解释力上更进了一步，不过现有的基于制度因素的理论在解释中国经济增长现实时仍面临一些困难。按照标准的制度经济学理论，产权明晰的私有制有更强的激励作用，应该更有效率，但这很难解释为什么产权明晰、市场经济制度更完善的拉丁美洲国家、印度等的经济表现反而不如产权不明晰的中国。比如，印度具备了按照西方经济理论近乎完善的制度结构，包括以私有产权为特征的产权结构和健全的银行体系，以英国普通法为传统的市场法律框架，以及代议制的宪政体制，其制度甚至被称为“噪音版的美国制度”，经济发展还是不如中国。合理的解释可能是，不存在某个绝对的标准来衡量制度是否优越，至少不是以是否实现私有产权作为标准。而渐进性与激进性改革孰优孰劣之辩，只是针对转轨过程中应采取何种转轨方式而论。即使渐进式转轨优于激进式转轨，那么转轨结束后，转轨方式的问题不复存在，俄罗斯、东欧国家等的经济理应比仍处于转轨之中的中国表现得更好才对。但事实上，即使在转轨完成以后，它们的经济表现也不一定强于中国。一个可能的解释是，问题不在于转轨的快与慢，而在于转轨每个阶段的制度是否是当时的合理选择。因此，制度为解读中国经济实践开辟了新的分析视角，可能抓住了问题的核心。但按传统标准，制度结构远不完善的中国却能取得如此良好的发展实绩，要合理解释这一矛盾现象还需要对制度与经济的关系作进一步的探讨。

七、解释中国经济高增长的其他观点

（一）低成本竞争优势论

刘世锦（2005）认为中国经济持续快速发展的主要原因是中国劳动力等要素成本低，他将改革开放以来中国工业化进程的构成要素概括为“国内消费和对外贸易导向”“主导产业驱动”“劳动力和其他资源跨部门流动”“成熟技术的引入和扩散”“市场的外延扩张”等，并认为这些要素又集中表现于“低成本竞争”。中国社会科学院经济研究所经济增长前沿课题组在2003年发表的文章中指出，低成本（包括劳动力成本、土地价格以及实际税收）是工业化的核心竞争力。成本低是中国吸引外资和参与国际分工的一个突出优势，但为什么一些亚洲、非洲国家劳动力等要素成本同样很低经济发展却不太理想呢?

（二）比较优势论

林毅夫等认为，中国过去实行的是优先发展重工业的赶超战略，并形成了以扭曲的宏观政策环境、高度集中的资源计划配置制度和没有自主产权的微观经营机制为特点的三位一体的传统经济体制。然而，中国的资源禀赋结构是劳动力充足、资本稀缺，重工业作为资本密集型的产业，不符合中国的比较优势，从而导致在市场条件下，经济中的大多数企业没有自生能力。改革开放后开始实施比较优势战略，改革传统经济体制，使得经济发展在每个阶段上都能发挥当时资源禀赋的比较优势，从而维持经济的持续增长并优化资源禀赋的结构（林毅夫，1994；林毅夫、蔡昉和李周，2003）。

用比较优势发展战略可以对中国经济发展作出比较系统的解释，

但问题是中国经济从1952年到1959年平均10.8%的增长并不低，说明在当时的历史条件下赶超战略也有一定的合理性，而发挥比较优势同样为许多发展中国家所奉行，但多数效果不佳，这似乎说明，用比较优势战略也只能部分地解释中国的经济增长实际。

（三）后发优势论

持这一观点的学者认为中国经济持续快速发展的原因是中国经济技术较世界先进水平差距大，作为后来者可以通过学习和吸收，以比先行者更低的代价或更高的质量完成大体相同的增长过程。而且由于中国经济规模大，差异性显著，在利用后发优势上具有更强的多样性和包容性，所以发展潜力巨大，开放以后增长是必然的。后发优势如果利用得好，的确会起到重要的推动作用，但为什么许多发展中国家都没有显现出后发优势呢？

杨小凯等甚至认为落后国家模仿发达国家的技术容易而模仿发达国家的制度难，因此会倾向于模仿技术，而这虽然可能在短期内取得非常好的发展，但会给长期的发展留下许多隐患，甚至长期发展可能失败，即所谓“后发劣势”（萨克斯、胡永秦、杨小凯，2003）。

此外，关于后发优势能在多长时间、多大程度上促进经济增长，也难以给出明确的答案。

（四）地方政府推动论

张军（2005）提出地方政府之间的竞争是促进中国经济增长的主要动力，向地方政府的经济分权并从体制上维持一个集中的政治威权，把巨大的经济体分解为众多独立决策的小型的地方经济，地方上党政部门拥有实际的权威并分享当地的收入，从而驱动地方官员在地方经济发展中担任领导角色，创造出了地方为经济增长而激烈竞争的“控制权市场”，从根本上替代了“后华盛顿共识”所要求的前提条件。

钱颖一和罗兰（Qian and Roland，1998）认为中国是“市场维护型财政联邦主义”制度，地方政府有积极性通过建设基础设施来优化投资环境，通过扶植非国有企业的发展来提升地方经济水平以扩大财源，从而推动了中国经济增长。而地方分权和财政分权能取得成功的关键是中国改革开放之前的行政层级结构与苏联、东欧国家有很大不同。苏联和东欧国家内部的组织结构是以条条管理为主的纵向行政结构，即U形经济结构，而中国的层级结构是一种以区域原则为基础、多层次、多地区的块块结构，即M形经济结构。在M形经济结构中，地方政府自主权较大，从而削弱了行政控制，强化了市场活动（钱颖一、许成钢、董彦彬，1993）。

这一类解释抓住了政府在中国经济中的独特作用，但不能说全面反映了市场化改革对中国经济的深刻影响。地方政府间存在竞争古已有之，这种局面并非改革后才出现，而且其他一些国家也有类似的结构。因此，地方政府间的竞争并非在任何时间、任何条件下都能促进经济的增长。

第三节　制度适宜是解释中国之谜的钥匙

上节概括的理论从不同角度对中国经济高增长的解读都有一定的合理性和启发性，但又都不能作出全面系统的解释。总体来看，现存对中国之谜的解释，多数都是按照一个既定的理论框架来进行，试图把中国发展道路纳入一个既有的理论框架下来证明某种理论的正确性，而这可能也是难以对中国经济作出全面充分解释的一个原因，因为中国的成功恰恰在于一切从实际出发，没有拘泥于任何条条框框。中国是把各种理论的合理因素巧妙地结合起来使用，使每一种因素的优势都得到发挥，从而最终促成中国经济高增长的实现。这当中统领各因素的核心就是制度适宜。也就是说，制度适宜是解释中国之谜的钥匙。

一、制度是中国经济高增长背后最为显著的变量

中国经济是1978年后明显加速的。在此前后，主要的资源、技术和经济环境并没有根本性的改变，最为突出的就是实行了改革开放，即制度的改变。1978年以前中国实行高度集中的计划经济，1978年以后的改革总体上是市场化取向的制度变迁。

在对经济增长根源进行探寻的过程中，制度经济学认为，制度是决定经济增长最重要的因素。与此相同，本书也将中国经济高增长的重要原因归结为制度因素。但与制度经济学框架下把产权和转轨放在中心地位不同的是，本书并没有将某种制度（如自由市场经济制度）作为终极的目标或唯一的真理，而是认为制度属于上层建筑的范畴，必须适应生产力发展的需要才能促进经济增长，必须切合特定国家的特殊国情。也就是说，适宜制度因国家的不同、初始条件的不同而不同，没有一种制度是放之四海而皆准的。即使相同的制度比如市场经济制度，虽然都尊重市场的供求原则，但在不同的国家和不同的发展阶段，也应有不同的具体安排。制度经济学指出了制度的普遍性，但对制度的特殊性却没有给予足够的重视。此外，要促进经济增长，制度还必须不断调整以适应不断变化的生产力，否则就会束缚生产力的发展，阻碍经济增长。中国经济增长的根本原因是中国采取了与其经济社会发展条件和环境相适宜的制度。

具体来看，中国自改革开放以来，在不同时期、不同地区、不同领域，对不同对象采取了异常复杂的制度安排，既学习了西方的

制度、做法，但又创新了土地承包、工厂承包、价格双轨、汇率双轨、外汇券等符合中国某一时期特点的方法。四十年的改革开放就是传统市场经济体制与中国国情、历史文化和经济社会发展水平逐步融合、相互适应并不断创新的过程，既不同于任何既成的理论体系，也不同于其他国家的发展模式。

二、适宜生产力发展的制度

制度属于生产关系和上层建筑，能否促进经济增长，不在于它是否以私有制或市场经济为特征，关键在于是否符合现实的生产力水平和经济条件，即是否适宜。中国通过不断地改变上层建筑，使之适应不断发展从而最具活力的生产力的变化。正是这种与时俱进的哲学理念促进了上层建筑去不断适应生产力的发展变化。

新中国成立后，中国经济也有发展很好的时期，那正是上层建筑适应经济基础、生产关系适应生产力发展水平的结果。此后把计划经济固定为一种模式，但这种模式在已被实践证明不适应生产力发展时仍不改变，又阻碍了经济的进一步发展。1978 年以来中国经济实现快速增长，正是通过改革开放使得制度顺应了中国生产力的发展水平，适合国情和文化传统，因而促进了生产力的提高和经济的发展。

三、适宜制度对经济发展要素的激发

对中国经济增长原因的解释多种多样，这本身就反映出中国经济增长是多种因素综合作用的结果。本书提出制度适宜理论，并不是要否认其他因素对中国经济增长的贡献，而是要强调制度在其中的关键性作用，认为正是适宜的制度激发了各要素活力，从而推动了经济增长。

比如，通过坚持实行土地国有制，保证了基础设施建设能够以很低的成本快速推进，促进经济增长；通过引入市场竞争机制，提高效率，推动经济增长；通过引入外资制度和确定出口导向，充分利用后发优势，促进了技术进步和经济发展；通过特殊的银行体系，大力支持重点行业和领域的发展，提高民族工业竞争力；通过坚持强有力的中央政权，把握改革的方向和进程，照顾各方利益，为经济发展创造了稳定的政治环境，等等。

如果将整个国民经济比喻为一辆马车，资本、人力、技术、资源等经济增长的各种要素代表拉车的马和车轮，那么制度就代表驾车的人，马车若想跑得又快又稳，离了车轮和马固然不行，但更重要的是还需要驾车人的正确统驭，使车轮和马各司其职，国民经济这辆马车才能顺利前进。因此，适宜的制度是所有要素发挥作用的大平台，各要素在此基础上被不断整合、优化配置、激发活力，形成“聚变”效应，最终推动中国经济持续增长。

第二章　制度适宜与政府和市场作用的边界

上一章提出要用“制度适宜”来破解中国经济增长之谜，其中心思想是要阐明制度本身并没有绝对的好坏和优劣之分，关键是要适合一个国家的经济社会环境和条件，才能有效促进经济发展。本章将利用新制度经济学和发展经济学已有的研究成果，结合中国的实践经验，提出一个具有一般性的制度适宜理论，并讨论与之密切相关的政府与市场在经济调节中的边界问题。

第一节　制度与制度适宜

一国经济的发展是多种因素共同作用的结果，而制度则是将这些因素整合在一起并促使其充分发挥作用的基本力量。正是因为如此，本书试图从制度的视角来观察中国及其他国家的经济发展过程，并且特别强调指出，制度促进经济发展的关键是它必须切合本国经济社会发展的条件，即是适宜的。

一、制度及其基本功能

（一）制度、制度安排和制度结构

在新制度经济学领域，还没有形成一个一致认同的关于“制度”

的定义。在经济分析中最常用的定义来自制度理论研究的集大成者诺斯。诺斯将制度定义为一组正式和非正式的规则，以及规则的执行安排。制度的构成要素主要包括正式制度（例如，法律、企业治理结构等）、非正式制度（例如，文化、意识形态等）以及它们的实施，这三者共同界定了社会的尤其是经济的激励结构（诺斯，1994）。本书研究的问题是一个国家如何建设适宜制度以及适宜制度如何促进经济增长。为此，本书大体上沿用了诺斯的定义，认为制度是保证生产、生活正常运转的行为规则。

制度安排和制度结构是与制度概念密切相关的两个概念。一般来讲，制度安排是指管束特定行为模型和关系的一套行为规则，制度结构是指一个社会中各种制度安排的总和（林毅夫，1994）。在本书中，制度安排仍然是指规范、支配经济主体之间合作与竞争的行为方式的一种规则安排，但制度结构是指一系列制度安排的某种组合，而不单指社会中所有制度安排的总和。所以，国家机构、指令性计划和宏观调控规则等制度安排就组成了政府这一制度结构，各种交易场所、价格机制和市场交易规则等制度安排就组成了市场这一制度结构。另外，由于研究的具体角度和视野不同，一套规则可能有时是制度安排，有时却是制度结构。例如，从宏观的角度研究政府和市场的资源配置效率问题时，企业被看成一个具体的经济组织，即是一项机器化大生产的制度安排；而从微观的角度研究不同类型企业的优劣时，企业则被看成是包括股权结构、工资制度和生产方式等制度安排的制度结构。

考察制度的目的是要考察制度与经济增长的关系。经济问题简而言之就是生产什么、怎样生产、生产多少和为谁生产的问题，而解决这些经济问题的方法粗略看有政府计划模式和市场价格机制模式两种制度结构。现实中的混合经济则是政府治理和市场治理某种程度的融合。在政府治理这一制度结构中，有具体的各种组织（各种国家机构）、集体共享的行为方式（政府人员的惯例、道德准则等）和各种规范、约束（正式的法律、管制规则等），这些都是具体的制度安排。在市场治理这一制度结构中，也有各种组织（证券交易所、商场等）、集体共享的行为方式（市场准则、交易规则等）和各种规范、约束（正式的法律等）等具体的制度安排。另外，社会文化和意识形态也是具有间接性生产功能的重要制度结构。政府制度和市场制度都是内嵌在社会文化中来实现其对经济的治理能力的，社会文化对政府和市场治理经济的能力起着重要作用。所以，政府、市场和社会文化形成了一个影响经济发展的制度体系。

（二）制度的基本功能

经济发展的根本源泉是生产劳动。生产劳动分为独立作业的简单劳动和集体作业的复杂劳动。在早期采果狩猎、刀耕火种的时代，简单劳动尚可基本满足生产的要求。但发展到机器化大生产的工业社会，集体作业的复杂劳动才能满足生产的要求，所以专业化和分工成为驱动经济发展的重要动力。在工业社会中，只有通过分工、专业化和交易，才能提高生产效率，而制度的基本功能就是协调合作者的行为，为合作者的生产性努力提供激励。

只要存在两个人之间的合作与互动，策略的不确定性就会存在，一方总会担心另一方偷懒或毁约。如果合作双方中的一方不能对另一方的行动形成预期，他们就会倾向于短期投资和现货交易，劳动的专业化水平和分工水平就难以提高，结果就会导致低水平的生产能力和低水平的生活。如果策略的不确定性能通过对个人行为的限制而减少，这种局面就会发生改变。所以，作为行为规则的制度可以减少不确定性、延长投资期、引导人们更多地参与专业化和分工，使每个人的处境得到改善。

制度对经济利益主体间行为的规制主要包括以下几个方面：

（1）协调个人与个人之间的互动关系，这涉及支付方式、市场规则等制度；（2）协调个人与企业、企业与企业之间的关系，这涉及雇佣制度、企业所有制等制度；（3）协调个人与政府、企业与政府之间的关系，这涉及政府对私人财产的保护和私人契约的保护等制度；（4）协调国家与国家之间的关系，这涉及国际分工模式、国际贸易模式等制度；（5）协调所有个人的社会行为和心智模式，这涉及价值观念、意识形态、信仰习俗等文化制度。

在上述五种制度中，（1）和（2）侧重于个人和企业等微观层面，主要由市场这一制度结构来治理，（3）和（4）主要涉及国家这一宏观层面，主要由政府这一制度结构来治理，（5）主要是指内化于个人的社会文化。

二、制度适宜的定义

制度适宜是指一种制度应适合本国的资源禀赋和制度禀赋，与本国的生产力水平、社会文化、外部环境和社会承受力等条件相匹配，并且能够较好地促进经济和社会发展，具有这样一种特性的制度可称为适宜制度。

制度适宜概念的基础是这样一个极其简单的事实：制度是特定的政治、经济、社会条件的产物，它又必须在一定的经济环境中发挥作用，因此，制度对社会和经济发展的作用大小，取决于制度和社会经济环境的相互影响，并不存在一种适应所有环境的最优制度，只存在与特定环境相适应的适宜制度。

特定国家社会经济的客观条件与其他国家必定存在差异，这种差异从根本上决定了适宜制度的多样性。因此，考虑制度适宜时，应当充分估计下列因素的影响：本国经济发展和制度建设方面的特定目标（发展战略及其制度支持）、生产力发展水平（经济发展水平是决定制度的基本因子）、本国的政府能力和市场能力（政府的权威程度和市场的完善程度）、本国的政治制度（适宜制度必须具有政治上的可行性）、本国的文化和意识形态的特点、该制度带来的社会摩擦和冲突是否会超过社会承受力，等等。

制度适宜强调一项制度安排对本国各方面具体条件的适宜性。这一点使得适宜制度有别于泛泛而谈的外国先进制度或最优制度。一项制度安排是否可行完全取决于处于具体时空的客观条件，因此不同的社会经济条件会诱致不同的制度选择。比如，虽然发展中国家可以学习和模仿发达国家的制度，但是，由于发展中国家与发达国家社会经济条件之间存在差异，无条件地照搬发达国家的制度是不会成功的；发达国家的制度并不一定适合于发展中国家，何况，发达国家的制度也各不相同。因此，从制度适宜的角度来看，制度本身并没有优劣之分，关键是要适合一个国家的特定国情。

没有普适于所有国家的适宜制度，虽然有些基本原则是普遍的，一国在建设本国制度时应该参考他国制度，但是，在借鉴参考的过程中，必须根据本国的具体情况，在自主实践基础上对外来的经验进行取舍和适当的修正。制度先进与否并不取决于制度本身，归根到底必须以它实际上能否促进经济增长和社会进步来衡量，而适宜性正是这一衡量标准的称谓。

三、制度适宜促进经济增长的机制

经济增长需要资本、劳动、技术等要素投入，而制度适宜可以通过激励、协调等机制增加生产要素的积累、提高生产要素的配置效率和生产效率，从而提高社会商品总产量和社会福利。

（一）制度适宜的积累效应

在资源数量和技术条件不变的情况下，一个社会所能生产的产品产量组合是既定的，生产可能性曲线以外的产量组合无法达到。但当生产要素积累量或技术条件发生改变时，生产可能性曲线则会相应移动。适宜的制度能够增加生产要素积累量，促进技术进步，推动生产可能性曲线外移。这就是制度适宜的积累效应。

有些制度可以促进技术进步，如中国的经济特区制度加快了国外先进技术的引进；有些制度可以畅通融资渠道、吸引外商投资来增加资本的积累，如日本的主银行体制和中国针对外商的投资优惠制度；有些制度可以使劳动力从农业生产中解放出来从而增加工业劳动力，例如，中国的家庭联产承包责任制提高了农业生产效率并解放了大量农村劳动力。因此，制度适宜可以促进生产要素的积累，改善生产可能性曲线面临的资源约束，为经济增长奠定资源基础。

（二）制度适宜的配置效应

制度适宜的各种机制可以使生产要素在资本品和消费品的生产之间重新配置，促使经济中这两类商品的边际生产成本与消费的边际效用趋于一致，从而实现生产资源的有效配置。假定社会生产要素总量不变，制度适宜可以通过激励、协调、信息沟通等机制，有效降低经济活动的不确定性和复杂性，通过优化资源配置，使社会消费一类商品的边际效用趋近于其价格，使生产一类商品的边际成本也趋近于其价格，从而促使整个社会在既定资源拥有量下达到最大产出水平，同时达到最高社会效用水平。

制度适宜的配置效应可以使一国的资源得到充分利用，使国民产出接近潜在产量。更为重要的是，配置效应可以优化各种产品比例，避免商品供需结构性失衡，出现有的商品短缺、有的商品过剩的不良状况。以中国市场化改革前后的情况为例，1978 年之前，中国实行的是赶超战略下的计划经济体制，为了实现赶超，政府优先发展工业，尤其是重工业，所以把大量的资源都投放到了资本品的生产上，而对于和居民生活密切相关的食物、衣物、小家电等消费品投入过少，由此带来了消费品的短缺，出现了粮票、布票、自行车票等短缺时代的排队配给现象。而 1978 年改革开放之后，中国逐步过渡到市场经济，由市场主体来决定生产什么、生产多少，由价格机制来协调和调整各种产品的价格和供需，适应市场的需求，消费品的生产增加迅速，最终避免了消费品的短缺，实现了社会资源的优化配置，提升了人民的福利水平。所以，在资源配置方面，市场经济制度好于计划经济制度，是一种更为适宜的制度。

（三）制度适宜的创造效应

除了尽可能积累生产要素，并推动经济达到生产可能性边界上的资源配置最优点以外，制度适宜还可通过促进要素生产率提高，从而推动生产可能性曲线向外移动，使经济达到一个更高的生产水平和效用水平，这就是制度适宜的创造效应。

专业化分工是表现制度创造效应的最典型制度。早在 18 世纪，亚当·斯密就发现了制针工厂里的劳动分工对提高制针生产效率的巨大促进作用。斯密举例说，如果每个工人独立完成所有制针工作，10 个工人最快也不过每天制作 200 根针。他们每个人都得拔丝、矫直、切断、敲针头、磨针尖、将针头和铁杆焊在一起，一个人每天完成 10 根针，手艺就算不错了。但是，在实行分工的工厂里，把制针作业分配给若干个职业部门，分别由不同的人来做。一个人抽铁线，一个人矫直，一个人切截，一个人削尖线的一端，一个人磨另一端，以便装上圆头。斯密注意到，10 个工人每人从事一项专门的工作，每天能生产 48 000 根针。斯密得出结论，劳动分工之所以能够提高生产效率，是因为它通过将工作分解成一些单一的和重复性的作业，提高了每个工人的技巧和熟练程度，节约了由于变换工作浪费的时间，并有利于机器的发明和应用。由此可见，即使劳动工人数量和工厂设备等资本不变，只是改为实行分工协作的适宜制度，也可以实现生产效率的突飞猛进，从而提高经济增长速度。

第二节 制度适宜的标准

一、不存在唯一最优的制度

关于什么样的制度才能够在经济发展中充分发挥促进作用，诺斯的观点比较有代表性。他在《西方世界的兴起》（诺斯、托马斯，1999）和《经济史中的结构与变迁》（诺斯，1994）中特别强调，有效的产权制度安排能够使私人收益率接近社会收益率，并成为发挥激励作用、促进经济增长的关键因素。他在前一本书中说："应当设计某种机制使社会收益率和私人收益率近乎相等"；在后一本书中说："为有效率的资源配置提供激励的所有权结构（即一套使创新和人力资本投资等方面的私人收益率接近其社会收益率的产权）将是重要的"。这一思想的逻辑结论是，存在促进经济增长的最优制度，而其核心就是界定和保障私有产权。这与古典经济学理论实际上是殊途同归，都认为私有制是最优的制度。

本书提出的制度适宜概念特别强调制度的相对性，即不同国家或地区因为发展阶段和社会文化等的不同，有效率的制度安排是不同的。也就是说，制度适宜理论的基本前提是，并不存在具有普适性的唯一最优制度。对于这一点，本书将在下一章通过对经济发展模式的详细讨论来作进一步说明。

二、适宜制度应与生产力水平相适应

在探讨制度与技术对生产力的作用时，历来存在两种截然相反的观点，一是制度决定论，二是技术决定论。以诺斯为代表的新制度经济学总体上属于制度决定论。尽管诺斯（1994）并不否定技术创新对制度创新的重要作用，但他认为制度是决定经济增长的根本原因，技术创新和经济发展不过是制度创新的结果或派生物。比较而言，马克思的生产力与生产关系原理从更加辩证的角度来看待二者之间的关系，认为生产力决定生产关系，而生产关系又会反作用于生产力。

实际上，制度变迁与生产力进步是一个交互影响的动态过程。一种制度要对经济发展产生推动作用，首先应该与生产力水平相一致。这主要有两方面的原因。第一，在经济发展的不同阶段，发展的目标是不同的。比如，对于一个处于饥饿和贫困边缘的国家来说，解决吃饭问题是最迫切也是最重要的任务，而对于一个小康社会，享受更多的蓝天可能上升为社会的共同需求。对应不同的目标，显然应该施以不同的制度安排。第二，在经济发展的不同阶段，其发展条件和要素稀缺程度也是不同的。比如，专利制度之所以能够产生并对技术进步和经济发展产生巨大影响，关键还是在于技术积累和经济发展已经达到了一定阶段。但是，在技术积累不足的封建社会早期，实行专利制度可能反而会阻碍经济增长。对于当今一些技术水平异常落后的国家来说，通过专利制度鼓励创新带来的收益和成本，也可能无法与鼓励引进和学习国外先进技术的制度安排相比。

在不同发展阶段，只有适应其生产力的制度才能有效地促进经济增长。从历史来看，第二次世界大战后的民族国家，工业基础薄弱，生产力水平低下，工业产品的国际竞争力较弱，国家的发展目标是建立国家工业体系和提高产品的国际竞争力。政府因为组织过战时生产而具有很强的权威性和资源动员能力，相比之下市场体系则显得很不完善，因此在动员资源方面政府能力高于市场能力，这时由政府引导经济发展可能是一种适宜的制度。韩国和日本在第二次世界大战后的经济奇迹很大程度上就归功于这种政府主导型的发展战略，特别是其产业政策。但是，当生产力发展到一定阶段、市场体系日趋完善时，如果仍过分强调政府对经济的主导作用，就会阻碍市场力量对经济运行的调节，从而不利于经济发展。20 世纪 90 年代日本经济陷入低迷的重要原因之一，就是在生产力水平发生变化时，没有及时调整政府和市场的边界，以至于强大的政府干预窒息了经济活力，市场的创造功能无法发挥。而韩国则根据信息化时代的特点，确立了技术立国的战略，在保持政府能力的同时，积极引导企业走向全球市场，加强企业的市场能力，最终实现了持续增长。

从资本主义生产方式的几次变化，可以清晰地看到，只有契合相应的生产力水平创新出适宜的制度，才能极大地推动生产力的进一步发展。在机器大工业的 20 世纪 20 ~ 50 年代，生产的主要特征是机械化和标准化。这一生产力水平为进行快速大规模生产提供了可能。1913 年，福特建立了汽车装备流水线，它标志着作坊式的单件生产模式演变成以高效的自动化专用设备和流水线生产为特征的大规模生产方式，这就是所谓的“福特主义”生产方式。“福特主义”生产方式的产生，集中体现了现代大工业规模化生产与专业化生产的结合，它大大缩短了生产周期、提高了生产效率、降低了成本。“福特主义”生产方式这一制度安排适应了现代大工业规模化生产这一技术水平的要求，极大促进了经济发展。20 世纪 50 年代之后，随着“福特主义”生产方式在世界范围内的扩散，30 年代世界经济危机中一度崩溃的世界市场得以重新恢复，大规模生产与大规模消费相互促进，使资本主义世界开始了长达近 20 年经济增长的黄金时期。

20 世纪 70 年代后半期，以信息技术、微电子技术为先导的第三次科学技术革命使生产的技术水平以及企业内部的交流方式发生了改变。微电子技术革命产生的弹性多功能技术，使人们通过编写新程序就可生产新产品，产品周期短的生产线也可像标准化产品长周期的生产线一样，以低成本生产多样化的产品。信息技术便利了员工之间的交流，为打破层层管理的垂直管理模式、实行全员参与提供了条件。与这一技术水平相适应的生产方式应运而生，即日本的“丰田主义”生产方式。“丰田主义”生产方式将“福特主义”生产方式的大规模生产和弹性生产相结合。“丰田主义”生产方式实行全员参与，让职员集体决定如何管理生产，以全面质量管理、零次品等管理方法控制产品质量，要求企业、供货商和顾客之间信息畅通、关系融洽，彼此之间可以做到“零库存”，从而把生产与不断变化的市场需求结合起来，形成最有效的产出规模，把成本降到最低。凭借“丰田主义”生产方式这一适宜制度，整个 20 世纪七八十年代，日本的家电和电子产品以其优良品质和低成本优势迅速击败欧美国家，成为世界家电产品的主导者。

到了 20 世纪 80 年代以后，随着个人电脑的诞生以及互联网的发展，人们进入了信息化时代。信息化时代是一个开放的时代，企业以网络化的方式协同作战，应对灵活多变的市场。在这一技术特点下，适宜的生产方式是产业从垂直型结构转向水平结构，每个水平分工的参与者，都专业经营原来产业链中某一个价值节点，使分工专业化的收益最大化。在这种水平分工中，每一个节点都会出现激烈竞争，导致整个产业快速升级并有许多全新的企业在竞争中脱颖而出。这种水平结构的生产方式就是所谓的“温特尔主义”生产方式。美国公司在 20 世纪 90 年代中后期依靠“温特尔主义”生产方式打破了日本企业在80年代建立的竞争优势，美国的产业竞争力开始提升，并创造出20世纪90年代以来美国经济长时间的繁荣。

适宜制度不仅需要与本国的生产技术水平相适应，还需要与国际生产技术水平相适应。随着国际前沿生产力水平的发展变化，发达国家所采取的生产组织方式不断改变，为发展中国家带来了不同的机遇，同时也需要发展中国家以不同的政府治理和市场治理与之相适应。20世纪70年代以后，国际前沿技术的自动化和信息化趋势带来了极为重要的技术转换，即从现代科技革命向信息革命的转换，也就是从资源浪费型的巨大技术向节省资源型的微型电子计算机技术的转换。这一技术转换便捷了区域间的通信，使得技术转移、合伙承包和战略联盟等合作形式日益普遍，有力地突破了以往的国际分工框架，带来国际分工的水平化。虽然发达国家仍保持着信息革命的技术控制与高薪劳动的组合，但通过向周边国家的技术转移实现了技术控制与低薪劳动的结合。韩国、中国台湾等国家或地区正是抓住了这一技术变迁机遇，在权威政府主导下通过实施农村土地改革和低粮价政策，促使大批廉价劳动力与技术转移相结合，形成了具有较强竞争力的出口加工业，从而逐步实现了工业化和现代化。

三、适宜制度应与文化和意识形态相适应

文化是人类发展进程的信息载体。在历史上经过选择而形成的传统思想及其价值观念是文化的核心。人作为经济活动的行为主体，是知识技术和劳动的载体，对经济发展起着关键性作用。而文化观念作为经济主体行为背后的制约因素，通过对人们的价值理念和行为习惯潜移默化地施加影响，塑造出具有不同文化特质的群体，调节着人们在经济活动中发生的各种关系，包括生产活动方式、经营管理方式等制度安排，进而引导经济发展方向。

一项制度安排必须适应具体的文化背景和意识形态，才会获得信任或认同，才会有效率。有利于一定经济增长和社会发展的制度安排，都是考虑到了这个社会的文化类型并与之相融的制度安排。一项制度安排与社会文化是否相融，决定了人们对待这项制度的态度。当一项制度安排不能为一定文化所认同时，人们会拒绝这些安排，使得制度安排的规制功能和激励功能落空。

一种制度总是在一定的文化背景和意识形态中产生，是与这种文化的价值取向和固有模式相一致的。不同民族在制度上总有自己的风格和特殊架构，即使是根本性质相同的两个社会，也会因为文化上的差异而在制度安排上面目各异。这就是说，制度必须与其实施环境中的文化背景相适应，才能有效地为该文化中的个体所认同，才能发挥其功能。无论是历史地看还是现实地分析，任何一项制度安排都凝聚着一定的文化内涵。因此，不同文化背景所产生的制度安排可能是不同的，适宜制度应该与文化和意识形态相适应，才能有效地发挥其激励和规制功能。

在不同的文化和意识形态下，适宜的制度可能是不同的。比如，尽管利己主义一般是成立的，但利他主义倾向在一些文化背景下，在一些地区又确实是存在的。在利他主义倾向明显的文化里，平均化的收入分配制度将比与绩效紧密挂钩的收入分配制度更为适宜。再如，有的文化崇尚个人主义，那么强调个人经济自由的市场经济体制则具有先天的文化基础；有的文化强调群体精神，那么政府主导型的发展模式可能存在一定的适宜性，因为政府可以有效地动员资源并进行集体激励。在崇尚个人自由和私人产权的资本主义意识形态中，经济主体倾向于相信市场的调节能力，压制政府的作用范围；在强调集体主义和公有制产权的社会主义意识形态中，政府具有很大的权限和宽广的干预范围，政府的权威性、公信力和动员资源的能力很强，政府主导型发展战略则可能在一定时期内较为适宜。

不同的文化和意识形态对经济发展的影响是不同的，同一种文化也同时包含着经济发展的有利因素和不利因素。传统文化对经济发展所起的作用始终具有两重性：一是正面的、积极的促进作用，二是负面的、消极的促退作用。因此，弘扬其中的积极因素，抑制并逐步改变其中的消极因素，也是发展经济所必需的。这也是适宜制度应与文化相适应的又一层含义，即适宜制度在匹配文化的同时，还需要能够促进传统文化向先进文化转变。从总体来看，虽然文化和意识形态是在较长的历史过程中积淀下来的，相对比较稳定，但在外界文化和社会变革的冲击下，它们也是在不断改变的、不断先进化的。适宜的制度需要与文化适应性地互动，在提升制度的文化适宜性的同时，还需不断吸收各种先进文化，实现文化的现代化。

一项制度安排如果与文化相互匹配、相互促进，就会对人们形成有效的激励或约束，反之就很难得到遵从。因此，适宜制度的关键是要适应不同的文化传统和意识形态，同时促进传统文化的扬弃，积极从不同文化中汲取养分，实现文化的现代化，只有这样才能真正发挥出调动人们积极性和创造性、激发要素活力的作用。东亚各经济体的现代化过程全面、生动地展示了这一点。

由儒家文化衍生出来的，以群体本位的价值取向、自强不息的进取精神、义利兼顾的行为准则和克勤克俭的生活信条为其核心内容的东亚价值观，是东亚文化的核心内容。但在多元文化异彩纷呈的近代，以及在全球化浪潮风起云涌的当代，东亚各国或地区也在积极地吸收外来文化，对传统文化进行扬弃，实现文化的创新。东亚各国或地区向现代化发展的过程是一个将西方近现代文化和本地区、本民族历史文化相结合的过程，这使得东亚各国或地区形成了以儒家文化为主的多元文化。如何建设适宜的制度，既保留传统文化价值观的核心，又推动文化的现代化，成了东亚各国或地区发展过程中的一大课题。

日本的现代化过程就是适宜制度与文化和意识形态相适应的一个很好例证。日本明治维新的现代化采取的是“和魂洋才”的方式，即在学习西方经济组织模式和技术的同时，对传统儒教伦理（武士道）和皇权思想（神道）予以保留，极力抵挡西方新文明的冲击，进而通过国家主导型的现代化模式，有效地、自上而下地推进工业化。这种外来经济组织模式和本国传统文化相互融合的制度变迁模式在19世纪后期的日本是适宜的，它使得日本成功“脱亚入欧”，完成了早期的工业化，其成功可以说是西洋技术、经济组织方式与大和民族精神相结合的成功。但经济上的工业化只是现代化的一部分。一个国家能否长期享有经济繁荣在很大程度上要取决于政治体制和社会文化。日本在“富国强兵”路线下推行的“殖产兴业”的现代化，只具有西方现代化的外形，其武士道精神内核为日本走上军国主义和对外侵略的道路埋下了诱因，最终为东亚人民和日本国民带来了深重的灾难。

第二次世界大战后，战败的日本认识到本国与美国的差距，认识到明治维新的不彻底性，开始向美国学习。美国按照自己的模式对日本旧有的政治、经济、教育体制实施强制性改造。日本接受了美国主导的民主化改革成果，传统的国家主义架构已经解体，转变为上下结合的“民主”国家。而在伦理道德方面，为了抵御个人主义和自由主义的渗透，避免文化的全盘“美国化”，日本又重提东方文化的传统道德和日本国民精神。仍然秉持集体主义的社会价值观，使日本现代化后的文化显著不同于以个人主义为本位的西方文化。集体主义导向的文化和由此产生的服从权威的社会秩序观，成为日本发动工业崛起的有利条件。对于自上而下发动的工业化来说，仅有民间部门的经济活动自由还远远不够，离开了国家的干预和引导，工业化就难以启动。集体主义导向产生的集权型的社会秩序，以及民间部门对政府权威的认同，使工业化的资源动员体制更容易建立。

日本的大企业与政府之间特殊的关系使得它们建立了“主银行制度”，可以在短期内集中资金，配合产业政策，推动国民经济的快速发展。东亚文化比较强调团队精神和人际关系，这促使企业强化人际合作，具有较强的凝聚力。企业实际上的终身雇佣制也有利于对雇员的技术培训及雇员对企业的忠诚。日本在大量吸收西方现代文明的同时，坚守儒家文化中群体本位的价值取向，实现了战后的经济奇迹，并成为东亚经济发展的“领头雁”。通过改造传统文化，日本最终形成了较为适宜的制度体系，带来了战后经济的腾飞。

韩国在吸收和运用儒家文化并建立与之相适应的适宜制度方面的实践也是很典型的。儒家的民本思想传入韩国后，逐渐成为国家的主导意识和维护社会经济秩序的基本理念。韩国从传统社会向现代社会的过渡中，出于经济的发展和对西方现代化的追求，形成了以民本思想为核心、以西方资本主义体制为模式、以区域创新体系为基本动力的“儒家资本主义”，东亚的创新要素在与西方的科学技术和管理制度结合创新的过程中，创造出了韩国经济的繁荣。

中国香港和新加坡均长期处于英国的统治之下，受英国文化的影响颇深，这两个经济体的文化吸取了东西方文化的优点，将西方的自由市场经济体制有效地与东方儒家文化相结合，产生了适合它们经济发展的社会、政治、经济制度，实现了经济的长期稳定发展。

四、适宜制度应与外部环境相适应

制度适宜的目标是最大化特定国家和国民利益。而一个国家所处的国际环境会对一种制度能否最终增进本国福利产生深刻影响。第一，国际经济贸易关系的广度和深度会影响到一国的内部制度。当经济的国际化、全球化总体上处于较低水平时，一个国家的外部经济联系可以比较松散或不那么紧密，其经济制度可以相对封闭。

但当国际间的经济贸易联系更加密切时，单个国家实行封闭的制度就要付出巨大的机会成本。第二，国际关系的紧张会影响到一个国家的近期目标和制度安排。一般来说，外部环境紧张时，国家安全面对的威胁明显上升，从而对一国的经济利益产生重大的影响。这种情况下，需要通过特定制度安排，以利于国家集中经济资源，应对国际关系的紧张。第三，在国际竞争格局中一个国家所处的地位会影响到其制度选择。强势国家可以在国际合作的利益分配中占据有利地位，维持一个自由的经济制度对其可能是适宜的，而对处于弱势地位的国家来说则不然。第四，国际上的现行制度会影响到一国的制度安排。在国际经济交往中，一个国家的制度需要与通行的一般规则接轨，如果差异太大，则会直接影响到该国的经济发展，损害其国家利益。

经济全球化是经济发展的必然趋势，经济全球化是生产力发展的需要。科学技术的发展使投资、生产、流通和市场的全球化成为可能。在全球化大背景下，经济活动的成本下降，收益上升，而且各国之间的互相依存性日益增强，各国的经济制度必须适应全球化发展的需求，否则，其经济发展就会受到不利的影响。因为不能参与全球化，就不能在全球范围内配置资源、参与竞争，就不能实现经济利益的最大化。在全球化的形势和条件下，必须重新思考和分析国家利益之所在：以前认为有损国家利益的东西，在全球化的环境下也可能变得有利，反之亦然。因此，只有高瞻远瞩才能把握时机，利用全球化带来的巨大机遇，使本国经济加快发展。为了适应全球化，各国必须深入了解现行游戏规则，并积极参与制定新的规则，否则，就会处于落后和被动的局面。

总之，在经济全球化背景下，一国的经济发展就不能仅仅局限于国内经济的发展，还必须注重与国际经济的协调。只有完全参与国际范围的竞争与分配才能从国际化的资源配置和市场竞争中获得发展。此外，参与全球化的同时，还要高度警惕全球化带来的各种风险。因此，如何使国内的制度能够与全球化的发展相适应，从而使本国的经济发展在全球范围发挥比较优势，从中获取最大的发展动力是发展中国家必须处理的问题。

五、适宜制度应能够正确处理改革、发展与稳定的关系

从中国的经验来看，改革、发展和稳定三者的关系对经济发展至关重要。只有正确处理改革、发展与稳定的关系，以适宜的制度保证三者之间的关系处在最佳状态，才最有利于经济增长。改革、发展、稳定这三者之间是相互协调、相互促进的，存在着不可分割的内在联系。发展是解决经济社会一切问题的关键，改革是经济社会发展的主要动力，稳定是改革发展的前提和保证，三者是内在统一的有机整体。

从根本上说，制度改革是为了实现经济与社会发展。发展是目的，改革是手段；改革要服务于、服从于发展的需要。制度改革服务于发展，是指制度改革要为发展创造条件、提供激励，重新调整人们的利益关系，充分调动各阶层人们的生产经营积极性。制度改革的目的就是为发展提供一个最适宜经济发展的环境。改革不但要服务于发展，而且应该服从于经济发展，这意味着，制度改革的总体任务和各阶段的任务都是由经济发展的总体和阶段性目标决定的，制度改革的每一步都应做到有利于经济增长和社会进步；改革的步骤、速度要与经济发展相适应。检验和判断制度改革成效的基本依据是看它是否解决了经济发展中提出的问题和能否满足经济发展的需要，是否提高了人民的生活水平，是否促进了经济增长与社会进步。总之，制度改革的目的是发展经济，绝不是为改革而改革。把改革和促进发展相联系，才能防止改革的急于求成和不顾经济绩效

地按照某种“标准”来进行制度改革。有的国家在从计划经济向市场经济转型的过程中，不以经济发展的结果来衡量制度是否适宜，却以西方的经济体制作为模板来进行制度改革，结果经济发展不仅没有实现，反而导致经济增长乏力。

稳定是改革和发展的基本前提，没有稳定这个大前提，什么事也办不成。邓小平曾说，稳定压倒一切。改革是利益结构的重新调整，必然存在各种利害关系的矛盾和摩擦，特别是当社会上出现机会不均、收入分配不公平等现象的时候，人们的不满情绪就会表现出来，以致形成激烈的社会震荡。制度改革尤其是转轨国家的制度改革，是一场深刻的大革命，它猛烈冲击着传统观念和各种旧的习惯势力，人们在思想上需要有一个逐步调整和适应的过程。中国改革开放取得成功的重要原因之一是走渐进式改革道路。基本的做法是，在推出一项改革措施时，总是先在较小范围内进行试点，根据试点的情况进行修正、完善，然后逐步推广到更多的地区。这样做的好处是，改革措施更贴近各地的实际情况，通过试点检验后也容易为广大群众所理解和接受，从而有利于国家政治、经济和社会的稳定，因而较容易取得成功。要保持稳定，在制定改革与发展的政策措施时，必须充分考虑社会的承受能力。这是中国付出代价后才取得的经验。例如，1988 年，中国在条件尚不具备的情况下，进行所谓的“价格闯关”，试图一步完成价格改革，导致出现较高的通货膨胀，超过了人民群众的可承受程度，结果引发比较严重的社会问题。中国不得不在随后的三年时间里进行治理整顿。回头来看，这次改革由于没有考虑群众的承受能力等因素，不仅没有达到改革的目的，反而对社会稳定以及经济发展都产生了较大损害。

对制度改革来说，选择哪条路很重要，但更重要的是必须保证改革的每一项措施、每一个步骤都能推动经济的进一步发展和社会的进步，为广大人民带来切实的利益，为下一步改革创造条件。也就是说，改革需要不断积聚动力，以便为进一步发展创造条件。中国的渐进式改革的好处是震荡小、可持续、有后劲，从而使广大群众、政府官员以至社会各方大力支持政府继续推行经济改革，为深化改革创造了良好的社会政治条件。改革也为社会带来了巨大的经济利益，并推动经济及改革进一步发展。

在特定时期和特定情况下，改革、稳定与发展之间又会出现相互矛盾的现象，有时候是长远利益与眼前利益的矛盾。例如，要推进国有企业改革，调整产业结构，就不可避免地会造成部分职工下岗，这一问题如果处理不好，就会影响社会稳定；如果一味维持现状，不加大国有企业改革的力度，就会影响国民经济长期的发展。所以，如何把改革的力度、发展的速度和社会承受力统一起来是至关重要的。

因此，适宜的制度不仅需要能够在一定的时间内促进经济发展，还需要能够应对外部经济的冲击、解决国内各阶层的矛盾冲突、维护社会稳定，使经济能够保持长期持续增长。在社会比较稳定时，多注重改革、发展，以求更加稳定；当稳定出现问题时，少出些改革措施，而以发展改善民生为主；待稳定之后再出新的改革措施，先试点，先凝聚共识再实施、推广。这也是一种适宜的制度安排。

第三节　制度适宜的相对性和动态性

由于不同的国家和地区在不同的发展阶段追求的目标会有差异，文化传统和意识形态不同，生产力发展水平不同，因而适宜的制度也是不同的，所以，制度适宜有两个基本特性，一是相对性，二是动态性。

一、制度适宜的相对性

同一种制度在不同的国家、不同的地区会产生不同的效果，在一个国家或地区能够有效运行、促进发展的制度，到另一个国家或地区却不能发挥类似的作用，绝对最优、放之四海而皆准的制度应该是不存在的，这就是制度适宜的相对性。

不同国家或同一国家的不同地区之间所采用的制度各不相同，这些不同的制度，却可能因为契合了不同国家或地区的特殊情况而都收到良好的效果，都是适宜的。因此，制度适宜的相对性又必然导致制度适宜的多样性。

制度适宜之所以具有多样性，根本原因就在于不同国家在经济、政治、社会文化和历史传统等方面存在着巨大差异，而且随着市场经济和全球化的发展演变，这些差异也处于持续的变动当中。为适应这种变化，各国政府又不断根据本地情况进行制度创新。制度变迁主体的预期收益、知识基础、创新成本、所用手段不同，以及所处社会的政治制度与意识形态存在差别，必然造成制度创新的客观需求与主观供给条件有差异，并最终导致世界各地制度变迁方式、过程及结果的非一致性。

新制度经济学在古典经济学的基本框架下，着眼于西方发达国家的发展，立足于古典的或略作修改的古典假设，认为产权私有化和自由主义是一种更优的制度。但从各国实践来看，任何一种制度都离不开生产力发展水平因素以及其独特的社会、经济和文化环境，适宜制度只能是相对的。一方面，同样的制度在不同的国家产生的效果可能极为不同。例如，一些非洲和拉丁美洲国家，在本国经济基础和市场能力尚不具备的条件下，推行自由化，过分强调市场的作用，把“自由化”当作目的，而实际上自由化只是实现经济增长的手段之一，结果不仅没有实现所期望的经济增长，反而使经济危机不断，增长乏力。另一方面，不同国家采取不同的制度也可能产生相似的效果。欧美国家按自由市场的制度安排实现了高速增长、工业化、城镇化。而苏联、东欧国家选择了计划经济体制，也同样快速实现了工业化。同时众多发展中国家也利用这一制度安排实现了经济的恢复和发展，表明计划经济体制在特定的条件下也有其适宜性。

制度适宜的相对性意味着任何制度都没有绝对优势。由于适宜制度需要与文化、意识形态、发展水平等相适应，而各个国家和地区的人文形态、发展水平存在巨大的差别，这也使得适宜的制度是各式各样的。市场并不是制度的全部内容，社会文化和意识形态在经济社会生活中同样有着重要的作用。它们之间总是在相互影响，有时是市场的制度结构改变了相应的社会文化，有时是社会文化和意识形态潜移默化地决定着市场的制度结构，有时则处于一种相对稳定的平衡状态。因此，即使在某些条件重合或趋同的情况下，如果社会文化和意识形态存在差异，适宜的制度仍有可能不同。

制度适宜要求制度适应外部环境，反之，外部环境也会塑造不同的适宜制度。例如，18～19世纪欧洲对亚非拉国家的不同殖民方式为这些国家带来了不同的制度构架。在非洲和拉丁美洲，多为大种植园主操控的寡头政治和寡头经济，很容易导致政府和特殊利益集团对经济的强势干预；而在北美，推崇个人自由的市民社会和市场经济得到确立，形成了限制政府、维护市场的传统力量。同样，第二次世界大战以后，冷战的政治格局也为不同的发展中国家带来了不同的机遇和挑战。发达资本主义国家对社会主义国家实行了严密的封锁，而对韩国、日本进行了大量援助，使后者的社会形态和制度模式也逐步西化；社会主义阵营内部的国家之间则开展了广泛深入的互助合作，经济制度总体趋同。所以，适宜制度在适应外部环境的过程中也被外部环境所改变。在复杂多变的国际形势下，没有一种制度在发展的各个阶段、在不同的文化历史环境下都具有绝对优势。

另外，即使同样是市场经济体制，也会由于各个国家的政治、经济、文化等背景的差异，而各具特色。美国实行的是自由市场经济模式。私人资本主义、私人企业和政府对经济的干预力度很小一直被视作美国市场经济的一个象征。德国实行的是社会市场经济模式。社会市场经济从 20 世纪 50 年代以来被德国经济学家和政治家当作社会保障网与自由竞争相辅相成的经济制度。这是一条在自由市场经济与高度集中的计划经济之间的“中间道路”，试图在无限制的自由与无情的政府管制之间寻找平衡。而日本的市场经济模式是政府主导型的。与欧美发达国家相比，日本市场经济模式的政府干预力度和广度都很大，与法国的经济模式有许多相似之处，即都是靠计划和市场机制共同协调经济发展。此外，挪威、瑞典等实行一种被称为“从摇篮到墓地”的福利市场经济模式，是以改良的社会民主主义理论为指导、以充分就业和社会平等为目标的一种市场经济发展模式。由此可见，同样是实行市场经济的国家，由于各国政治、历史文化、政府形态的不同，而有较大差异。

二、制度适宜的动态性

从时间的变化来看，制度适宜具有动态性。随着生产条件和社会环境的变化，评价一项制度是否适宜的条件也就发生了改变，原先能够促进经济发展的制度安排可能反而成为一种羁绊，要想继续保持制度的适宜性，就必须对其进行动态调整，即适宜制度应当具有动态性，是阶段性的适宜制度。

在人类发展的历史长河中，社会制度和经济发展水平的交互演进就是制度适宜动态性的最好印证。在刚刚脱离猿而成为人的萌芽时期，与严酷的外部环境和强大的自然力相比，人类显得过于渺小，不得不依靠原始的共产主义和平均分配来保证人类本身的延续。

经过漫长而近乎爬行的学习和积累，剩余产品的出现使得奴役他人变得有利可图，财产共有和平均主义已经不能满足氏族贵族的欲望和要求，奴隶占有制就是在这种情况下出现的。当时，战争是获取资源的唯一途径，战胜方将战败方的人员、财产全部归为己有，开始时是共有，后来成为私有。毫无疑问，奴隶制是一种人剥削人的残酷制度，但它还是经济发展阶段的产物，是与特定的生产力水平相一致的，使大量劳动力得以投入生产活动，变单个劳动为大规模的协作分工，提高了劳动生产率，促进了经济的发展。

然而，到了奴隶制后期，正是奴隶制创造的生产力将其自身推向了没落的边缘。奴隶们越来越认识到，奴隶主对他们的依赖远比他们对奴隶主的依赖大得多。因此，大规模的逃亡和起义层出不穷，最终迫使奴隶主释放奴隶，并将土地分给他们耕种，逐渐形成以地主、地租和佃农为核心的双方都能接受的较为稳定的封建制度。与奴隶社会相比，由于农户享有部分劳动剩余索取权和支配权，从而形成了最初的积累，并与生产工具和技术的进步相互促进，带来了农民阶层的分化和一定范围内的商品交换。

以科技革命为契机，人类脱离农业社会的转折随着资本主义萌芽的壮大而注定要到来。此时，土地已不是最主要的生产要素，相反，封建地主阶级已经成为货币资本聚集和大机器生产的阻碍。在生产力和生产关系的矛盾运动中，封建制度同样完成了自身的使命而退出历史舞台，资本主义生产方式取而代之，带领人类步入了工业化时代。

直到今天，人类社会制度的不断调整也从未停止。不论现在看来多么落后的制度，在其确立初期都具有显著的优越性和适宜性；

不论一种制度多么优秀，其生命力都是有条件的，如不随时调整就只能被取代。

对于一个国家来说也是如此。早期开始发展资本主义的先行国家，由于不存在外部竞争压力，其主要任务和利润源泉在于不断扩张，自由市场的激励作用发挥到极致。然而，自由市场制度也并非没有弊端。社会生产过于自由可能演变为无序，曾不止一次地将资本主义经济拖入严重危机的境地，于是各种形式的国家资本主义和政府干预不断出现，“看得见的手”从未彻底消失。而作为后工业化时期急于脱贫的国家，既要面对国内贫瘠的条件，又要抵御外部挑战，很自然地倾向于选择一种较为集中的方式，通过政府主导经济的发展。但随着经济全球化浪潮的袭来和市场力量无孔不入的渗透，没有哪个国家还能够墨守成规而获得发展。

第四节　政府与市场作用的边界和驼峰路径

贯穿经济学理论发展历史的核心内容之一，是政府与市场的作用及其边界调整。从各国的实践来看，政府与市场作用边界的确定以及政府能力和市场能力的互动演进，是决定一个国家经济发展的首要制度因素。

一、适宜制度、激励机制与经济增长

如前所述，制度的核心功能是激励，有效的制度能够提供高质量的激励机制。在个人或组织从事经济活动的过程中，可能大量存在私人收益率与社会收益率不相等的情况。但可以通过设置某些制度，例如专利权保护等，使私人收益率不断接近社会收益率，为从

事经济活动的个人或组织提供长期激励。

市场经济制度之所以在一些国家近代以来的发展中表现出较高的效率，就是因为它赋予了经济行为人生产、经营和创新的自由决策权，能够通过价格机制实现资源的优化配置，将一项经济活动的社会收益尽可能转化为私人收益，同时又对每一个经济决策者进行约束，迫使每个人必须对自己的行为承担责任，从而最大限度地避免负外部性，将个人成本内部化。

建立任何一种制度的根本目的，都是为了对社会集团和个人行为提供有效的激励，由此鼓励创新、勤奋、诚信、责任与合作等。制度安排决定了社会集团和个人选择的领域与范围。制度不同，人们选择的空间不同，其行为方式也就有所差别。因此，在不同的制度安排下，激励的方式、机制和结果会大相径庭。市场经济的激励机制是通过产权制度和分散决策机制来实现的，一个组织的激励机制则是通过明确责、权、利的关系来实现的。一块没有明确产权归属的公用草地，对任何一个牧羊人都是开放的，并且都能使之从畜牧活动中获益。而过度放牧会使公共草场退化，直至荒芜。这就是没有明确的产权归属而导致"公地悲剧"的例子。

制度激励效果的突出表现是，即使生产要素投入不变且没有技术进步发生，制度创新也会导致社会总产出增加。承认市场经济制度的有效性不等于承认其单一性或固化的模式，因为市场经济制度有效性的发挥要依赖于一个国家的经济发展水平、文化传统等具体条件。换句话说，市场经济制度在各个国家的存在形式是有差异的。中国自 20 世纪 70 年代末进行经济体制改革以来，国民经济由计划经济体制向市场经济体制转化，建立和发展了有自身特色的社会主义市场经济体制，并实现了经济长期、持续、稳定的增长，根本原因就在于制度变迁提供了一套与中国国情相一致的激励机制。

二、经济增长的两难困境

通过制度提供的激励机制之所以对经济发展具有如此巨大的影响，主要是因为经济发展面临着市场机会主义和政府机会主义双重两难困境的约束。

（一）市场机会主义两难困境

自亚当·斯密的《国富论》出版以来，人们就认识到，在机器化大生产的现代社会里，分工和专业化是经济增长的源泉。由于专业化可以形成局部的知识垄断从而获得超额收益，因此经济当事人具有推动专业化发展的内在动力。

但是，专业化也导致经济当事人在占有越来越多专业信息的同时，对其他领域的知识日益陌生，导致知识的分立（哈耶克，2000）。由于每个经济当事人都只占有有限的信息，所以都只能是有限理性的。在市场交易过程中，交易双方都存在严重的信息不对称，此时就会产生严重的市场机会主义，即交易中的一个或多个当事人试图利用自己的信息优势来增加自己的利益，而损害其他当事人的利益。

市场机会主义的存在降低了合约形成的概率与质量，增加了交易的不确定性。要弱化这种负面效应，就需要经济当事人花费大量的时间和金钱来搜集对方的交易信息，这将导致市场交易费用的极大攀升。由于经济当事人主要通过市场交易来兑现其专业化收益，因此，专业化速度越快，交易频率就越高，为克服信息不对称所要付出的交易成本也越高，达成交易变得越来越困难，经济当事人的专业化动力被削弱，经济增长的动力也就会减弱。由此可见，专业化程度加深和交易费用提高是经济增长面临的两难困境。

（二）政府机会主义两难困境

市场是迄今为止最有效的资源配置体系。但由于专业化分工带来的知识分立和机会主义会降低效率，仍需要政府强制力来帮助维护市场秩序，即通过制定法律、监督管理、公平裁判、规范竞争等活动对契约提供保护。政府的强大是进行契约保护的必要前提，但若政府的权力过于强大，且不能对其形成有效约束，那么这种强制力很容易被滥用，政府可以方便地任意侵犯公民财产和权利，导致弱产权保护。契约保护和产权保护的两难困境对于经济发展来说具有根本性意义。

（三）制度设计的关键

自由市场经济会带来无序（Disorder），即市场机会主义；政府对市场的干预会带来专制（Dictatorship），即政府机会主义。所以，迪约科夫等认为："制度设计的关键问题是要解决对无序和专制进行控制这两个目标之间的冲突问题"（Djankov，La Porta，Lopez-De-Silanes and Shleifer，2003）。

三、两难困境中政府和市场的作用

对于处在工业化阶段的国家来说，应当如何培育和发展市场，才能在发挥其价格发现和资源配置功能的同时，将市场无序保持在可控范围之内？究竟何种程度的政府干预才最适宜？这些问题都蕴含了对无序和专制这个两难困境的权衡。

迪约科夫等引入制度可能性边界（Institutional Possibility Frontier，IPF）来分析如何在无序和专制之间作出取舍。在制度可能性边界图中，横轴表示由于高度专制带来的社会损失，纵轴表示由于高度无序带来的社会损失。制度可能性边界曲线反映了市场无序随政府权力的增加而减少的程度。图 2.1 中向下倾斜的线表示某种无序和专制组合下的社会总成本。它与制度可能性边界的切点就是一个社会有效率的制度选择。迪约科夫等按照国家权力介入经济的程度由轻到重的顺序，分析了私人秩序（Private Orderings）、私人诉讼（Private Litigation）、监管（Regulation）和国家所有制（State Ownership）四种制度形式（Djankov，La Porta，Lopez-De-Silanes and Shleifer，2003）。

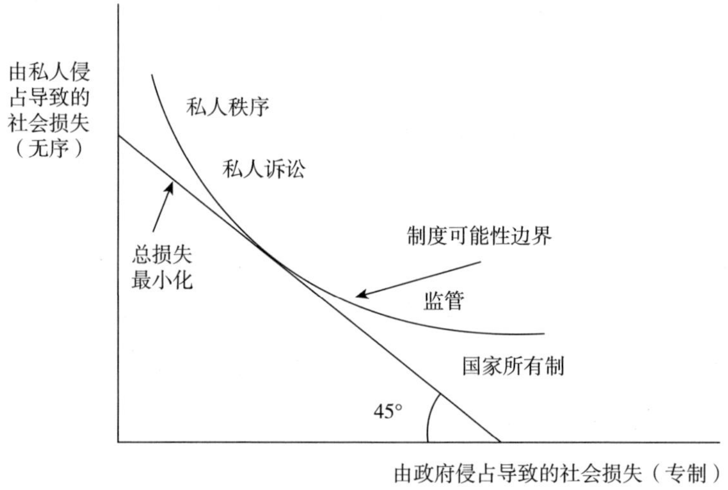

图 2.1　制度可能性边界曲线

以上四种制度形式是治理商业活动的四种典型制度选择。在私人秩序模式中，市场的力量较强，政府的力量较弱，经济主体的行为主要受市场力量的约束；在私人诉讼模式中，政府通过立法以及法院来间接规制市场，经济主体的行为除了受市场力量的约束以外，还受到法院诉讼的规制；在监管模式中，政府通过立法和管制机构来规制市场；在国家所有制模式中，政府力量最强，市场力量最弱，政府通过拥有企业的产权直接配置资源。

这四种制度安排并不相互排斥，在实际经济活动中，不同的商业活动由不同的制度安排来规制。对于一个国家来说，总的来看，私人秩序模式和私人诉讼模式构成了以市场为主的治理模式，监管模式和国家所有制模式构成了以政府为主的治理模式，政府与市场的适宜边界就是制度可能性边界的形状和位置问题。

制度可能性边界的形状和位置是由多种因素共同决定的，取决于各国的历史、文化、意识形态和政治经济结构。所以，不同国家适宜制度建设的侧重点（即制度可能性边界与社会总成本线的切点位置）是不同的。例如，在东亚经济起飞阶段，依靠“强政府”的制度安排引导产业发展可能是适宜的，但随着经济环境的复杂化和利益集团的逐渐形成，原先的制度安排也可能对新兴产业发展起到阻碍作用。这时，将生产决定交由市场来完成就应成为适宜的制度安排。

因此，政府控制无序的作用和市场打破专制的作用是随着经济环境、市场体制的发育程度、政府的组织管理能力及自律能力的变化而动态变化的。一个国家的经济发展模式没有标准化的样板，各发展中国家经济社会的变迁要与其制度可能性相适应，而不能照搬发达国家或成功发展中国家的某些“理想”模式。

另外，制度适宜性不仅表现为不同的国家具有不同的政府与市场边界，也表现为一个国家在不同发展阶段有不同的适宜制度，需要不同程度的政府干预。以美国的制度变迁为例。美国在内战之前，重大的商业纠纷大多是基于合同和侵权行为的私人诉讼来解决。对于工业事故中企业的责任、药品和食品的安全性，甚至所得税的合法性，都由法庭来审理。因为，当时的美国社会是相对稳定的市民社会，潜在诉讼人之间不存在明显的不平等，这就保证了私人诉讼是对商业活动进行控制的有效策略。但是内战后的美国兴起了大规模的工业化和商业化，这增加了经济活动的无序性。无序状态的增长使得制度可能性边界曲线外移，致使依靠法庭的私人纠纷解决机制变得无效率。大型企业通过雇佣高级律师和贿赂法官来搅乱司法秩序，使得私人诉讼不能保证公平。当法庭被破坏后，边际监管则显得非常有效率，尤其是这一时期的美国政府变得越来越开放和透明。于是，适宜的制度安排是进行更强的监管，以提供更强大的力量来制约大企业。总的来看，因为在不同的发展阶段，经济主体的力量对比发生了变化，为了保证公平地协调各方利益主体，美国经历了由依靠私人诉讼向倚重政府监管的适宜制度的变迁。这适应了美国当时的经济社会条件，带来了美国经济的持续繁荣。

四、关于政府与市场关系的三种观点

如何界定政府与市场的关系，或者说通过制度安排，怎样发挥市场配置资源的作用和政府对经济的调节作用，不仅是长期以来经济理论界的争议焦点，也是各国经济发展中最为重要的实践内容。

（一）对立观

早期的经济理论总体上认为政府与市场是两种相对立的力量，我们可以称之为“对立观”。例如，在亚当·斯密的古典经济学中，政府被定位为“守夜人”的角色，不需要也不应当对市场行为进行干预。早期的发展经济学理论则普遍强调政府的推动作用，认为在发展中国家市场作用的发挥受到限制，应该有效发挥政府推动经济发展的作用。西方模式的市场经济和前苏联模式的高度集中计划经济可以说是政府与市场关系的两个极端情形。

简单地、静态地将政府与市场完全对立起来，无论在理论上还是在实践中都很难站住脚。市场竞争作用在一定条件下可以促进资源的优化配置，带来更高的效率并促进经济发展，这一点在理论上已经得到了比较充分的论证，也有较强的实证支持。如巴罗（Barro，

2004）通过对大约100个国家1960—1990年的经济增长数据进行分析后，发现政府消费所占的比重越高，相应的经济增长率越低，表明政府干预对经济发展有阻碍作用。而市场作用的充分发挥又依赖一些基本的条件，如信息充分等，显然与广大发展中国家的条件不符。实际上，即使是欧美发达国家，同样普遍存在政府对经济的干预。这说明政府与市场的作用不是非此即彼式的。

（二）调和观

后期的经济理论倾向于将市场与政府的作用进行某种程度的调和，可称为“调和观”。例如，世界银行提出市场友好论，认为政府干预只有在对市场发挥“友好”作用的情况下才可能是有益的。世界银行在1991年的《世界发展报告》中详尽阐述了这一观点，认为东亚奇迹的产生恰恰在于政府不干预经济。因此，政府不应干预经济，除非干预能产生更好的效果，否则就应让市场自行运转。从根本上看，世界银行的市场友好论是否定政府干预的。

值得注意的是，时隔若干年后，1997年世界银行再次发布以政府在经济发展中的作用为主题的《世界发展报告》，明显强调了政府的作用。青木昌彦也认为，在经济发展水平和市场发育程度较低时，民间部门解决协调问题的能力较为有限，而政府在促进发展方面则具有相当大的适用空间。他在总结东亚新兴工业化国家和地区经济发展经验的基础上指出，政府能为市场机制的发展提供稳固的制度框架，通过补充民间部门协调功能，设立“相机性租金”以激励民间部门的竞争，政府能提高民间部门的市场竞争能力，并将这种作用称为“市场增进论”。

这些研究改变了将政府与市场对立起来的做法，更贴近发展中国家的实际。但这种调和总体上是在对政府的作用进行相应的限制，如要使政府的干预对市场发挥友好作用，促进和补充民间部门的协调功能。在上述理论中，政府与市场的边界是静态的，政府的作用更多地体现在完善制度环境上，更多的是作为制度提供者发挥作用。实际上，政府与市场的合理边界在很大程度上取决于具体环境，而且会随着环境的变化而变化。从东亚地区的实践来看，政府的作用应该说远远超出了提供制度和进行协调的作用，甚至常常是以市场参与者的身份发挥作用。

（三）转轨论

另一类专门研究转轨经济的理论，可以称为“转轨论”，对转轨国家的市场经济形成问题进行了考察和分析。这种理论的鲜明特点之一，就是突破了新古典主义放弃政府干预即会出现发达市场经济的观点，把市场经济的形成作为一个动态的过程加以研究。

麦金农在《经济自由化的次序》一书中根据转轨国家的经验教训指出，只有以适当的次序来推进改革，才能使市场经济体制逐步建立起来（麦金农，1997）。这类理论较多地关注了渐进式改革和休克疗法改革模式的优劣，涉及制度变迁的动态过程，但它们主要是考察计划经济国家，特别是实行苏联模式的原社会主义国家的经济转轨过程，而不是一般发展中国家的经济发展过程，因此其着眼点是“改革”而非“发展”。

五、政府与市场互动演化的驼峰路径

从制度适宜角度观察政府与市场的关系，可以称为“互动演化论”，其中包含三层含义：一是政府干预的目的不是替代市场，而是弥补市场的不足，并且着力培育市场力量；二是市场机制不仅不排斥政府干预，而且可以为政府干预提供一个判断基准和校准机制；三是政府与市场的边界需要随着环境和条件的变化而动态调整。

（一）驼峰路径

具体到发展中国家来说，由于国家间的巨大差异，并不存在单一的普适性经济发展模式。如果不考虑文化、意识形态的具体影响，仅从实现最大化的国家利益和国民利益这一总目标的角度而言，对当今发展中国家来说，一种适宜的制度选择是，在政府与市场的边界上应采取“先集中后分权”的总体战略。

图 2.2 描述了一个发展中国家在经济发展过程中政府与市场边界可能的调整形态。因其总体形态有如一个驼峰，所以称为制度变迁的驼峰路径。图 2.2 中横轴为时间，可以反映一个国家在不同的时间处于不同的经济发展阶段。纵轴表示政府对经济的影响程度，可以用政府配置资源所占的比重表示。假定只有政府和市场两种配置资源的手段，则曲线到 100% 之间的部分即为市场配置资源所占的比重，可以反映市场化程度。

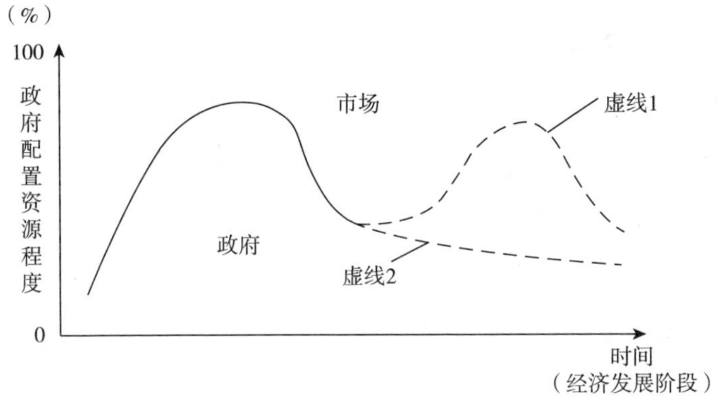

图 2.2　发展中国家政府与市场边界的动态性

驼峰路径表明，发展中国家在发展早期，需要通过制度安排，借助政府力量弥补市场机制的不足，以集中资源，积累资本，培育内生增长能力，因而政府配置资源所占的比重较高，曲线在图 2.2 中处于较高位置。如果在初期政府配置资源的比重较低，则会有一个上升的过程。此后，随着经济发展起来，内生能力增强，政府应通过向地方、企业和个人分权，逐渐减少配置资源的范围和数量，扩大市场对资源配置的调节作用，相应地图 2.2 中曲线处于逐步下降的阶段。总体上经历一个先集中后分权的过程。

（二）发展初期的适当集中

发展的初期为驼峰路径的上升和延伸阶段，此时政府应集中资源，加强对经济的干预。政府作为制度提供者无疑应当发挥重要作用。在发展中国家发展初期，与低下的生产力水平相对应，强调政府作用的发挥主要是基于以下几个方面的考虑。

一是发展中国家处于竞争弱势地位，需要政府干预进行弥补。市场机制良性运行的一个前提是竞争主体处于平等地位。但当今发达国家与发展中国家实力相差悬殊，发达国家占据了资本、技术、信息、资源和市场的绝大部分，并牢牢控制了国际规则和标准的制定权。如果简单由所谓的市场机制决定，发展中国家的利益很难得到保护，因此需要政府实施适当的干预。从历史上看，一个国家采取什么样的制度和政策在很大程度上取决于其在国际竞争格局中的地位。历史上曾全力推动自由贸易的英国在确立霸主地位之前，同样通过《航海法》等限制性手段，实行了保护性政策，其矛头直指其强势竞争对手葡萄牙；而在其霸主地位确立后，则转而致力于推进自由贸易。第二次世界大战后，特别是 20 世纪 80 年代以后，新自由主义取代凯恩斯主义成为主流，其中美国是最主要的推动者，这也是因为美国经济表现出适应经济全球化发展的灵活性，在科技领域遥遥领先于世界其他地区，因而在信息和技术迅速发展的时代，美国的优势可以通过自由放任主义的推行得到最大限度地发挥。这也说明，采取什么制度，归根结底要看这种制度是否符合其国家利益。

二是资本积累能力较弱，储蓄和投资不足，需要政府推动资本积累。欧美国家在发展初期借助了一些特殊的途径迅速完成了原始资本积累，而且在当时的经济发展水平下，对资本积累的要求实际上并不太高。现代经济增长则严重依赖于大规模投资形成的规模化生产，单项资金投入量远远超出了发达国家早期，而且越来越大。根据英国贸工部发布的“全球企业研发排行榜”，2005 年全球 1 000 家研发投入最大的企业中，美、欧、日企业占了 96%，其中仅美国辉瑞制药一家企业就投入 40 亿英镑，相当于 2005 年中国全国研发投入的 1/4。与此同时，发展中国家显然不可能采取西方式的原始积累方式，只能更多地依靠自身的积累。而落后国家的问题恰恰在于居民收入低，用于储蓄和投资的份额十分有限，金融业弱且不健全，严重影响资本的形成能力和国民收入的增长，容易造成“贫困的恶性循环”。这种情况下，客观上需要借助外力弥补市场配置作用的不足，要求政府通过适宜的制度安排，集中有限的资源，实现资本积累和基本的工业化，尽快具备初始的发展条件。

三是市场狭小，交易成本高，需要政府干预纠正市场失灵。市场机制要发挥作用，需要有一定的市场规模，并要求有相应的信息、交通等基础。西方发达国家在发展初期经过长期积累，已经形成了一定的市场规模，并凭借自身优势在发展初期充分利用了与广大落后国家包括殖民地的贸易，以相对较大的国际市场支撑了国内经济的快速发展。发展中国家特别是最贫穷和落后的国家迄今还存在着大量的非货币经济，交通阻塞、城乡分割、地域封闭等阻碍了商品流通，造成市场主体发育不正常，资源流动不畅，特别是要素市场发育程度低，不能有效地调节发展中国家大量剩余劳动力的转移。

四是技术落后，缺乏必要的学习能力。发达国家在发展初期技术相对先进，采取市场化的奖励创新制度，激励技术开发，比较容易在世界上获取超额利润。葡萄牙当时对航海罗盘的发明实行高额奖励，关键原因就是这样的发明能够显著改善其远航能力，为国家带来巨大的财富收入，这也是专利制度的雏形。而当今发展中国家技术严重落后，完全依靠自主创新，边际收益很低，学习和引进发达国家的先进技术成为发展中国家迅速提高生产力水平的必然选择。而以学习为主和以自主开发为主所要求的制度架构显然是不同的，但都离不开政府在引进国外先进技术、增强技术吸收能力和建立国家创新体系方面发挥的巨大作用。

历史上，欧美国家发展初期，是异军突起，外部竞争压力很小，没有重重“围追堵截”，世界可供其发展的空间巨大，而且还可以通过海盗式掠夺积累原始资本。除了这些国家，20 世纪以来从贫穷走向富裕的国家，几乎毫无例外都经历过政府推动的资本积累阶段。1928—1940 年，苏联通过高度集中的计划体制集中资源推进工业化，迅速建立起相当完整的工业体系，仅用 12 年时间就完成了资本主义国家花费 50～100 年时间才完成的工业化任务。日本、韩国等在发展初期也都离不开政府的推动。由于发展中国家与发达国家之间的差距巨大，没有政府的主导，它们可能永远也赶不上发达国家。

（三）发展后期市场作用的增强

发展的后期为驼峰路径的下降阶段，即政府应逐步减少干预，让位于市场。政府干预和集中资源的目的是为了培育市场能力，促成内生增长，但过度干预会降低资源配置效率。随着经济的发展，经济规模扩大，分工更加复杂，政府干预的成本会越来越高。

首先，一国的资源是有限的，政府干预挖掘和调配资源的余地会越来越小，当经济发展到一定程度，政府干预促进要素投入带来的收益会递减。

其次，在拥有了基本的学习能力之后，随着本国技术水平与世界先进水平的差距缩小，政府干预对学习和扩散外国先进技术的作用会趋于减弱。

最后，随着经济发展，经济规模扩大，经济关系日趋复杂，政府干预的成本越来越高。

因此，伴随经济内生增长能力的提高，政府应逐步退出，减少对经济的干预，通过分权和引入竞争机制来发挥市场的作用。

（四）驼峰路径可能重复出现

政府对经济的干预程度受到一个国家在世界经济格局中相对竞争地位的影响。一般来说，如果制度适宜，一个发展中国家经济获得了一定发展，具备了基本的竞争能力和积累能力，市场的配置效率会逐步提高，而政府干预的成本会越来越高，政府与市场的边界尽管可能有小的波动，但总体上会趋向一个合理的区间（如图 2.2 中的虚线 2）。当然，对于不同的国家来说，由于其自身的经济发展水平不同，文化、历史和意识形态等存在差异，这个合理的区间会有所不同。

但对另外一些国家来说，政府与市场的边界仍有可能再度隆起（如图 2.2 中的虚线 1），即需要政府再度发挥更大的作用，甚至重复出现驼峰路径。发生这种现象的原因可能是多方面的。一是市场化进程过于超前了，超越了其经济发展水平和社会的承受能力，需要适当提高政府配置资源的比重，以纠正市场的失灵。二是国际竞争格局发生改变，导致本国的竞争弱势地位进一步加剧，需要适当加强政府干预，以维护本国利益。

从历史上看，世界上众多国家都经历了政府与市场边界起伏波动的过程。第二次世界大战后，几乎所有发展中国家以及多数发达国家都加强了政府对资源配置的干预。20 世纪 80 年代以后，自由主义成为潮流，“华盛顿共识”更是将自由化、民主化和私有化作为唯一的灵丹妙药。许多发展中国家以及传统计划经济体制国家普遍推行了市场化取向的改革，由集中走向分权，总体上处于驼峰路径的下降阶段。

发展中国家推行市场化改革的成效不一，大致可分为两类。一类是有些国家的改革适应了本国国情和生产力发展状况，以较低的改革成本，促进了经济平稳过渡，因而较为成功，可以逐步减少政府干预即能实现大体稳定的经济自我发展（如图2.2中的虚线2），中国就是其中一个典型例子。另一类是许多接受“华盛顿共识”的国家，迈向自由市场经济的步伐过快，制度安排超出了自身的发展条件，与生产力水平不相适应，没能促进经济发展，甚至带来一些负面影响。对于这类仍然处于贫困和落后状态、不具备发展的基本初始条件的国家来说，如果不甘于经济停滞，坚持自主发展经济，必然要求政府发挥相应作用，仍可能再次走上集中—分权的驼峰路径（如图2.2中的虚线1）。换言之，改革的最终目的不应是自由市场经济，而应该是经济发展，在这一点上，绝不能本末倒置。

第五节　适宜制度的产生

一、合理制度需求的发现和满足

制度的变迁是制度供给适应需求变化的过程。生产力的发展、新技术的发明、意识形态的变化、国际环境的改变等因素，都可能对制度变迁提出新的需求。这种需求得到制度提供者的认可和满足，即会导致制度的变迁。但由于两方面的原因，制度需求未必能得到满足：一是制度需求是内在的，并不一定能够准确及时地被发现，路径依赖会进一步加大制度的合理需求被发现的难度；二是制度提供者不一定有足够的动力去提供适宜的制度。

如果制度需求能够被满足，供求平衡可能达成均衡制度。但这种均衡制度仍然可能不是适宜的。因为它并不一定带来社会利益的最大化。适宜制度产生的基础应该是合理的制度需求能够被准确及时地发现和满足。从需求层面来看，重要的是微观主体自身利益最大化的制度需求与社会利益最大化的需求应该是一致的，同时，微观主体应该有实践并发现更有效制度的空间和动力。虽然在古典经济假设下，个人利益最大化最终会导致全局最优，但在市场失灵的情况下，比如存在垄断、外部性等情况时，个人利益往往会与社会利益相冲突，就需要在两种利益之间进行取舍和权衡。从供给层面来看，最为关键的是制度提供者应该具有与微观主体自身利益最大化和社会利益最大化相一致的目标。

也就是说，适宜制度的产生有赖于微观主体自身利益、社会利益和制度提供者利益的一致性。如果制度提供者的利益与微观主体的利益一致但与全社会的利益不一致，则形成的制度即使反映了微观需求，也未必能够真正增进国家的长远利益。制度提供者的利益与全社会的利益一致时，也可能损害微观主体的利益（即使是短期利益），使得制度的提供超出社会的承受能力，得不到微观主体的充分支持，并导致制度效率下降。因此，如果以一个国家的长期利益最大化为目标，则适宜制度产生的重要条件就是制度提供者能够代表国家（社会）利益，而又不明显伤害市场主体的利益。

二、人为设计和自发演化的共同作用

在制度的产生问题上存在两种片面的观点：一种是否定市场自发力量的积极意义，这种观点在苏联模式的计划经济理论中达到极致；另一种是否定制度设计在制度形成和变迁中的作用，这种观点在哈耶克的理论中最为突出。本书认为，适宜制度是人为设计和自发演化共同作用的结果。

人为设计制度，即使运用了科学的方法，也不一定符合客观规律；它既可以包含着符合客观规律的方面，也必然包含着错误的和需要修正的地方。需要经过理性思考，自觉设计有效率和符合目标价值的制度，并为实施这种设计而努力，但又必须为制度修正留出足够的空间，为没有预见到的自生自发的新事物提供发展机会。制度创新能否成功，当然与制度设计中包含多少科学和正确的因素有关，但能否为未知事物提供较多机会也同样重要。当然，自发现象的作用是很复杂的。自发发展不等于盲目和错误，但也并非总是有益的。自发势力和自发组织，既可以是反社会的，如黑社会组织，也可以是保守的，如俄国农村公社，还可以是推动社会向前发展的，如某些公民社会组织。因此，在制度的修正过程中还要对自发现象进行比较和筛选，去粗存精，去伪存真。

制度的产生是一个多次博弈的过程，一些经由自发生成路径而形成的制度可能也是多边谈判的结果，因此也可以说是制定或设计的产物。因此，难以笼统地说制度是自发演化的结果还是人为设计的结果。自发演化和人为设计都是制度生成时起作用的因素，只是在历史上不同时期起主要作用的因素不同而已。

三、政府与市场边界的动态调整

本书把政府与市场边界的动态调整作为适宜制度产生的直接条件以及发挥作用的最为重要的环境。这一边界的动态调整为市场经济主体创造了市场化和全球化的潜在利润机会，进而使得在微观上各种适宜制度的创新成为可能。因此，本书的分析框架分为两个层次：宏观上，是政府与市场边界的动态变迁；微观上，是经济主体捕捉潜在利润机会而创造出适宜制度。这两个层次是互动的，政府与市场边界的动态变迁为市场经济主体创造了潜在利润机会，市场经济主体的经济活动也推动了政府与市场边界的动态调整。与只强调宏观发展战略的理论不同，本书同时强调了微观市场主体的制度创新精神和适宜制度的激励作用；与只强调微观经济主体捕捉潜在利润机会进行制度创新的理论不同，本书同时强调了国家根据国内外形势所作出的政府与市场边界调整带来的潜在利润机会。所以，政府与市场边界动态变迁的制度适宜理论是融合了宏观层面和微观层面的制度变迁体系。

（一）政府与市场边界的动态变迁

从历史经验来看，政府与市场边界的动态变迁主要有三个动力机制：一是宏观上国家的推动，这是主要动力；二是微观上经济主体的推动，这是最有效率的动力；三是国际层面上外来力量的推动，这是危害和机遇并存的一种方式。

1. 国家的推动

国家对政府和市场边界的调整主要随着政府干预思想的变化而变化。第二次世界大战后发展中国家具有强烈的迅速发展经济的愿望。无论在理论上还是在实践上，这一时期政府的地位和作用都被赋予了重要意义，产生了政府主导型发展模式。具体来看，导致这一状况的因素主要有：20 世纪 30 年代“大萧条”后美国政府依靠“新政”干预经济的成功；第二次世界大战时期很多国家奉行战时管制经济政策，政府具有很强的经济管理能力；苏联社会主义计划经济取得初步成功；凯恩斯主义经济学理论的影响，等等。此外，20 世纪 50～60 年代的发展经济学十分关注发展中国家面临的特殊环境和条件，因而更加强调政府的作用。因此，这一时期的发展中国家大多利用政府来发动和促进工业化进程，制定了进口替代战略，并通过设置关税壁垒保护幼稚民族工业。

20 世纪 60 年代末和 70 年代初，随着发达国家贸易自由化和资本流动自由化进程的推进，以及 70 年代石油危机以后经济滞胀局面的出现，人们开始反思政府干预的思想。这一时期，“政府失灵”被认为是与“市场失灵”同样严重甚至更加严重的问题。所以，东亚等发展中国家开始实行出口导向战略，降低关税壁垒，发挥廉价劳动力的比较优势，积极参与国际分工。

20世纪80年代后期以来，通过对拉丁美洲国家债务危机、经济动荡以及其他国家改革正反两方面经验和教训的总结，人们对政府干预的认识又有了进一步的发展。人们认为，每一个市场经济体实际上都是市场机制与国家调控的混合体，政府在很多领域发挥的作用非常重要。这一时期，政府开始强力介入基础设施建设、改善贫富差距和治理环境污染等方面。

由以上分析可以看出，经济健康发展是推动政府与市场边界调整的主要力量。在不同的经济发展阶段和不同的国际环境下，经济的发展需要有不同的发展模式，从而对政府与市场作用边界的调整产生了根本性影响。

2. 微观经济主体的推动

微观经济主体（个人、家庭、企业和团体）会出于经济上的自利推动政府和市场边界的变迁。有的利益集团倡导政府的资源配置方式，希望政府对幼稚工业给予保护；有的利益集团则要求放松经济管制，发挥市场作用，并赋予微观经济主体分散决策的自由。政府和市场的具体边界通常是这两方利益集团的博弈均衡。

例如，拉丁美洲国家早期长时间实行的进口替代战略就是在种植园主寡头政治和经济结构下产生的，为的是保护本国种植园主免受来自其他国家农产品的竞争。在中国，安徽凤阳农民以自己的方式表达了他们对于农村人民公社这种农业经济模式的看法，以极大的勇气率先尝试，实行了“包产到户”，目的是增加产量和收入，结果拓展了分散决策的市场范围，最终导致家庭联产承包责任制这一更为市场化的经济组织方式在全国铺开，并拉开了中国经济体制改革的序幕。

3. 外部力量的推动

外部力量也会推动政府与市场作用边界变迁。例如，国际货币基金组织对发展中国家的贷款常带有附加条件，即要求借款国实行私有化和自由化等社会改革，这将大大拓展市场的边界；跨国公司通常具有强大的谈判能力，迫使某些发展中国家开放一些市场；世界贸易组织等国际组织降低关税壁垒的要求也拓展了市场的广度和深度。但这些外部力量的介入，产生的效果不一定都是正向的。

（二）源于微观市场经济主体的适宜制度

政府与市场边界的调整为具体制度的变迁提供了可能的环境。在这个新环境下，原有制度继续运行的收益和成本可能发生改变而显得不经济，这将驱使微观经济主体寻找制度变迁的潜在收益（例如，比较利益、规模收益及合作可能等）。若潜在的制度收益大于阻碍制度变迁的成本（如外部性、不确定性和交易成本等），微观经济主体就可能通过促使制度变迁来获取其收益。

从制度供给者角度对制度变迁进行分类，可分为“诱致性制度变迁”和“强制性制度变迁”（林毅夫，1994）。

1. 诱致性制度变迁

诱致性制度变迁是指由个人或群体在响应获利机会时自发倡导、组织和实施的制度变迁，它必定由某种在原有制度安排下无法得到的获利机会所引起。当一国在不同时期采取不同的发展战略，并对政府与市场作用的边界作出动态调整时，可以创造大量的制度变迁机遇，即潜在的收益，经过各经济主体的认知和利益博弈而汇聚成集体行为，又经过长时间调整达到行为均衡，同时也就决定了行为主体的报酬均衡。这样，新的制度最终稳定下来，并逐渐趋近于适宜制度，直到经济结构的变迁打破制度结构和经济主体的行为均衡，出现新的政府与市场作用的边界调整，进而形成新一轮适宜制度的变迁。诱致性制度变迁满足一致同意原则和经济原则，如果它能克服外部效应和“搭便车”之类的问题，那么它将是较为适宜的制度变迁方式。

2. 强制性制度变迁

强制性制度变迁则由政府通过命令和法律引入与实现。作为国家强制力量的垄断者，国家提供制度的费用要比竞争性组织低得多，在制度实施及其组织成本方面也具有一定优势。例如，以分权为特征的财政体制改革就是中国比较成功的强制性制度变迁。但政策制定者的偏好、有限理性、意识形态刚性和集团利益冲突等因素将会影响强制性制度变迁的效果。

3. 两类变迁的结合

实际上，适宜制度产生的一个重要途径是诱致性制度变迁和强制性制度变迁的结合。在政府和市场边界调整出现新的利润机会时，富有企业家精神的微观经济主体会创造出有利可图的新制度，这是一个诱致性制度变迁过程；当一项制度创新在某个地区经过实践检验，被认定为是有效率的制度以后，则可以通过政府强制力在全国推行，这是一个强制性制度变迁过程。例如，中国的家庭联产承包责任制就是由农户自发创新的适宜制度，然后再经过中央政府认可并逐步推广至全国。另外，采用“先实验，后推广”的办法也可以降低强制性制度变迁不适宜的风险。

概括起来看，一国的适宜制度建设是个复杂的过程，既要分析国内、国际形势的挑战和机遇，充分认识到本国的市场能力和政府能力，动态调整政府与市场的边界，又需要各经济主体在认知协调和利益博弈下形成制度创新。这些特点决定了一个国家的制度建设必然是一个长期、渐进、试错的过程，这一点表明中国实施的渐进式改革战略是有着坚实的理论基础的。

第三章　经济发展模式与发展中经济体的选择

前两章的讨论表明，制度对于一国经济增长具有至关重要的作用，而制度促进经济发展的关键是要切合特定国家的实际情况，即是适宜的。制度适宜之所以重要，是因为并不存在一种能够促进经济发展的普适性制度，对于艰苦求索发展良方的发展中经济体来说，必须着力于寻找适应自己独特情况的发展道路。本章将通过比较分析迄今为止的世界主要经济发展模式，来进一步说明这一点。

第一节　发展中经济体对发展道路的探索

一、发展中经济体的基本特征

发展中经济体是发达经济体的对称。根据联合国 2017 年《贸易和发展报告》，联合国统计办公室（United Nations Statistical Office，UNSO）将世界上的国家和地区划分为三类。第一类是发达经济体，是指除墨西哥、韩国和土耳其以外的经济合作与发展组织（OECD）成员国，以及新的欧盟成员国和以色列，数量是 45 个；第二类是东南欧和独联体国家，也称转型经济体，数量为 17 个；第三类是发展中经济体，除上述两类以外的所有经济体都属于这个类别，数量是 158 个（包括中国台湾）。

目前，发展中经济体广泛分布在亚洲、非洲、拉丁美洲、大洋洲、部分东欧以及地中海地区，其人口约占世界总数的四分之三，土地面积约占世界的三分之二。

在发展中经济体这样一个庞大阵营中，发展水平、资源禀赋、历史、文化、意识形态和制度等诸方面差异很大，但它们拥有某些共同特征，如对农业依赖严重、教育落后、科学技术不发达、市场发育不完善、生产力水平落后、收入水平低等。这些特征互相连接、相互加强，是发展中经济体的基本要素。其中，收入水平低是最显著也是最基本的特征，其他特征或者是收入水平低下的结果，或者与之密切相关。也正因为如此，世界银行、联合国等国际组织通常简单地按照人均国民收入进行分类，将高收入国家和地区作为发达经济体，将中等收入国家和地区与低收入国家和地区均划为发展中经济体（其中包括转轨国家）。

虽然仅按人均国民收入划分发达经济体和发展中经济体的方法显得过于简单和粗糙，也因此受到了一些批评，但这样处理在统计上更为便利。更重要的是，这样的分类的确抓住了发展中经济体与发达经济体最显著和最本质的区别。世界银行按照2015年的人均国民总收入分组标准是：低于1 045美元为低收入经济体，在1 045～4 125美元为中等偏下收入经济体，在4 126～12 735美元为中等偏上收入经济体，高于12 736美元为高收入经济体。在2015年世界银行所统计的215个经济体中，高收入经济体有80个，中等偏上收入经济体有53个，中等偏下收入经济体有51个，低收入经济体有31个（The World Bank，2018）。

表3.1的数据显示，2016年的人均国民收入中，低收入经济体为612美元，中等收入经济体为4 909美元，而高收入经济体为41 046美元，分别是前两者的67.1倍和8.4倍。即使按照购买力平价（PPP）方法，差距也同样很大：高收入经济体的人均国民收入为46 965美元，低收入经济体和中等收入经济体分别为1 646美元和

11 267美元，前者分别是后两者的28.5倍和4.2倍。高收入经济体的人口占全球总人口的比例只有6.0%，但所拥有国民收入份额所占比例高达63.7%，即使按照PPP方法，这一比例也达到了46.7%。

表3.1　　2016年中国与世界人口及国民收入统计

	中国	世界	高收入经济体	中等收入经济体	低收入经济体
人口数量（亿人）	13.8	74.4	11.9	55.9	6.6
占世界总人口之比（%）	18.5	100.0	16.0	75.2	8.9
	按名义国民收入				
人均国民总收入（美元）	8 260	10 302	41 046	4 909	612
世界平均值的倍数（倍）	0.80	1.00	3.98	0.48	0.06
收入总额（万亿美元）	11.4	76.7	48.8	27.5	0.4
占世界总收入之比（%）	14.9	100.0	63.7	35.8	0.5
	按PPP计算国民收入				
人均国民总收入（美元）	15 500	16 095	46 965	11 267	1 646
世界平均值的倍数（倍）	0.96	1.00	2.92	0.70	0.10
收入总额（万亿美元）	21.4	119.8	55.9	63.0	1.1
占世界总收入之比（%）	17.8	100.0	46.7	52.6	0.9

数据来源：国家统计局（2018）。表中数据因计算时四舍五入可能略有误差。

二、发展中经济体的产生

发展中经济体的产生与发达经济体有着紧密联系。发展中经济体群体的产生是以两个基本事实为背景的。一是长期以来，特别是近200年来世界经济的不平衡发展；二是第二次世界大战后众多国家取得民族独立。第二次世界大战前，绝大多数发展中经济体都是西方发达经济体的殖民地或附属国，政治上没有独立性，经济上严重依附于宗主国，在这种情况下谈不上发展经济。只是在获得独立之后，这些经济体才有机会发展自己的独立经济。因此，发展中经济体的出现，实际上是民族解放运动和殖民地国家摆脱殖民统治的结果。

发展中经济体在经济上的依赖性和落后面貌是西方发达国家几百年殖民统治的恶果，也是西方发达国家近代以来快速发展的牺牲品。贫富差距自古就有，但国家与国家之间如此鲜明地呈现两极分化却是人类历史中出现殖民主义之后才出现的。

在人类发展的绝大多数时间里，世界经济的发展速度异常缓慢，贫富差距也非常有限。据麦迪逊 2003 年的估算，在人类最近 2000 年的历史岁月中，前 1800 年的全球人均 GDP 增长极其缓慢。从公元元年到 1000 年，世界的人均收入没有任何提高；在 1000 年到 1820 年，人均收入的增长也比较缓慢，约提高了 50%。世界经济的快速发展主要发生在近 200 年之中。①

世界经济在漫长的历史过程中发展缓慢，国家与国家之间虽然有强弱之分，但贫富分化并不严重。直到 15 世纪末，当时的各个主要世界文明中心仍处于大致相同的发展阶段，有的在某些方面较为先进，而在其他方面又稍显落后，国家之间的总体发展水平差距并不大。麦迪逊的研究表明，按几个大的地区间的收入差距计算，最富裕地区与最贫穷地区人均收入之比在 1500 年只有 2∶1，这种差距如果用今天的视角来看只能说是微乎其微。

16 世纪到 19 世纪初，随着西欧经济增长的加速，国家之间的贫富差距有所拉大，但总体上仍不明显。从 1500 年到 1820 年，以 1990 年国际元价格计算，西欧的人均 GDP 从 670 国际元增至 1 269 国际元，增长了 89.4%；而西欧以外的世界则从 532 国际元增至 594 国际元，仅增加了 11.7%。

① 除非另外说明，本节所引 21 世纪数据均根据如下资料计算：（国家统计局，2018）；本节所引历史数据，均根据如下资料计算：（麦迪逊，2003）。

世界经济的不平衡发展由此展开，但最初的不平衡仍然有限。到1820年，收入最高区域与收入最低区域的收入之比仍仅为3∶1。部分研究者甚至认为，这个时期的西欧并不比其他地区富裕。如拜罗克（Bairoch，1981）认为，1800年，中国还要领先于欧洲，日本和亚洲其他地区的人均收入也只比欧洲低5%，拉丁美洲远超过北美洲，而非洲约是欧洲水平的2/3。福兰克（Frank，2000）也认为，大约在1800年，欧洲和美国长期落后于亚洲的状况突然改变，在经济上赶上并超过了亚洲。

世界经济的加速发展和两极分化主要发生在最近200年。1820—1998年，全球人均GDP增长了8.5倍。其间，从纵向来看，不少发展中国家的经济增长也明显加快。以非洲近几百年的历史为例，1500—1820年，在长达300多年的时间里，非洲的人均收入仅提高了4.5%；在1820—1913年的近100年间，提高了40%；而1913年以来的不到100年时间里，则提高了1.3倍。其他发展中国家和地区的情况基本类似。例如，除日本以外的亚洲国家在1500—1820年，人均收入只提高了0.5%，1820—1913年提高了11%，1913年以来则提高了2.6倍。拉丁美洲国家近200年来的发展速度同样远远超出历史上的任何时期。

然而，即便绝大多数发展中经济体近200年来的经济发展速度明显加快，但发达经济体在此期间的增长速度仍要快得多，两者之间的差距也由此迅速拉大。1820—1998年，西欧人均GDP增长了14.5倍，西方衍生国（美国、加拿大、澳大利亚、新西兰）增长了22倍，远远高出世界其他地区，国家之间的贫富差距达到前所未有的程度。1820年，收入最高的西方衍生国与收入最低的非洲国家之间收入比扩大为3∶1，1913年是9∶1，1950年是15∶1，到1998年则达到了19∶1。1979年，人均收入最高的国家是瑞士，为13 920美元，收入最低的是不丹，为80美元，两者相差174倍。现在，这一差距进一步上升到了 385 倍：2016 年人均收入最高的国家是卢森堡，为 101 259 美元，最低的布隆迪等只有 263 美元。

三、发展中经济体对发展道路的探索

第二次世界大战结束后，随着殖民统治的结束，民族解放、国家独立成为历史潮流。如何建设自己的家园、促进经济发展，成为独立不久的发展中经济体面临的共同课题。在当时的背景下，一方面广大发展中经济体怀着迅速摆脱经济依附及贫困落后状态的民族情结，另一方面 20 世纪 30 年代的“大萧条”使发展中经济体对正统新古典理论所推崇的市场优势表示怀疑，凯恩斯主义上升为主流，加上苏联 30 年代计划经济带来的高速发展起到了示范效应，特别是发展中经济体长期遭受西方发达国家掠夺和殖民统治，使得多数发展中经济体对西方模式存在天然抵触情绪。

这一时期，以结构主义为代表的发展经济学异常繁荣，各种理论层出不穷。这类理论认为发展中经济体的经济现实完全不同于发达经济体，其市场是不完善的，价格是刚性的，经济不可能自动达到均衡状态。因此，发展中经济体的经济发展就不是静态的既定资源的优化配置问题，而是动态的可投资资源的供给增长与社会经济结构的调整问题。这些理论正确地抓住了发展中经济体的特殊情况，提出了一些在经济实践中可操作的政策建议，其思想和政策主张符合很多发展中经济体谋求政治与经济独立的民族情结和渴求社会经济结构变化的思想，因而得到了当时绝大多数发展中经济体的支持。

从 20 世纪 50 年代开始，相继走上工业化发展道路的大多数发展中经济体接受了这一时期流行的以计划或进口替代工业化为核心的发展模式，部分经济体甚至取得了显著的经济增长。但是，在权力高度集中体制下促成的高经济增长是难以长期维持的。随着时间的推移，由于忽视市场机制作用而带来的诸多问题陆续显现，这种模式在拉丁美洲、亚洲和非洲许多国家的实践以失败告终，特别是一些奉行进口替代战略的拉丁美洲国家经济增长趋于停滞。

在实施进口替代战略国家失败之时，实施出口导向战略的东南亚国家经济发展却取得成功，使得结构主义思想逐渐被强调市场机制的古典主义所取代。20 世纪七八十年代新古典经济学被引入发展经济学。其主要观点是：经济发展的唯一正确道路是市场经济，政府的作用不在于实行计划经济或直接从事经济活动，而在于提供有利于经济发展的制度和基础设施。根据自由贸易理论，应该实行外向型经济发展，向世界开放；为了实现市场经济与开放，应实行金融自由化，取消对金融市场的管制，放开利率、汇率，并允许资本自由流动。由于理论上古典主义的复兴，加上东亚经济取得成功的激励，许多发展中经济体再度掀起了市场导向的改革热潮。在这样的背景之下，一些发展中经济体提出了脱离本国或本地区实际的改革和发展目标，试图在放松国家或地区干预的环境中加速推进市场化进程，但最终使经济陷入困境。

从战后发展中经济体的经验教训来看，高度集中的计划体制最终没能获得成功，苏联的解体更加充分地说明了这一点。但令人费解的是，理论上有严密的逻辑支撑，实践上有发达经济体成功经验的佐证，从而一度被视为灵丹妙药的市场经济模式，同样也没有给发展中经济体带来福音，拉丁美洲国家近几十年来的实践就是一个很好的例子。要深刻理解这一现象，需要详细讨论经济发展的西方模式，并在此基础上通过比较来深入分析另外几类发展模式。

第二节　西方模式

近代以来欧美发达经济体的经济发展是人类历史上前所未见的，从根本上改变了世界格局，形成了以西方为中心的世界经济体系，凸显了发展中经济体的贫穷与落后。西方世界的迅速兴起是一个耐人寻味的谜题。一代又一代的经济学家在探寻西方兴起的原因中，推动了经济理论研究不断深入，而这种研究对于发展中经济体来说更是具有显而易见的重要意义，因为如果能够找到西方世界兴起的秘诀，那么对发展中经济体来说，也可能就意味着找到了消除贫困与落后的良方。

一、技术进步和创新

20 世纪 70 年代以前，理论界普遍认为西方世界兴起的原因是技术进步和创新，最有力的证据是其加速发展始于工业革命。

18 世纪 60 年代到 19 世纪 60 年代，欧美等相继发生并完成了第一次工业革命，资本主义工厂手工业被机器大工业所取代，大大促进了社会生产力和商品经济的发展。轮船、火车等现代化交通工具以及通信设备的相继出现，为贸易和分工的蓬勃发展创造了有利条件。

19 世纪后期，发生了以电力应用为标志的第二次工业革命，内燃机和电动机代替蒸汽机，社会生产力获得了更大发展。一些重工业部门如电力、石油、化学工业等的出现和迅速发展，使工业结构发生了根本变化，生产社会化程度、专业化和协作水平上了一个新台阶。通过两次工业革命，近代科学技术与工业生产相结合，推动英美等国完全摆脱了“马尔萨斯陷阱”的束缚，进入一个全新的发展时期。这种增长也称为普罗米修斯内涵式增长。[①]

二、殖民掠夺

地域占领和殖民掠夺被认为在西方世界的兴起中发挥了极其重要的作用。西方工业化的过程离不开大规模的资本原始积累，这一过程在早期可以说充满了血腥和罪恶。在当时的历史背景和条件下，暴力征服是筹措和聚集资本的主要手段，对内以英国的“圈地运动”为典型，对外则是大规模的掠夺。

弗兰克（Frank，2000）认为，欧洲之所以最终在19世纪成为全球经济新的中心，是因为欧洲征服了拉丁美洲并占有其贵金属，使得欧洲获得了进入以亚洲为中心的全球经济的机会，使欧洲有可能站在亚洲的肩膀上。更明显的证据是西方发达国家凭借先进的技术和强大的军事实力，对众多发展中国家实行了数百年的殖民掠夺。

据估计，仅在1750—1800年，英国就从印度掠夺了1亿～1.5亿英镑金币（弗兰克，2000）。另有估计，1757—1815年的58年，英国从印度掠夺的财富就达到10亿英镑（王珏，2005）。1800年英国可再生的总固定资本存量才不过7.3亿英镑（马赛厄斯、波斯坦，2002）。到1913年，英国在全世界控制的总人口达到4.13亿人，相当于英国本土人口的10倍（麦迪逊，2003）。

---

① 普罗米修斯把火种带到人间，使人类获得了一种全新的照明、饮食和取暖手段，从而完全超出了曾与自身为伍的动物界。工业革命使得新技术参与到经济发展过程中，推动经济技术水平出现跳跃式的升级，从而改写了世界经济的发展轨迹，与普罗米修斯传播火种有着类似的特征（兰德斯，2007）。

三、国际贸易和炮舰

国际贸易是西方世界兴起的另一个重要因素。工业化大生产带来的巨大生产能力，伴随现代交通、通信的迅猛发展，使近乎封闭的世界经济格局迅速发生改变。贸易和分工在全球范围内的发展既为发达国家带来了充足的原料，也提供了巨大的市场空间，同时还带来世界财富向西方的流动，促进了西方经济的发展。这种通过贸易和市场分工来实现经济发展的方式也被称为斯密式内涵增长。由于各国的自然资源禀赋不同，市场和贸易可以增加各国经济在重商主义意义上的生产率。

从 18 世纪后期到 19 世纪初期的几十年间，经过剧烈的武装冲突，以及利用《航海法》等限制性手段战胜葡萄牙等竞争者后，英国确立了其在全球的霸主地位。在此情形下，英国先是取消农业进口保护性关税，终止《海洋法》，到 1860 年又单方面取消所有贸易和关税上的限制，并同法国和其他欧洲国家共同建立了互惠条约，极力推动全球自由贸易。许多发展中国家和地区也被迫甚至是被炮舰打开贸易之门，融入整个世界贸易体系中，连英国对中国发起的鸦片战争也被认为是自由贸易的要求（陈志武，2006）。

自由贸易政策的确立，使得英国等发达国家的机器工业品以其低廉的价格在国际市场上充分发挥竞争优势，为大宗工业品的输出和大宗原料、粮食的输入打开了大门，迅速走向专业化和规模化，带动了经济的快速发展。在全球经济中占据主导地位的英国在全力推动自由贸易后的 1870 年，在世界工业中所占的比重达到 32%；煤产量、铁产量分别占世界总产量的 50%；对外贸易额相当于法国、德国、美国的总和，约占世界贸易总额的 25%。

四、制度的关键作用

技术、贸易和炮舰从不同的角度解释了西方发达国家兴起的原因，实际上本书认为这三者的结合才是西方世界兴起的早期典型模式。技术进步使得欧美国家先行一步，而炮舰和贸易的共同推进则显著地拉开了其与世界其他地区的差距。只是在发展的后期，贸易的作用更大一些，而炮舰的利用有所收敛。但谜底并没有完全揭开，因为还需要继续探讨的问题是，技术进步和产业革命为什么仅仅发生在少数的欧洲国家及其衍生国，而绝大多数国家都没有及时跟进？在寻找其背后的根源过程中，经济学家从不同的角度都指向了资本主义制度，认为制度因素在西方世界的兴起中发挥了重要作用。

马克思较早地从资本主义制度的角度对经济发展进行了解释。“资产阶级在它不到100年时间的阶级统治中所创造的生产力，比过去一切时代创造的全部生产力还要多，还要大”（《共产党宣言》）。他认为，“资本家作为人格化的资本，……他狂热地追求着价值的增殖，肆无忌惮地迫使人类去为生产而生产，从而去发展社会生产力，去创造生产的物质条件；而只有这样的条件，才能为一个更高级的、以每个人的全面而自由的发展为基本原则的社会形式创造现实基础”（《资本论》）。资本家对利润的追求，推动着企业内部和市场的分工，激励了新技术和机器设备的发明与使用，促进了国内市场和国际贸易的发展，最终带来资本主义经济的快速发展。同时，对于这一制度的内在缺陷，马克思更是进行了深入剖析，并指出这一制度必将阻碍经济的进一步发展。

韦伯（Weber，1987）从文化的角度对西方发达国家的兴起进行了解释，着重强调企业家精神对资本主义经济增长的推动作用，认为“近代资本主义扩张的动力，首先并不是用在资本主义活动的资本数额的来源问题，更重要的是资本主义精神的发展问题”。韦伯还具体举例说，不管在世界的什么地方，只要资本主义精神出现并表现出来，它就会创造出自己所需要的资本和货币，来用作达到自己目的的手段。而一旦创造财富的资本主义企业家精神具备了，就会创造货币和资本。由此，韦伯得出结论，新教徒的禁欲主义的节俭必然导致资本积累，并带来资本主义的发展。

诺斯更为明确地提出，“有效率的经济组织是经济增长的关键；一个有效率的经济组织在西欧的发展正是西方兴起的原因所在”（诺斯、托马斯，1999）。确保经济组织有效运作的因素就是明确的私有财产制度。就荷兰而言，诺斯认为，其经济之所以能够率先起飞，主要是由于“荷兰人在地理上处于中心位置，再加上有政府通过转让和保护私有产权以及反对限制性措施等方式鼓励有效率的经济组织的发展”（诺斯，1994）。而英国的成功更可以直接归因于逐渐形成的私有财产制度。

无论是马克思、韦伯还是诺斯，尽管角度各有不同，但实际上都认为资本主义制度和市场经济的发展是促成欧美国家经济率先发展的重要推动力。尽管在资本主义的发展过程中，西方各国采取的模式也是各不相同的，在不同的发展阶段，资本主义制度也呈现不同的特征，但可以统称为资本主义市场经济体制，简称为西方模式。这一模式大体上又可以进一步细分为两类。

第一类是盎格鲁—撒克逊模式，以美国为代表。这类模式的主要特点是：私人经济占绝对主导，国有经济比重小；私人资本集中程度高，垄断性强；市场自发调节作用很大，国家干预少；劳动力市场的自由开放程度高、流动性大，就业竞争压力大。英国、加拿大和澳大利亚等国也属于这一模式。

第二类是莱茵模式，以德国为代表。这类模式的主要特点是：混合经济体制特征明显，注重市场机制和国家调节的结合，强调社会保障。欧洲大陆国家与北欧多数国家都采取这一模式。

这两大类模式尽管在程度上有差异，但资本主义市场经济运转都依赖两个基本条件，那就是私有产权和私人自主。

五、经济理论的支持

建立在私有产权和私人自主基础上的西方模式，其成功不仅在西方发达国家的兴起和现代经济增长中得到了印证，而且也得到了各类具有严密逻辑的经济理论的强有力支持。

在斯密的理想状态市场经济中，市场这双看不见的手会自动调节供求和资源的配置从而达到最优；瓦尔拉斯（Walras）提出消费者和生产者的最大化行为在某些条件下能够导致需求和供给之间的数量均衡；阿罗（Arrow）和德布鲁（Debreu）进一步证明了竞争市场存在唯一的均衡解，为自由市场经济体制提供了近乎完美的微观基础；科斯（Coase）在放松古典经济学假设的前提下提出，只有在调整带来的收益大于成本时，企业或政府管制方式才会替代市场交易方式，即使在交易成本大于零时，产权的清晰界定也有助于降低交易过程中的成本，改进经济效率。

无论是主流的经济理论还是非主流但得到相当认可的经济理论，几乎毫无例外地为自由市场经济模式提供了支持。这样看来，解决发展中国家贫穷与落后问题的钥匙似乎已经找到，但问题远不是如此简单。因为现有的经济理论主要是为西方发达国家的成功提供了注解，是从发达国家的实践中总结出来的，而广大发展中国家在发展过程中所面临的问题和条件都存在根本的不同。随后几节对于另外几类模式的详细讨论，将会说明这一点。

第三节 东亚模式

东亚模式是指在第二次世界大战后东亚一些国家和地区的发展模式。对于东亚模式所涵盖的具体国家和地区，不同的学者有不同的划分，这里采用的是1993年世界银行报告《东亚奇迹——经济增长与公共政策》的标准，即日本、亚洲“四小龙”（中国香港、中国台湾、新加坡和韩国）和东盟三国（马来西亚、泰国和印度尼西亚）。这8个经济体统称为“经济高速增长的亚洲经济体”（High Performing Asian Economies，HPAEs）。东亚模式以日本和韩国的经济发展模式最为典型。

一、东亚奇迹与东亚模式

第二次世界大战使东亚经济遭受严重破坏。以战败国日本为例，战乱使日本存量财富丧失四分之一，生产活动大幅衰退，战后初期仅为战前水平的十分之一。工业生产陷入停顿，钢铁生产下降到战前年平均水平的2.6%，煤炭生产只及战前的16%；对外贸易几乎断绝，基本生产生活资料极度短缺；失业剧增，1945年末高达1 300万人；物价飞涨，通货严重贬值，零售物价指数按战前基准（1934—1936年为1），1944年前的10年间增长约1倍，1945年为3.1倍，1946年为18.3倍，1949年膨胀到243.4倍（张季风，2006）。

其他亚洲国家和地区也面临着同样的困难。韩国战后的人均GNP仅为83美元，比当时的印度还要低，失业人数达到200万人，占劳动力的20%。新加坡1965年才独立，独立前经济发展畸形，是典型的单一殖民地经济结构，工业非常落后，制造业在GDP中所占比重只有 8.6%，1959 年的人均 GNP 仅为 404.5 美元（刘力臻，2000）。

战后初期，东亚是发展中国家和地区中经济发展水平相对落后的地区。但此后东亚国家和地区仅用了短短 30 年左右的时间就走完了欧美资本主义国家上百年的发展道路，创造了令世人瞩目的经济奇迹。

1960—1985 年，日本和亚洲“四小龙”的实际人均 GDP 增加了 4 倍多，东亚地区的增长速度比拉丁美洲和南亚快 2 倍，比撒哈拉以南非洲快 5 倍。许多起点相对低的东亚经济体都纷纷超过了南美国家。根据亚洲开发银行的统计，东亚地区占全球 GDP 的比例从 1960 年的 4% 增加到 1990 年的 25%，外贸占比从 1965 年的 10% 增加到 1993 年的 26%。东亚经济在 1997 年亚洲金融危机中曾遭受重创，但此后几年逐步恢复，重新进入快速发展轨道。2007 年，日本和亚洲“四小龙”中，人均 GDP 最高的日本达到 34 000 美元，最低的中国台湾地区是 16 500 美元。

东亚经济发展中的一个重要事实是在经济快速增长的同时较好地避免了贫富分化，使较多人受益。根据萨尔瓦多（Salvatore，2004）的估计，按照每天生活支出 1.5 美元的标准，1960—2000 年，东亚的贫困人口减少了 86%，这一下降速度比世界其他任何地区都快。虽然拉丁美洲、非洲等地区也取得了或多或少的增长，但在减轻贫困方面的进步极为有限。

特别引人注目的是，东亚的成功道路并没有采用上一节讨论的西方模式。由于各国具体情况不同，采取的做法差异明显，因而东亚模式本身是多样化的。比如，亚洲“四小龙”在工业化进程的初期曾广泛使用政府干预和保护国内市场的措施，后来才比较重视市场机制的作用和自由化。相比较来看，印度尼西亚、马来西亚和泰国政府则从一开始就比较重视私人部门的作用和自由化。在实施外向型发展模式时，韩国采用的是“大推动”方式，而中国台湾地区则遵循渐进的原则。在发展电子工业时，韩国是先形成批量生产的能力，然后再消化和优化技术，中国台湾地区则在首先发展技术之后才开始大规模生产（江时学等，2001）。尽管差异巨大，但就主要方面来看，这些国家和地区的发展，仍然存在着一些显而易见的共性。

1993 年，世界银行发布了题为《东亚奇迹——经济增长与公共政策》的报告，该报告较为全面地总结了东亚经济保持长期持续增长的各种因素，是对东亚经济浩如烟海的研究成果中颇具代表性的文献。世界银行认为，导致东亚奇迹的因素有：（1）高储蓄率与民间投资率；（2）鼓励教育；（3）坚定维护经济基本面；（4）在有效的产业政策等政府支持下推行出口主导型战略；（5）发展基础设施；（6）积极引进国外技术；（7）培育特定金融机构以引导发展。

概括起来看，在东亚经济发展中作用最大、最为明显、最具代表性的几个特点如下：

第一，东亚模式实行政府主导型市场经济。东亚经济体都是实行市场经济，但与欧美各国相比，政府的作用要大得多，东亚政府扮演了组织者和推动者的角色，因而可以称为政府主导型市场经济。政府一方面充分利用经济、法律及行政手段调控经济，实现资源的合理配置；另一方面与企业紧密合作，为企业提供政策、资金等多方面支持，大力扶植优势企业，发展支柱产业。企业则与政府步伐保持一致，严格执行政府政策。

第二，东亚经济体尤其是日本和韩国，其经济增长都强烈依靠银行体系的融资功能。东亚经济体发展经济主要依赖间接融资，银行在金融体系中的作用至关重要。由于大多数银行都处于政府控制之下，政府依据本国或地区发展战略和产业政策，通过银行对重要行业实行有选择的重点支持，最大限度地发挥了银行的货币创造与资源配置功能，推动了经济的跨越式发展。

第三，东亚模式是出口导向型经济。东亚一些经济体都曾经历过短暂的进口替代时期，但此后都大力发展对外贸易和利用外资，积极参与国际竞争和国际分工，推动经济发展，外向程度高居世界前列。

第四，东亚经济体都拥有较高储蓄率和高投资率。受儒家文化的影响，东亚地区较普遍地形成了崇尚节俭的社会风气，储蓄率一般高达35%~40%（相比之下，西方社会的平均储蓄率在20%以下），使经济得以进入良性循环，从而保障了东亚国家和地区的经济发展。

同样是以市场经济为基础，东亚的基础条件和发展环境与欧美国家不同，因此东亚模式与欧美传统市场经济模式之间的区别非常明显。总体上看，以上几个特点都与制度紧密相连。政府干预是大的制度环境，独特的银行体系是具体的制度安排，出口导向发展战略是通过特殊制度安排实现的，高投资率与高储蓄率则是制度与文化结合的产物。因此，从根本上说，东亚模式也是一种独特的制度模式。

二、东亚模式的制度适宜性

（一）与生产力水平相适宜

政府干预在东亚经济发展中起到了重要的推动作用。美国学者约翰逊（Johnson）在《通产省和日本奇迹》一书中，提出日本和亚洲“四小龙”是“发展导向经济体”的典型，政府为了加快经济发展，有意识利用市场，而不是将着眼点局限在市场秩序（约翰逊，2010）。后来，又有学者提出“驾驭市场”理论，即市场可以在政府的驾驭下运行，认为东亚政府通过实施一系列激励、风险控制等政策，能够指导或驾驭市场资源配置过程，尤其有利于那些关键性产业更大的生产性投资（青木昌彦等，1998）。

一些学者认为，东亚在工业发展方面取得的出色成就，既不是因为出口导向优于进口替代，也不是因为市场导向胜过政府干预，而应该归功于政府有能力使积累进程在关键时刻向资本发展所需要的方向发展（江时学，1996）。也就是说，政府干预在东亚经济发展中发挥了重要作用，关键不是力度大还是小，而是适应了经济社会发展条件和需要，特别是与生产力发展水平相适应。从经济发展中的几个重要因素来看，政府干预都切合了当时东亚各经济体的实际情况，正是在这种情况下，政府干预才发挥了有效的作用。

政府主导的金融体系为经济发展提供了强有力的资金支持。发展中国家和地区在发展初期面临的一个突出问题是资金缺乏，无力完成资本积累。由于东亚经济在第二次世界大战中受到了严重破坏，战后各种资源包括劳动力、资金、原材料都极为匮乏，经济恢复只能依靠政府强制性地动员和聚集稀缺资源。如果仅靠市场的调节，那价格一定飞涨，通胀必然十分严重，经济就不可能快速恢复。因此，各国和地区政府通过投资和银行贷款等方式对重点产业进行扶植，这样就利用了银行的货币创造功能，在较短的时间里完成了资本原始积累。以日本和韩国为例，日本于20世纪50年代正式形成主银行制度，该制度将银行与企业捆绑在一起，主银行既是该企业的主要贷款人，又是这家企业的主要持股人。在政府的要求下，主银行对自己持股企业的资金需求尽量予以满足。战后很长一段时间，直至1997年《日本银行法》颁布，日本银行（即日本的中央银行）完全处于日本大藏省[①]控制之下。在日本政府指示下，日本银行向6

① 大藏省是主管日本财政金融的最高行政机关，创立于明治2年（1869年7月），不仅在金融、财政及税收上起主导作用，而且在制定国家财政政策上也占有重要地位，是日本近130年来最强大的官厅。1998年，日本政府正式对其进行改革，主要将财政权分离出来，保留了部分金融权。

家主要商业银行提供稳定的低成本资金，而这些商业银行又持续不断地向重要产业注入资金。这种融资模式安排使得日本政府的产业政策得到了银行资金的强大支持，对战后日本经济的迅速恢复与高速增长发挥了主要的作用。

在韩国，战后金融体系由银行主导，并受政府管制。1953 年 12 月，韩国政府颁布《韩国产业银行法》，明确规定产业银行是为产业恢复和国民经济发展提供和管理资金。5 个月后，韩国产业银行成立，负责贷款承办，管理财政资金。20 世纪 60 年代朴正熙政府确立了“产业金融”制度，在走市场经济道路的同时，政府掌握经济发展主导权，为重点产业发展融资。韩国政府对金融业实行国有化，控制国家金融资源和金融资本产权，从而控制了金融机构。而且，韩国根据特殊产业的发展需要组建了大量专业金融机构，向重要产业部门提供政策性信贷。为了给企业提供发展资金，韩国政府还利用行政手段直接干预市场利率，使真实利率长期保持在负值。总之，政府极尽所能为重点产业和大企业融资创造条件，从而使“负债经营”成为韩国大企业普遍的发展模式。例如，在 20 世纪 60 ~ 70 年代，韩国的出口企业最高可获得所需经费 80% 的优惠利率贷款，而商业贷款与优惠贷款的利差则在 8% ~ 20% （小川雄平等，1989）。截至 20 世纪 80 年代，类似现代、三星、LG、大宇等韩国前 30 大企业的债务都相当于其自有资本的 370% （Euh and Rhee，2007）。政府主导型金融体制形成的强有力的资金支持成为韩国经济起飞的重要保障。

政府通过产业政策推动重要产业的发展并带动经济增长。东亚经济体普遍制定了详尽的产业政策，甚至是直接干预重点产业发展。经济发展初期，东亚地区依靠进口替代起步，但随着经济发展，进口替代的种种缺陷逐渐显露出来，东亚政府作出调整，向出口导向政策转移。这一制度转型是与当时的社会条件相适应的。东亚各经济体内部市场小、耐用品需求较少，不适合进口替代后期的规模经济要求，只有通过成品出口才能刺激本国和地区工业，获得更多外汇，更好地参与国际竞争。日本政府建立了一整套国家调控发展制度，由政府主导制定了以出口导向为主的产业发展政策，鼓励日本产品大量出口，并利用其在国际政治格局中的地位，打开西方市场大门。韩国则通过重点扶持本国的重工业和化学工业，从而实现了进口替代向出口导向的转变。韩国政府不仅成立了由总理直接领导的重化工业促进委员会，而且还制定了一系列专门的法规，设立了多种投资基金重点支持上述产业的发展。在政府主导的出口导向的产业战略和金融配给的倾斜政策下，一些企业开始扩大规模和经营领域，逐渐成长为财阀集团。这些财阀集团依靠政府对水泥、化学、钢铁等产业的支持政策，逐步发展壮大，能够参与更多的国际竞争。中国台湾地区在 20 世纪 50 年代，通过关税保护、进口管制、外汇管制、限制设厂等制度实施进口替代战略，奠定了工业基础，1962 年工业产值比重达到 28%，首次超过农业。20 世纪 60 年代之后，中国台湾岛内市场出现饱和，而发达国家资金和技术开始外移，台湾经济很好地利用了这一机遇，开始转向外向型，政府产业政策是“以贸易带动农工，以农工促进贸易”，不遗余力地吸引外资、加大投资、促进出口。

在科技和教育发展上，东亚地区政府也发挥了重要作用。东亚地区政府不仅确定一些重要的高科技科研项目，并通过财政补贴、税收优惠、金融支持等多种倾斜性制度安排为其融得巨资，而且积极推动各项科研成果向生产部门转让，并大力支持人才培养，使新技术的施展有了雄厚的人才基础。在这些方面，日本是其中的典型。战后日本政府制定了一系列有利于技术进步的政策制度，形成良好的技术创新环境。日本通过政策性金融机构向企业提供低成本研发资金。日本开发银行于 1951 年、1964 年和 1968 年相继设立了“新技术企业化贷款”“重型机械开发贷款”和“新机械企业化贷款”制度。政府以补助金、税收减免等鼓励企业进行研发投资和技术引进。1956年和1958年分别实施了《小规模企业者等设备引进资金补助法》和《机床试制补助金》。日本政府还要求学校大力发展职业技术教育，日本文部省于1957年和1961年两次制订了理工科大学生的扩招计划，为消化引进的技术培养各类人才（白景美、宋春艳、王树恩，2007）。此外，日本政府特别重视技术引进的质量控制，一般会根据各时期国家发展重点，制定严格的审批制度，对项目的经济指标、产品出口比例和企业的消化吸收能力综合考虑，审慎决定。因此，几十年来日本引进技术的内容一直控制在效益好的专利技术、运转操作工艺、设计图纸及重要机械设备等方面，不会轻易购买技术（张晶，2005）。

韩国早在20世纪60年代就开展了“全民科学化”运动，普及了初等教育，也使高等教育获得飞速发展。为适应出口导向的经济模式，韩国在20世纪70年代设立科技部，负责全国科技活动管理，同时政府还要求教育部大力支持高校技术研发、成果转让和科技人员的培养；新加坡政府在20世纪八九十年代扩大了对研究和开发活动的拨款，并加大了吸收和培养人才的力度，使财政预算向教育制度倾斜；中国台湾非常重视科技领域的基础设施建设，将信息技术、半导体、电子、新材料等作为重点发展的科技领域，加大研发投入，鼓励私人企业进行科技创新；马来西亚政府非常明确地将科学技术视为国家建设的原动力，通过扩大研发投入和支持企业与院校的合作，提升科技水平，服务本国工业和服务业（陈雄章、杨惠娟，1998）。从研发投入的比较来看，20世纪八九十年代，东亚5个经济体（韩国、马来西亚、新加坡、中国台湾和中国香港）的研发活动经费投入虽然无法同欧美发达国家和日本相比（占全球的4/5），却相当于同期拉丁美洲国家的4倍（江时学等，2001）。

从政府主导的银行体系、产业政策、科教发展等几个方面已不难看出，东亚地区政府对经济的干预涉及面广，力度也比较大，收到较好效果。其根本原因是政府主导色彩较浓的制度安排适应了这些国家和地区经济发展的条件和需要，因而政府的干预总体上是适度的，而不是过度的。主要表现如下：第一，东亚经济体普遍采取政府干预经济的做法，而没有盲目模仿欧美国家实行更自由放任的制度，这与东亚经济体在发展初期生产力水平较低、市场发育不够、资本积累能力不足的现实条件是相一致的。第二，政府对经济的干预没有违背个人意愿，突出表现在推动高资本积累的做法与东亚地区节俭克己的文化氛围是一致的，实施起来障碍不大。第三，东亚各经济体的政府干预力度总体上是适当的。东亚各经济体政府比拉丁美洲国家政府干预力度大，而与许多其他发展中国家相比，干预的力度并不算大。比如，按照弗雷泽研究所（The Fraser Institute）测算的经济自由度指数，1975 年，几个主要东亚经济体的经济自由度指数都超过 5，而同期拉丁美洲国家基本都低于 5。如果考虑到拉丁美洲国家的自由主义文化传统，东亚主要经济体的政府干预应该说更适度一些。第四，东亚各经济体的政府干预是灵活而有选择性的。比如在对地区经济和产业实施保护政策时，东亚各经济体政府根据各自确定的经济发展目标，在不同产业之间和一个产业的不同部门之间进行选择，决定是否进行重点保护和实施开放，同时对关键性的进口替代产业实施更为有效的保护措施。这一点东亚各经济体与拉丁美洲国家形成鲜明对照，拉丁美洲国家实行的是一种非歧视性的普遍保护政策，不如东亚各经济体灵活而有选择性的政府干预能更直接、更有效地发挥作用。

尤为重要的是，东亚经济体的政府干预随着经济发展水平的提高而逐步进行了调整。从东亚模式整体来看，在早期市场不健全的情况下，东亚经济体通过安排适宜的制度，借助政府的力量弥补市场机制的不足，代替市场行使一部分资源配置的职能。第二次世界大战后东亚地区在资源有限、劳动力素质低下、市场残缺的情况下，单靠市场自身引导经济发展需要的时间长而且稳定性差。根据这种情况，东亚地区政府运用行政手段影响资源配置和要素投入，引导企业从事急需发展和潜在收益率较高的项目。同时积极培育市场体系，当市场逐渐有能力实现自我调节的时候，政府的主导机制也随之逐渐弱化，用市场的手段取而代之。如果比较东亚和拉丁美洲地区市场化进程也可以看出这一点。虽然几个东亚经济体的市场化进程有先有后，但大体上在 20 世纪 70 年代中期，政府干预达到一个较高水平。按照弗雷泽研究所测算的经济自由度指数，印度尼西亚、韩国、新加坡、中国香港、泰国 5 个经济体 1975 年平均为 5.65，处于低谷，此后则稳步上升。而拉丁美洲国家直到 20 世纪 80 年代中期以前政府干预都比较强，此后则迅速放松管制。由此可见，东亚经济体随着经济发展水平和经济环境的改变逐步调整政府与市场边界的路径是比较清晰的。

（二）与国际环境相适宜

实行出口导向战略、大力发展外向型经济是东亚模式的一个非常突出的特点。这样一种发展战略是在特定的国际经济环境中通过合理的制度安排取得成功的。

与多数后发国家一样，东亚经济体在发展初期也采取了以进口替代为主要特征的地区产业保护政策。但此后的制度安排逐步转向以促进出口、大力发展对外贸易、实现“贸易立国”为目的。东亚各经济体利用本身丰富、廉价的劳动力发展劳动密集型产业，鼓励出口，积极参与国际竞争。通过大力发展出口产业，参与国际分工，逐步将产业发展重点转移到重化工业、电子工业等资本和技术密集型产业，实现工业化。

就其内部因素而言，出口导向是由东亚经济体内部资源和市场相对狭小所决定的。20 世纪 50 年代，韩国、新加坡等经济体都通过政府管制，保护内部市场，扶持竞争力较弱的非耐用消费品产业，实行进口替代。这样，一些优质产业在国家和地区政策的保护下逐渐成长起来，形成了工业发展的最初基础。但东亚几个经济体无论从土地面积还是人口来说都比较小，购买力有限，内部市场狭小。在进口替代工业发展中很快遇到内销市场饱和、设备和原材料进口资金短缺的问题。另外，这些经济体地理位置优越，有较长的海岸线和优越的深水港，客观因素把这些经济体推上外向型工业化的道路。

就外部因素而言，出口导向的制度安排则顺应了当时国际环境的发展变化。从 20 世纪 50 年代起的 30 余年中，世界一直处在美苏两极对峙的“冷战”格局中。东亚地区在第二次世界大战结束后位于资本主义和社会主义意识形态对立的前哨，成为美国抑制社会主义国家政策的一环。在这样的政治大环境下，以美国为首的欧美国家对东亚地区的经济发展采取了大力扶持的态度。此外，东亚地区经济起步阶段时，世界经济正处于较快的增长期。相对而言，发达国家的保护主义不太强，对廉价的劳动密集型产品的需求也比较大，世界市场上的竞争不如后来那样激烈。经过第二次世界大战后数年的发展，西方工业国家的经济得以恢复并且提升到前所未有的水平，迫切需要进行产业结构升级。美国等从自身利益出发极力推动经济全球化，利用国际市场将一些传统的劳动密集型产业和低端资本密集型产业转移出去。东亚地区利用低工资优势来向发达国家出口劳动密集型制成品，一方面能够节约西方大企业的成本，另一方面为东亚地区发展重工业和打开欧美市场奠定了坚实的基础。

20 世纪 50 年代至 70 年代，西方发达国家在贸易政策上出现了自由化的倾向，都不同程度地放宽了对进口的限制。同时，关贸总协定（现改为世界贸易组织）、联合国贸发会议、国际货币基金组织等国际多边协议的签订或组织的成立，有力地促进了国际贸易的发展。关贸总协定在统一国际规则、协调各国贸易行为、处理贸易纠纷等方面发挥了积极作用，有效降低了贸易成本。联合国贸发会议在稳定初级产品价格、向发展中国家转让技术、为发展中国家进入国际市场创造便利等方面发挥了重要作用，使东亚地区的出口享受到了好处。而国际货币基金组织在很大程度上帮助了韩国等度过了资金短缺的困难时期（翁东玲，2000）。

东亚经济体在战后一个相对稳定且走向开放合作的国际政治、经济和贸易环境中，由政府保护的进口替代转向政府推动的出口导向，顺应了国际经济发展格局，抓住了发展机遇，通过参与经济全球化成功地变“后发劣势”为“后发优势”，实现了经济起飞。

（三）与历史文化背景相适宜

东亚模式的经济制度安排建立在政治基础之上，有较深的历史根源。由于共同的反殖民历史和战争时期军事体制的影响，战后东亚大多数国家和地区的政治体制都带有强烈的中央集权色彩，从而能有力保证国家和地区战略的有效实行，维持政治和社会的长期稳定；与此同时，西方出于意识形态考虑，将所谓的民主制度推向东亚地区，在一定程度上有利于东亚地区政府干预的灵活调整和市场经济的健康发展。

不仅如此，东亚模式的制度安排与东亚文化背景不可分割。儒家文化在东亚影响很深，崇尚集体主义、尊重权威、勤奋、节俭等文化要素对适宜制度的形成和经济的发展起到了重要作用。在东亚，日本、韩国和中国台湾属于典型的儒家文化社会。以日本为例，日本人一直保留着集体高于个人的儒家价值观和勤劳节俭的品质，家族主义、国家至上的思想并没有被明治维新以后输入的西方文化所动摇，日本以儒家文化为根，后期不断吸收西方文明的营养，使自己成为独特的文化群体。在韩国、中国台湾、新加坡和中国香港的文化中，儒家文化占据主导地位。印度尼西亚、菲律宾、马来西亚等东盟各国受到殖民者文化的影响，呈现多元文化格局，但儒家文化依然占有重要地位。

儒家文化中以集体和服从为主要特征的价值观，总体上保证了以政府干预为主要特征的市场经济体制在东亚地区能够有效运行；尊师、尚贤、重教的优秀传统使得政府和企业都非常重视人力资本投资，为工业化发展提供了大量人才，使自然科学相对落后的东方能迅速吸收西方文明中优秀的现代自然科学成果；尊老爱幼、重视家庭的文化更使家族企业在东亚经济体中发挥了重要的作用，家族企业的最大优势在于能有效减少企业发展初期的制度成本，促进了工业化发展初期的东亚地区经济迅速赶超。克莱森斯（Claessens）等对东亚 9 国（地区）的 2 980 家企业的股权结构进行调研发现，2/3的企业股权集中，其中大部分大股东是家族。以拥有企业 20% 股权即形成对企业的控制为标准，在韩国，家族控制了企业总数的 48.4%，中国台湾地区是 48.2%，马来西亚是 67.2%，中国香港是 66.7%，印度尼西亚是 71.5%，泰国是 61.6%，新加坡是 55.4%，菲律宾是 44.6%（Classens，Djankov and Lang，1999）。以上这些文化因素都是东亚模式形成与发展的重要推动力，也是其区别于其他发展模式的一大特点。

三、金融危机后对东亚模式的反思

东亚模式总体上获得了巨大成功，但也暴露出了一些问题。东亚经济体似乎很容易产生经济泡沫，进而引发金融危机和经济危机，如 20 世纪 80 年代的日本和 1997 年的东亚、东南亚金融危机。金融危机给东亚经济体带来的破坏触目惊心，并使人们开始重新审视东亚模式的有效性。

金融危机并非东亚独有，全球大多数国家和地区都曾遭遇。据国际货币基金组织的统计，从 1980 年到 1997 年亚洲金融危机发生前，国际货币基金组织成员的四分之三即 130 多个国家和地区都经历了不同程度的金融危机（戴尔海斯，1999）。金融危机爆发的原因错综复杂，表面上看是经济泡沫突然破碎后的恐慌的蔓延，而实际上隐含了包括长期经济问题和投机炒作在内的一系列因素。危机之后，东亚经济恢复很快，继续保持了良好增长势头。因此，不能简单地由于金融危机而否定东亚模式的成功经验。

即便如此，东亚金融危机还是暴露出了东亚模式的一些内在问题。从制度适宜的角度来看，主要在于东亚经济体的开放速度超越了金融体制的改革与发展速度，或者说，东亚经济体快速推行的金融自由化的制度安排并非当时条件下的适宜制度。

东亚经济体的金融机构长期以来处于强有力的政府主导之下，一方面保证了资源配置的集中性、有效性与连贯性，另一方面也导致这种体制下金融机构的脆弱性，主要表现在内部控制薄弱、管理体制落后、监管不到位等。东亚经济体经济扩张的资金来源主要依靠银行体系的融资，过度依赖银行贷款，缺少其他融资方式，使金融结构显得不太稳定。

相对于落后的金融制度，东亚经济体的开放步伐走得过快。从金融体系特别是银行体系向外资开放开始，到资本市场的开放，大多数国家和地区用了 10 ~ 15 年的时间（戴尔海斯，1999）。理论上看，贸易自由化会相应地要求资本流动的自由化，从而增强资本的配置效率。但是，大量的自由资本流动于远未成熟的东亚资本市场，且资金的规模大大超过了东亚经济体短期内的有效需求。

与此同时，东亚各经济体政府主导特色长期存在，金融市场和金融机构并没有取得与经济的同步发展，整体金融部门相对落后，既有的金融制度并不能有效防范资本市场自由化带来的风险，而这种制度的完善可能需要较长的一段时间。

此外，东亚模式创新不足。从技术创新角度来看，东亚经济发展的技术源泉主要来自美国和日本。即使是日本，“尽管在民用技术和应用技术等方面较有优势，但在基础科学研究和尖端技术研究方面与美国相比还有一定的差距，因而使其经济发展显得后劲不足”（谷源洋，2002）。

四、东亚模式的普遍性和特殊性

东亚模式的成功具有一定的普遍意义，对其他发展中国家经济发展具有良好的示范效应。东亚模式打破了欧美发展模式的单一格局，证明了处于“后发劣势”的发展中国家不采用传统自由市场经济模式，不依靠暴力、掠夺和不公平贸易，依然可以依靠自身力量完成工业化进程。东亚模式的实践也有力地证明了制度安排只要能够与经济社会发展的条件和需要相一致，就可以发挥出促进经济增长的作用，政府和市场并不是完全对立的，完全可以有机结合在一起，相辅相成地共同推动经济发展。它同时还说明，要想保持适宜制度的效率，必须根据自身条件和外部环境的变化动态调整各项政策。因此，东亚模式对广大发展中国家包括中国经济的未来发展有着一定的借鉴意义。

但东亚模式也有很强的特殊性，使得东亚经济体的一些做法很难简单地被他国所效仿。这些特殊性主要表现如下：

第一，东亚模式是特定历史条件下产生的特殊模式，战后日本、韩国和中国台湾的经济起飞在很大程度上得益于其在“冷战”格局中的重要战略价值，美国为了实施“冷战”时期的全球战略，为其提供了较多的援助和安全保障；新加坡独特的历史、城市经济、地理位置和文化背景都为经济发展提供了良好的平台；中国香港城市经济的发展也离不开其特殊的自然地理位置和历史因素。

第二，东亚经济起飞时期，全球初级产品和能源价格以及海运成本都处于较低水平，且发达国家的保护主义不太强，对廉价的劳动密集型产品的需求也比较大，世界市场上的竞争不如后来那样激烈。

第三，东亚各经济体是以岛国、半岛国或城市经济为特点的小经济体，资源和市场都很有限，因此客观上需要发展外向型经济，而地理位置和便利交通使其拥有天然优势。除日本之外，东亚各经济体规模较小的特征决定了其不会对世界大国产生战略威胁，且自身可以灵活变通，随着形势变化，容易调整政策，从而获得发展良机。

由于以上这些特殊性，东亚模式移植到其他一些发展中国家并不一定能产生相同的效果。

第四节　苏联模式

苏联的兴衰是20世纪最为引人瞩目的国际事件之一。苏联采取高度集中的计划经济体制，在短短几十年时间内完成了欧美国家上百年才完成的工业化，把一个落后的农业国改造成一个堪与西方世界相抗衡的超级大国。苏联模式一度成为经济超常发展的代名词，新生的社会主义制度取得了伟大的胜利，为众多发展中国家所效仿。但苏联最终解体，俄罗斯等东欧国家通过休克疗法几乎在一夜之间转向自由市场经济。这与中国形成了鲜明的对照，值得深入研究。

一、苏联模式的适宜性

苏联模式是指苏联建立后，在社会主义建设事业中所推行的一整套理念、战略与制度。其主要特点表现如下：一是权力高度集中，实行中央部门高度集权管理体制，地方缺乏自主权，企业高度国有化；二是资源配置依靠计划，市场作用被压制；三是资源集中配置到重工业，农业、轻工业和消费被抑制，经济发展速度高度依赖大量投入。在本书框架下，苏联模式可以被认为是政府干预经济的一种极端情形，其最核心的内容是通过特殊的制度安排将政府置于绝对的主导地位，使资源集中配置到重工业上。

苏联模式是在特定的历史条件下产生的，形成于20世纪二三十年代，是在革命和战争的年代里形成的。从当时特定历史条件和环境来看，该模式有其必然性和相对合理性。

（一）与生产力水平相适宜

俄国资本主义起步比西欧各国要晚。从19世纪中叶开始，俄国资本主义工业开始得到发展，大工业生产快速增长，农业经济也纳入了资本主义的进程。但是，当时的俄国技术落后，资本积累不足，过度依赖外国资本和技术，19世纪七八十年代，外国资本占俄国资本总额的1/3，90年代增加到了1/2。此外，俄国工业发展极不平衡，东部和东南部边远地区直到工业革命结束时，仍保持着原来的农业社会形态。各行业发展不够协调，轻工业和消费资料的生产发展迅速，重工业和生产资料的生产发展迟缓，交通运输业尤其是公路建设较为落后。而且，相对于欧美先进资本主义国家，俄国的工业生产效率低下。19世纪90年代，在俄国机械化程度最高的棉纺织业中，工人的劳动生产率仍比英国低1/2到2/3（齐世荣，2005）。

这些问题严重阻碍了生产力的平稳发展。因此，“十月政变”后，苏联整体上依然是一个落后的农业国，以小农经济为主，自然经济占据主导地位，国家财力匮乏，人民生活困苦，1918—1920 年保卫苏维埃政权的国内战争更使经济雪上加霜，整个国家市场发育严重受阻，市场调节的经济环境较差。

在这种情况下，如果苏联逐步发展商品经济，取代自然经济，然后走上先轻后重的传统工业化发展道路，可能会是一个很漫长的过程。为实现在相对落后的情况下快速发展的目标，客观上要求政府干预以弥补市场不足，集中国家资源，发展重点行业，尽快改变在国际竞争中的弱势地位。同时，俄国工业生产集中程度超过其他资本主义国家，绝大多数工业企业集中在欧洲地区，这使得国家干预的成本相对较低，也为高度集中的计划体制奠定了良好的基础。

（二）与国际环境相适宜

“十月政变”胜利后，苏联建设社会主义，处于资本主义列强包围之中。此时，第一次世界大战尚未结束，德国军队频频发动进攻，加上其他帝国主义国家的干涉和封锁，新政权随时可能遭受侵袭和颠覆。1933 年，法西斯在德国上台，国际局势进一步紧张起来，战争阴霾又开始弥漫欧洲大陆。险恶的形势、强烈的危机感和紧迫感迫使苏联不得不将对付外敌看作主要矛盾。苏联政府认识到，必须在短时间内迅速壮大起自己的国防力量，而军事力量的提高必须依赖工业化的实现，尤其是重工业的发展，但这种发展无法依靠与西方的合作或贸易而获得，必须依靠自身。第二次世界大战后建立了雅尔塔体系，国际冲突虽然不像战争时期那么激烈，但总体上仍比较紧张，依然需要强大的装备工业来维护竞争均势。因此，优先发展重工业成为苏联制度安排中的重要目标，也是苏联模式的一个重要内容。

既然重工业优先发展已没有退路，而苏联无法接受从轻工业过渡到重工业这样一种漫长的发展战略，就只能采用非常规办法解决发展问题。即国内条件和国际环境造成的艰难与危机不允许苏联长时间落后，苏联政府必须有所作为，在发展中起主导作用。在人力、财力等要素资源极度匮乏、分布散乱且发展时间紧迫的条件下，想要实现重点领域的快速发展，市场能力恐不能及。只有通过由上而下的特殊制度安排，运用强大的国家政权力量，对经济实行指令性计划，集中短缺资金，统一调配资源，全面组织经济活动，才能实现既定目标。在这种情况下，实行高度集中的计划经济体制应该是一个合理的选择。

（三）与传统文化和意识形态相适宜

俄罗斯民族在地缘上属于内陆民族，从 13 世纪到 20 世纪初一直延续村社制。村社是土生土长、独立发展起来的农民共耕组织，它实质上是一个封闭的小社会。在文化价值观上，平等平均思想和集体主义精神非常明显。普列汉诺夫当年认为，俄国社会发展的矛盾是共同体和自由个性的矛盾，俄国只有两个阶级，那就是农民村社和被剥削的个人，东正教的集合精神与村社集体生产方式的结合，使集体主义成为俄罗斯精神，集合活动则成为人们的主要活动方式（董晓阳，2002）。

苏联模式的高度国有化和计划管理深深根植于其历史与文化，从而保证了这一高度集中的计划经济体制得以有效运行。在这样的文化土壤中，政府比较容易最大限度地动员稀缺资源服务于一明确的目标，完成特定的重大任务。

（四）苏联模式取得的成就

苏联模式不仅符合当时苏联的生产力水平，也顺应了战乱时期的国际形势，而且与社会传统文化十分吻合，结果使苏联经济建设取得了巨大的成就。1928—1940 年，苏联的工业总产值年均增长速度高达 16. 5% 。工农业总产值中，工业的比重从 1913 年的 42% 提高到 1940 年的 86% ，重工业占工业总产值的比重提高至 61% 。1940 年，苏联工业在世界工业总产值中的比重上升到 10% ，超过英、德、法、日等国，居世界第二位。第二次世界大战以后，苏联经济依然保持较快增速，在很长的时间内都超过同期的西方发达资本主义国家。如 1950—1960 年的国民收入和工业产值的增长速度分别为 10. 25% 和 11. 6% ，发达资本主义国家国民收入年平均增长速度除了日本（8. 8%）和联邦德国（7. 95%）较高外，美国仅为 3. 25% ，英国仅为 2. 75% ，法国为 4. 55% ，意大利为 5. 4% 。

由于苏联模式的成功实践，第二次世界大战后包括中国在内的不少发展中国家，都纷纷予以借鉴和仿效。这些国家的人口总和超过世界的四分之一。

二、苏联模式最终失败的原因

由于数据来源和口径的不同，各方关于苏联经济总量的统计数据差别较大，但在总体趋势的判断上是一致的，即苏联经济经历了 20 世纪五六十年代的高增长之后，70 年代速度明显下滑，80 年代更为缓慢，个别年份出现停滞。与美国相比，20 世纪 50 年代，苏联国内生产总值年均增长率达到 5. 15% ，而美国不到 3. 5% ；60 年代苏联增长速度依然超过美国，但优势已不明显；从 70 年代开始，苏联在经济增长速度上开始落后于美国，整个 80 年代，美国年均增长速度超过苏联的一倍（麦迪逊，2003）。

与欧美国家相比，苏联的经济增长速度曾居于明显优势地位，从一个重要方面显示出计划经济体制的优越性。但任何一种制度都是在一定历史条件下形成的，其作用是根据条件的变化而变化的，都有历史局限性。苏联模式失败的根本原因是把特定历史条件下的特殊制度安排常态化和长期化，并最终走向僵化，从而使得这一在过去曾经促进经济发展的制度模式反过来成为阻碍经济发展的最重要因素。邓小平曾经评价：“社会主义究竟是什么样子，苏联搞了很多年，也并没有完全搞清楚。……后来苏联的模式僵化了。”（中共中央文献编辑委员会，1995）。

高度集中的计划经济体制在特定条件下发挥了促进经济快速发展的作用，总体上是与特定的历史条件和发展阶段相适宜的，但同时也存在着固有的问题和矛盾。一是经济增长依靠的大量投入是通过集中调配和挖掘资源实现的，而微观经济效率并不高；二是资源配置被扭曲后容易导致经济结构失衡；三是平均分配导致激励不足。因此，这种体制虽然在发展早期确实可以快速实现工业化，奠定经济发展的基础，但难以推动经济向现代化的更高层次迈进。而且，“教条主义、怀疑主义、宗派主义等都与高度集中的集权体制密切相关，这种体制窒息了人们的思想和首创精神”（安德烈阿尼，1998）。战争时期确立的苏联经济体制在运行了数十年之后，经济发展的国内外环境都已经发生巨大变化，其缺陷与弊端越来越突出，已经到了非改革不可的地步。

首先是国内形势发生了重大变化。经过几十年的发展，苏联的整体经济水平大幅上升，在国际经济格局中地位不断提高。20 世纪 40 年代苏联国民收入已占世界总量的 10%，仅次于美国。苏联工业产值在世界工业产值中的比重从 1922 年的 1% 提高到了 20 世纪 80 年代中期的 20%（刘德芳，1988）。1985 年，苏联的石油、生铁、钢、铁矿石等主要工业产品产量均居世界首位，其他许多主要工业产品产量也居世界前列。苏联的整体经济实力与美国的差距也不断缩小，到 20 世纪 80 年代，苏联国民收入大约相当于美国的 45%。

也就是说，经过几十年的发展，苏联总体上已经改变了在国际经济竞争中的弱势地位，初期以集权为特征的赶超模式已经初步达到目的，而且，随着时间的推移，这种模式的弊病日益突出。随着生产规模的不断扩大，社会分工和经济联系日益复杂化，原有的由中央计划部门统一管理模式的运行成本越来越高，科学性也越来越差。在国家经济快速发展的同时，由于片面追求重工业特别是国防工业的发展，经济结构长期扭曲，居民生活改善非常有限，单纯的政治热情和觉悟所能起到的激励作用逐步弱化。更重要的是，国家整体经济基础已经打好，需要的是更良好、更健康、更和谐的进一步发展，因此，原有的战略和制度必须作出改变，尤其是政府对微观经济运行的直接干预应逐渐减少。

其次是国际形势发生较大改变。尽管东西对峙的格局一直持续到20世纪80年代末，但国际格局终究由过去以革命与战争为特征转变为以和平与发展为特征。而由于长期以来在政治经济上的高度集权统治及其取得的辉煌成绩的影响，苏联的大国、强国意识不断膨胀，陷入了与“敌对强国”美国的对抗尤其是军事对抗的思维中，忽视了德国、日本等往日军事强国在战后阶段压缩军事发展、提高经济实力的重要事实，没有有效利用作为联合国安理会主要成员国的有利地位，营造和平发展的国际环境，留更多余力发展国民经济。

事实上，随着世界范围内各类国际机构组织的不断诞生，国际上的主要矛盾开始转移，经济发展、综合国力竞争已成为国际竞争的核心。20世纪70年代和80年代，苏联在军事和空间方面的支出大约占其GDP的15%，从比例来看，接近美国的3倍，高达西欧的5倍（麦迪逊，2003）。更重要的是，由于要服从于军事需要，传统的经济体制难以得到根本改变，市场机制无法有效引入，从而阻碍了苏联经济迈向更高层次的现代化。

以对外开放和贸易问题为例，苏联政府从20世纪30年代起实行高度统一的管理体制，核心是对外贸易的国家垄断。在很长一段时期内，外贸生产企业缺乏经营自主权，人员、信息、经验都极为有限的政府外贸部门面对各行各业国际市场复杂多变的情况时，根本无法作出包括价格调整在内的合适的策略变换。由于国家垄断的影响，贸易决策难以避免贸易政治化的问题，从而使苏联的国际贸易在范围上只能局限于社会主义国家之间，内容上只是简单的商品货物贸易。1950 年，苏联与发达国家的贸易量占总贸易的比重仅为 15.2%，到了 20 世纪 80 年代依然只占 25%。苏联政府没有把握好在贸易开放问题上的度，贻误了本国产业结构调整和升级的大好时机，经济竞争力逐渐衰退。

面对国内条件和国际环境的巨变，苏联模式在长达 55 年的时间跨度里，始终没有脱离优先发展重工业的战略方向，没有改变计划经济的发展方式。斯大林执政后期经济效率开始降低，赫鲁晓夫时期经济发展速度放缓，轻重工业比例更加失调，勃列日涅夫时期经济在个别年份已停滞不前，甚至出现下滑。苏联模式的全面改革迫在眉睫。经过各种条件的积累，随着苏联的解体，俄罗斯最终选择了从宪政变革开始的激进式制度改革。

第五节　拉丁美洲模式

拉丁美洲地区国家多，且国与国之间差异比较明显。广义上的拉丁美洲包括南美和加勒比地区，共有 33 个国家，总人口有 5 亿多人。各个国家在面积、人口、种族、资源、气候等方面存在天然的差异。但由于地理、历史、语言等众多因素的影响，拉丁美洲各国的共同特点也很突出，尤其表现在巴西、墨西哥、阿根廷、智利、哥伦比亚和秘鲁等拉丁美洲大国上。[①] 除了地理因素外，其他共同点主要表现如下：一是有共同的近代历史遭遇，即都经历了近代帝国主义的殖民历史，独立之前多是殖民属地，独立之后面临相似的任务，既要消除殖民地遗留影响，而工业发展和现代化进程的推进又不能完全脱离殖民宗主国。二是有相似的社会结构，拉丁美洲国家总体上承袭了西方文明，导致拉丁美洲国家西化程度高于亚洲国家。三是有相对同步的经济发展水平，拉丁美洲主要国家早在 19 世纪上半叶就先后宣布独立，[②] 比亚非各国和地区更早走上资本主义发展道路，20 世纪前期，经济发展水平明显高于亚洲发展中国家，但与此同时，经济整体脆弱，结构单一，对欧美国家依附严重。四是发展战略上有极为相似的特点，特别是 20 世纪 30 年代以后，进口替代工业发展战略和新自由主义思想主导下的经济改革是明显特色，而这两点正是本书概括的拉丁美洲模式的主要内容。

一、进口替代模式

（一）进口替代模式的背景

20 世纪 30 年代之前，拉丁美洲国家经济增长主要依赖初级产品出口。通过向欧美大国出口大量农矿初级产品，可以增加拉丁美洲国家的国民收入，可以为政府积累更多的投资建设资本。由于初级产品的生产和加工，吸引和聚集了更多的劳动力，加速了城镇化的进程，建立了最初的工业制造业，为日后发展战略的顺利实施奠定了基础，尤其是工业制造业的基础。但是，这种单一产品出口模式

① 这六个国家约占拉丁美洲总人口的 80%，经济总量占 80%，可以大体反映拉丁美洲地区总体发展面貌。

② 墨西哥、哥伦比亚、智利于 1810 年独立，阿根廷、秘鲁、巴西分别于 1816 年、1821 年和 1822 年独立。

严重依赖世界市场，无法避免市场突变带来的伤害。1929 年，“大萧条”爆发，发达国家需求锐减，国际贸易陷入停滞，拉丁美洲国家堆积如山的初级产品卖不出去，出口收入下降，难以应付急需的工业制品的进口，同时，政府收入开始减少，开支削减，国内需求下降，经济生活陷入混乱。这一期间，拉丁美洲年均出口额从原来的 50 亿美元减为 15 亿美元，进口能力下降了近 40%，达到了灾难性的程度。

经历了 20 世纪 30 年代的“大萧条”，拉丁美洲学术界清醒地意识到，初级产品出口型发展模式并不能带领拉丁美洲国家走上现代化道路。以阿根廷经济学家普雷维什为代表的拉丁美洲经委会，提出以“外围—中心”理论为核心内容的结构主义理论，成为进口替代工业发展战略的理论基础。该理论认为，拉丁美洲落后的根源在于“中心”国家即西方工业大国和“外围”国家即发展中国家之间的不平等，要打破“外围—中心”国际经济结构。普雷维什指出，不平等主要表现为贸易价格不利于出口初级产品的“外围”国家，资本积累、技术进步和生产效率的提高主要落在了“中心”国家。拉丁美洲经委会在结构主义理论的基础上，深入分析了拉丁美洲国家经济方方面面的问题，并强调获得经济发展的主要途径就是实现工业化。起初，进口替代政策只是为了应付危机的临时性政策，但经过拉丁美洲经委会的深化和系统化，上升为一种增长理论和模式。拉丁美洲各国从 20 世纪 50 年代起，由局部实行进口替代发展为全面实行进口替代战略来发展民族经济。

（二）进口替代模式的主要内容

虽然拉丁美洲各国在实施进口替代战略时，各自侧重点并不相同，起步和推广的时间也不尽一致，但制度安排的内容大同小异，主要包括如下一些举措。

第一，保护国内市场。当时条件下，保护本国市场最有效的手段是提高贸易壁垒。在关税方面，拉丁美洲经委会在《拉丁美洲的工业发展进程》中提供的资料显示，阿根廷的关税水平高达90%，厄瓜多尔、巴拉圭和委内瑞拉为50%，巴西、哥伦比亚和智利为40%。这些税率大大高于联邦德国、加拿大、美国、法国、挪威、英国（10%～20%）以及丹麦和瑞典（不足10%）。而进口配额等非关税壁垒则扮演了更为重要的角色。如墨西哥受进口许可证限制的产品比重1956年为25%，1965年为60%，1975年达到100%（CEPAL，1966）。

第二，积极扶持“幼稚工业”。为保护本国“幼稚工业”，拉丁美洲国家提供了很多刺激性优惠。包括：（1）高估本国币值。货币高估条件下，资本品、中间产品、工业原料等进口商品变得相对便宜，实际上是对工业发展所需进口投入的一种补贴。（2）采用双重汇率制或多重汇率制。使得最有利于进口替代工业化建设的企业能以最优惠的汇率获得所需外汇，而出口产品中，制成品可享受优惠汇率，初级产品则不享受或享受很少优惠。（3）资源配置向制造业倾斜。拉丁美洲国家的决策者认为，已经或将要成为国民经济主体的工业部门应获得更多的资源。因此，在外汇收入的使用、国内贷款的投入和利率上都更向制造业倾斜。此外，不少拉丁美洲国家还允许提供中间产品的国有企业无偿使用其他国有企业生产的钢材、电和天然气等产品。（4）所得税与关税优惠。主要对本国制造业发展所需的资本品、中间产品和原料实行减免关税，并以所得税优惠鼓励国内工业企业进行再投资。

第三，建立国有企业并完善基础设施。拉丁美洲国家利用国家资本，在一些战略性部门和私人资本无力进入的资本密集型或技术密集型部门中直接建立国有企业。据统计，1940—1975年，墨西哥的公共投资在投资总额中的比重接近40%，其中一半以上进入了工业和基础设施领域（Ramirez，1986）。在扩大国家资本投资方面，墨西哥、秘鲁、委内瑞拉、智利、哥伦比亚、阿根廷和巴西等国相继建立的投资开发公司（尽管名称各不相同）发挥了积极的推动作用。

第四，利用外资。第二次世界大战以后，拉丁美洲国家并未成为重点受援助地区。随着进口替代工业化战略的全面铺开，拉丁美洲国家对资金的需求日益增加，但其出口收入却因严重依赖初级产品而呈现起伏不定和持续下降的特性。利用外部资金是必然的选择。除举借外债之外，为吸引外国直接投资，许多拉丁美洲国家实施了较为宽松的外资政策，包括放宽外资入股比例、为外资提供多方面国民待遇、放宽行业限制、鼓励外资进入制造业、减免税收等多种优惠措施。与此同时，拉丁美洲国家积极引进外资的努力也与外国投资者在拉丁美洲的投资战略转变不谋而合。随着进口替代工业化的展开，该地区工业部门中的投资机会大大增加，利润率也明显高于其他部门，使得外国资本的投资重点由原先的采矿业、公用事业和农业转向工业制造业。

以上制度安排表明，进口替代战略总体上反映了政府对经济的较强干预。拉丁美洲国家政府一方面通过大规模的公共投资以弥补私人投资的不足，另一方面利用财政、税收、货币、信贷等手段调节国家资本和私人资本的关系，克服了发展前期劳动生产率低、资本积累不足及经济结构脆弱等各种不足，推动了基础设施建设，振兴了制造业部门尤其是私人资本难以进入的资本、技术密集型部门，并对宏观经济运行进行了有效规划和调控。在进口替代战略制度安排下，拉丁美洲国家政府执政效能得到了有效发挥。

二、进口替代模式的适宜性

进口替代战略适应了当时的拉丁美洲经济发展阶段。尽管拉丁美洲各国已建立一定的工业基础，但由于刚刚脱离单一化的工业结构，依旧处在工业化发展初期，工业产值占国内生产总值的份额还很小。绝大多数产业，无论是生产规模还是工艺技能，都远不及西方工业大国，而且拉丁美洲国家无法控制国际贸易条件。在这个发展阶段，如果完全放开本国市场，相应的本国工业产品只能在竞争中被淘汰。因此，在发展之初，拉丁美洲国家不得不实行保护本国工业的进口替代战略。此外，与东亚多数经济体地少人多、不得不尽早向国际市场寻求弥补的状况有所不同，拉丁美洲国家土地辽阔，人口密度不高，自然资源非常丰富，具备实施进口替代扩大本国市场的良好基础。

进口替代战略的提出与拉丁美洲国家当时所处的国际环境相一致。20 世纪初，拉丁美洲国家外部环境发生了巨大变化。世界经济中心开始从英国转向美国，后者逐渐确立了在拉丁美洲的主宰地位。美国的农矿产品丰富，自给性强，进口系数低，更倾向于出口，加上国际初级产品市场供应国不断增加，竞争加剧，初级产品出口模式已经失去动力。此外，拉丁美洲各国没有遭到战争的直接破坏，而且美国认为拉丁美洲国家的经济民族主义过于强烈，拉丁美洲地区并不是意识形态之争的焦点，这使得拉丁美洲地区没有成为战后重点受援助地区。战后西方大国在经济战略上将更多的目光投向了亚洲市场，东亚经济体成为出口导向经济体，在某种程度上削弱了拉丁美洲地区实施出口导向的优势，拉丁美洲占世界出口的份额由 1946 年的 13.5% 降至 1960 年的 7.0%，拉丁美洲国家要通过出口来积累资本、发展经济的能力已经不足，进口替代战略是拉丁美洲国家在竞争激烈、关系复杂的国际环境中选择的有利于自身发展的战略模式。

从经济表现来看，进口替代战略在一段时期内促进了拉丁美洲国家经济发展。纵向比较，1945—1980 年，拉丁美洲地区 GDP 年均增长率高达 5.6%（1925—1945 年仅为 3.5%）。同期拉丁美洲地区人均 GDP 增长率也达到了 2.7%，远高于 1925—1945 年的 1%，1975 年的人均 GDP 超过 1 000 美元。横向比较，1950—1980 年拉丁美洲地区 GDP 增长率为 5.2%，高于西欧国家的 4.2%，也高于世界平均水平的 4.5%（Bruton，1998；麦迪逊，2003）。在 20 世纪 30 年代后的约 50 年内，进口替代模式始终在拉丁美洲地区居于主导地位，推动了拉丁美洲国家较早跨入新兴工业国行列，巴西、墨西哥、阿根廷等国在 20 世纪 80 年代前基本建成了门类齐全的工业生产体系，并能向世界其他地区出口电机、电子通信设备等重要制造业产品。

三、“失去的十年”与进口替代模式的缺陷

虽然拉丁美洲国家政府主导的进口替代模式在前期表现出良好的制度适宜性，但这一模式在拉丁美洲国家实施了将近半个世纪，也意味着拉丁美洲国家经济在政府干预和保护下长时间脱离了国际竞争和经济全球化的大势，没有积极参与国际分工，产品质量、经营方式、管理水平都得不到有效改善，这一模式归根到底成了与经济全球化发展不适应的制度安排，最终导致了经济停滞。1980—1990 年，拉丁美洲地区 GDP 年均增长率仅为 1.2%，地区人均 GDP 年均增长率为 -0.9%，远远落后于世界其他地区，以致整个 20 世纪 80 年代成了拉丁美洲地区“失去的十年”。至 1990 年，拉丁美洲地区的人均 GDP 比 1980 年下降了近 10%（Ramos，1993）。

“失去的十年”暴露出进口替代模式的根本缺陷。从制度适宜的角度来看，以进口替代为主要特征的拉丁美洲模式存在以下一些突出问题：

第一，政府干预力度过大，且没有适时调整。考察拉丁美洲经济，东亚是一个很好的参照系。拉丁美洲国家同样是发展中经济体，在国际经济格局中也处于弱势地位，早期面临的国际经济环境也不如东亚地区，因此，通过政府干预，适当保护国内重要产业，推进工业化发展，增强内生增长能力是必要的。但拉丁美洲国家经济基础本来好于东亚，拉丁美洲文化中又有较强的自由主义意识，因此，政府干预的力度本应当比东亚地区更弱，至少不应该更强。但事实上，无论是从进口替代和出口导向的战略比较来看，还是从更宽泛的市场化程度来看，拉丁美洲国家政府干预的力度都要明显大于东亚经济体。按照弗雷泽研究所的世界主要国家和地区的经济自由度指数，拉丁美洲国家的经济自由度总体上低于东亚经济体，1975 年，5 个拉丁美洲国家平均指数是 4.24，比 5 个东亚经济体的平均指数低 1.4（Frasher Institute，2018）。即使不考虑中国香港和新加坡，东亚地区政府的干预力度总体上也要明显小于拉丁美洲国家。

同时，拉丁美洲国家政府主导的进口替代工业政策安排普遍僵化，缺乏调整。经过进口替代的“黄金时期”（1940—1968 年），拉丁美洲国家已具备较完整的工业体系，工业化已经由一般消费品进口替代转向耐用消费品、中间产品和部分资本品的进口替代，要求更多的资本投入和更复杂的技术，相关进口需求很高。由于实行进口替代时间过长，拉丁美洲国家越来越依赖外部资本和进口，内部资本积累不足，经济风险加大。

第二，进口替代政策与经济全球化的方向背道而驰。拉丁美洲进口替代模式带有显著的内向性。几乎所有的工业活动都面向国内市场，国家实施的发展政策歧视出口，导致本国企业的产品市场规模极其有限，无法提高进口替代的效益。

实行进口替代，保护国内市场和民族产业，对后发国家来说是必要的。但保护本身并非目的，而是为了通过保护性制度让民族工业获得足够的竞争力，从而逐渐参与国际市场的竞争，在开放的市场环境中成长，实现国民经济的全面健康发展。

第三，拉丁美洲国家受欧洲文化传统影响较深，崇尚消费，缺乏像东亚那样的节俭储蓄传统，同时，拉丁美洲国家普遍将利率保持在极低的水平上，居民储蓄倾向受到打击，且越来越多的人将财富转移至国外，不仅政府财政状况持续恶化，加重了通货膨胀压力，而且导致国内资本积累缓慢，不得不依赖外部资本。拉丁美洲国家采取进口替代模式的初衷是通过发展国内制造业来减少制成品进口，从而改善国际收支，解决外汇短缺这一瓶颈问题。然而，尽管20世纪60年代进口替代粗具规模，却没有实现贸易多样化的目标，进口额尤其是对资本品、中间产品和工业原料的进口额依然很大。为了弥补外汇供应不足，拉丁美洲国家过度举借外债，而外债的还本付息逐渐成为一项沉重负担，这就埋下了极大的经济安全隐患。

概括起来看，进口替代战略的实施产生了这样一些不利的后果：过度保护本国民族工业使得经济效益低下；片面强调进口替代、高估币值等政策阻碍了参与经济全球化的努力；工业生产依赖原材料、中间产品和资本货物的进口，随着替代工业向资本密集型和技术密集型发展，进口依赖与外汇供给间的矛盾不断突出，当国际收支出现问题时，如果压缩进口就会直接影响制造业生产，但为了弥补外汇供应的不足而过度举借外债又为拉丁美洲国家日后的债务危机种下苦果。20世纪70年代末世界石油危机使得拉丁美洲的非石油出口国面临进口石油价格上升、初级产品出口收入下降和外债利息大幅提高等冲击，这些国家只能选择减少进口、增加出口，或者借入更多外债缓解资金压力。由于进口已被压缩到极致，短时期内增加出口也不现实，拉丁美洲国家只能诉诸更多外债，特别是为了维持生产性货物的进口。1975 年，拉丁美洲地区外债总额只有 784 亿美元，至 1982 年已猛增至 3 083 亿美元。1979—1981 年，拉丁美洲地区的外债增长了 85%，并最终于 1982—1983 年爆发了债务危机。资金匮乏使拉丁美洲国家被迫进一步削减进口，此时被削减的只能是生产必需的资本品、中间产品和工业原料，国民经济运转形成恶性循环。生产性进口投入的减少和投资的萎缩使拉丁美洲经济陷入了自 20 世纪 30 年代“大萧条”以来持续时间最长和最为严重的经济危机之中。

四、新自由主义思想主导下经济改革的失败

（一）新自由主义和“华盛顿共识”

20 世纪 70 年代，适逢资本主义世界陷入“滞胀”困境，凯恩斯主义受到质疑，新自由主义走向复兴，并随着资本主义国际垄断的发展，迅速在拉丁美洲地区和东欧国家中蔓延，成为国际垄断资本全球化理论体系的重要组成部分和西方国家全球化扩张——资本扩张、意识扩张和制度扩张——强有力的武器。新自由主义主张自由放任的市场经济，其核心观点就是强调市场机制、反对国家干预，主张私有化、反对公有制。

20 世纪 80 年代拉丁美洲地区爆发债务危机和经济危机后，各国对于恢复经济一筹莫展，不得不接受美国政府、国际货币基金组织和世界银行提出的“结构性改革”方案，该方案声称社会经济状况好转的前提是逐渐融入全球经济，要重组过于庞大、过多干预、经济上无效率的政府，这样经济才会增长，民众才能受益。

1990 年，美国国际经济研究所在华盛顿召开研讨会，与会人员包括拉丁美洲政府官员、美国政府官员、企业界人士以及美国主导

下的世界银行、国际货币基金组织、泛美开发银行等国际机构官员和一些高等院校、研究机构的经济学家。会议提出了拉丁美洲国家经济改革应当采用的十项措施，并将其称为“华盛顿共识”。主要内容包括加强财政纪律、调整公共支出顺序、税制改革、实现利率自由化、实行更具竞争力的汇率制度、实施贸易自由化、开放市场、外国直接投资自由化、国有企业私有化、放松政府管制、保护私人财产权等政策主张。

（二）新自由主义改革的实施

新自由主义改革实施了更加开放的政策，努力让市场发挥更重要的作用，其总体方向是对的。在实施一系列制度变革后，拉丁美洲地区扭转了债务危机时的衰退局面，经济获得了较快的恢复与增长。拉丁美洲地区20世纪90年代的经济表现总体上要好于80年代，年均GDP增长率超过3%。此外，作为欧裔移民众多的大陆，自由主义改革比较符合拉丁美洲国家历史传统和民众价值理念，比较容易被拉丁美洲国家接受。

但是，从20世纪90年代中期开始，拉丁美洲经济开始减速，1999年和2001年出现了零增长，2002年为负增长。而且，整个拉丁美洲经济波动加剧，危机频发。相比经济发展如火如荼的亚洲地区，拉丁美洲地区在劳动力成本、技术力量和商业环境等方面已逐渐丧失优势，90年代经济年均增长率比亚洲地区低1个百分点。

总体上看，拉丁美洲国家经过“华盛顿共识”支配下的改革后，经济表现远低于预期。拉丁美洲经济在更大程度融入全球经济的同时，也加深了对全球经济的依赖，尤其是应对国际金融市场的波动时变得更为被动，经济地位严重下滑。从制度适宜的角度来看，全面私有化和高度市场化的自由主义制度变革恐怕并不是与拉丁美洲国家发展水平及经济地位相适宜的制度选择。

（三）全球化背景下的高度市场化与经济金融安全

一个国家的制度选择受制于其所处的国际环境。理论上，发展中国家可以通过积极参与经济全球化，扩展与他国的贸易、投资、金融合作，承接国际产业转移和技术扩散，促进经济结构升级，发挥后发优势，缩小与发达国家的差距。但现实中，发达国家握有国际资本的绝对控制权，主导着经济全球化的进程，分享了更多的利益。发达国家不仅主导了国际货币体系，而且主导了国际规则的制定；不仅能通过跨国公司在组织上形成“无形帝国”，加强对全球经济的控制，而且占据了国际产业链的高端，独占着信息科技知识产权优势。这种格局下，全球化使得世界经济发展更加不平衡，经济全球化的成本和收益在南北国家集团之间的分化相当严重。此外，随着经济全球化特别是金融全球化的深入发展，经济、金融波动和危机的传导性急剧增长，传导路径无所不及，传导速度令各国猝不及防，任何主要国家的内部失衡都会较快地引起其他国家甚至全世界的经济波动，给他国造成外部失衡，甚至带来危机。发展中国家经济和金融体系相对脆弱，经济和金融开放局势下的抗风险能力较弱，毫无疑问，面临着比发达国家更大的风险。

然而，拉丁美洲国家在“华盛顿共识”下实行了高度自由化的市场化改革，主要是贸易自由化和金融自由化。在进口方面，主要是降低关税，取消各类进口配额及其他非关税壁垒。据泛美开发银行提供的资料，1985—1995 年，拉丁美洲地区平均关税率从 44.6% 降至 13% 左右；在非关税方面，如阿根廷在 20 世纪 90 年代初取消了除汽车及其配件等 22 项产品之外的所有进口许可证，智利除了卫生和道德标准不符的产品外，所有产品均可自由进口；各国基本取消多重汇率制（高德步，2005）。

在出口方面，改革主要包括取消或放松出口管制、取消或降低出口税、为出口企业提供更多的进口投入（如先进技术、资本品、中间产品和原料），以及改善出口部门的基础设施，希望一次性提高本国产品在国际市场上的竞争力，从而促进经济恢复增长。

在金融领域，拉丁美洲国家为了加强中央银行的独立性，实行银行私有化，实现利率市场化，取消目标贷款制，以及降低存款准备金要求等。同时，鼓励证券市场发展，逐步对外开放金融市场。如墨西哥于1994年初颁布法令，不仅取消了对外资银行的种种限制，还规定外资可投资于墨西哥银行系统，其中北美自由贸易区成员国可拥有墨西哥银行系统资金的8%；2000年以后，这一比重可增加到15%。

在资本项目上，拉丁美洲国家实行大幅开放，目的之一就是要吸引更多的外资。拉丁美洲国家的资本项目开放主要包括以下几个方面的内容：（1）放松对外国直接投资的限制；（2）放松对利润汇出和利息支付的限制；（3）放松对举借外债的限制；（4）放松对资本流动的管制。

这些高度市场化的制度安排确实增强了拉丁美洲国家的经济活力，但它的致命弱点是政府过快地退出了众多核心经济领域，同时又缺乏足够的制度力量来保证经济的平稳运行。高度市场化条件下，全球资金进出拉丁美洲国家变得更加便利，资金缺乏的拉丁美洲各国在面对全球市场波动时，经济起伏明显加剧，金融危机和经济危机爆发更为频繁。1994年墨西哥爆发金融危机，1999年巴西爆发金融危机，2001年年末阿根廷爆发货币金融危机，2002年7月乌拉圭爆发金融危机，同年末委内瑞拉爆发金融危机。由此可见，由于拉丁美洲国家经济和金融体制不健全，市场经济体系有待完善，基础设施和能力薄弱，监管水平不到位，并不具备全面市场化的条件，一味地寄希望于全面开放，不但无法摆脱发展的低水平陷阱，反而可能使国内经济面临更大风险。

（四）激进的所有制改革与国民利益的平稳改善

拉丁美洲国家认识到，对机构臃肿、人浮于事和效率低下的国有企业，必须进行改革，这符合国民利益改善的目标。私有化改革可以有效减少公共部门的浪费，增进效率，刺激更多投资，带来更先进的技术，推动经济发展，是可取的改革道路。然而，问题的关键不在于是否实行私有化，而是私有化的速度和幅度以及推行私有化所面临的其他配套条件的成熟度，私有化的推进应符合一国政治、经济、社会的发展现状，并不是任何条件、任何环境下推行私有化都是有效的。

拉丁美洲国家在“华盛顿共识”下实施了全面的所有制改革，主要是国有企业私有化。私有化主要通过以下几种方式进行：（1）在资本市场上公开出售国有企业股权；（2）以较为优惠的价格向本企业雇员转让股权；（3）“债务资本化”；（4）“再私有化”，即把一些中小型国有企业无偿地归还国有化之前的原主；（5）转让经营权，如港口、码头、道路、机场的经营权等。

拉丁美洲国家私有化进程的特点是范围广、规模大、外资参与多，属于激进式的所有制改革。被私有化的对象不仅限于一般制造业部门，还包括基础设施、电信、金融、国防等所有领域的国有资产。在阿根廷，政府允许所有领域进行私有化。大型国有企业，如阿根廷国营石油公司、墨西哥电话公司等都在私有化之列；墨西哥出售国有企业累计收入达 200 亿美元，10 年间其国有企业数量从 1 150家下降至 124 家。根据泛美开发银行的统计，拉丁美洲国家在整个 20 世纪 90 年代的私有化收入占所有不发达国家私有化收入的 56%。从 1990 年到 1994 年，拉丁美洲国家公共部门从 694 家企业的出售中获得了 590 亿美元收入，这几乎比所有实行私有化的发展中国家该项收入（1 040 亿美元）的一半还多。在 1997 年和 1998 年，该项收入为710.58亿美元，占61.8%；1999年，该项收入为230亿美元，占54%。这些数据说明，在结构性的经济改革中，拉丁美洲是新兴市场地区中私有化和国际化比例最高的一个地区。

激进的所有制变革在处理政府和市场的关系时矫枉过正，没有综合基础、环境、方式、速度等因素，没有根据本国实际情况，有重点、分步骤地进行调整。从基础和环境来看，拉丁美洲国家与英美不同，它们不是工业化的先行国，生产力发展水平较低，组织机构不健全，经济结构不完善，对外依赖严重，资金短缺，劳动力过剩，企业缺乏竞争力，市场力量发挥作用的条件不完备，想仅仅依靠私有化来实现跨越式发展是一厢情愿、不切实际的。这种情况下，原本应该适当发挥政府在经济发展中的作用，扶持具有国际竞争力的大企业成长，主导关乎民生、关乎长远的公共部门产业和设施的建设，培育成熟的市场体系，维护稳定的经济秩序等，但在拉丁美洲国家激进的所有制改革中，政府作用被压缩到极限。面对先行的发达国家和迅速发展的东亚地区强大的竞争压力，离开政府扶持的拉丁美洲企业几乎没有什么优势可言，也就难以从国际分工和贸易中得到应有的利益。因此，理想化的私有制改革总体上背离了国家和国民利益最大化的原则，没有成为拉丁美洲国家经济振兴的妙方。

（五）经济增长与社会发展

经济增长是社会发展的前提和基础，社会发展反过来能支持经济增长。但现实往往只重视效率积累，藐视公平正义，贫富差距不断拉大。拉丁美洲国家在新自由主义思想主导下，国家职能收缩，普遍缺乏实行社会发展政策的能力。虽然经济摆脱衰退，取得了短暂的增长，但这种增长并没有与社会发展相协调，相反造成了一系列的社会问题，如失业率攀升。拉丁美洲国家公开的失业率从20世纪70年代的4%持续攀升到90年代后半期的8%，2001—2003年平均数超过 9%，其中阿根廷在 2002 年曾高达 23%；贫困人口不减反增，贫富差距拉大，拉丁美洲地区 90 年代的贫困人口持续保持在 1.5 亿人（泛美开发银行，1999），占总人口的近 1/3。1999 年，拉丁美洲地区 10% 最穷的阶层占社会总收入的比重为 1.3%，而 10% 最富的阶层占社会总收入的比重为 39.3%，其中巴西的基尼系数曾高达 0.6。“已经进行的实证分析一般都得出这样的结论：改革对就业创造与平等均产生了负面影响”（斯托林斯，2002）。

依照新自由主义的思路，私有化和自由化能推动经济增长，创造更多就业机会，贫困也将随着经济的增长而减少。但事实是，拉丁美洲国家实行自由市场经济，导致政府职能缺位，比如在社保制度上，除了完全积累制改革比较成功以外，整个社会福利制度改革相对滞后。拉丁美洲国家的社会福利制度支离破碎，缺乏明确的制度理念，且没有选择一个“合适”的制度模式（郑秉文，2005）。因此，它们获得的只有一个阶层即中产阶层的认同和支持，失去的却是广大社会底层的信任，并且对其政治制度的支持缺位，必将加剧社会分化，使失业率居高不下，进而导致周期性的社会动荡、政治危机、政府更迭、政党轮流上台，等等。巴西前财长西蒙森认为，经济增长就是要把财富相对集中，要接受收入分配两极分化的现实，并相信社会贫困的消除是经济增长的必然结果。但巴西经济的飞速发展并没有自动解决就业和公平的问题。社会发展不同于经济发展，前者虽然建立在后者的基础之上，但同样需要一系列制度和政策配套改革，政府必须在收入分配结构和体制的改革上起主导作用，绝不可相信市场万能而放任自流。没有强大的政府机构保障，没有相应的社会保障体制、税收机制、转移支付机制、监督惩罚机制等制度配套，经济增长与社会发展两条路可能越走越远。长远来看，社会发展包括人的发展是经济增长的永久目的。政府不重视社会发展，经济增长便不可持续。社会发展不仅仅是社会问题，也是重大的政治问题，本质上是经济发展问题。拉丁美洲国家新自由主义主导下的制度变革没有缓和社会贫困和两极分化的问题，相反问题有趋于严重的倾向，没有实现经济增长的根本目的，总体上是不成功的制度改革。

当然，这些发展问题由来已久，不能完全归罪于新自由主义制度，新自由主义改革是原有发展模式终结后的制度重新选择，有其一定的适宜性，至少令拉丁美洲国家暂时摆脱了债务危机。真正的问题在于，从拉丁美洲国家发展模式转型的过程来看，每一次适宜制度的选择和实施都没有充分重视制度本身的相对性及制度适宜的动态性，忽视了对适宜制度相对性带来的负面影响的防范和解决，以及面对生产力和环境变化时不能对适宜制度作渐进的、动态的调整。制度的固守僵化和激进变革是拉丁美洲经济问题的内在根源。

第六节　发展中经济体经济发展模式的选择

一、三大模式的启示

前几节对东亚模式、苏联模式和拉丁美洲模式的讨论表明，尽管采取的形式不一样，但三种模式有一个非常突出的共同点，就是在经济发展初期，为了发展本国和地区工业，东亚经济体、苏联和拉丁美洲国家都采取了政府主导型经济发展模式。虽然不同国家和地区之间具体制度安排的内容有所差别，力度有所不同，但都是与自身条件和需要相结合，着眼于保护本国和地区市场，扶持地区产业，完成资本积累，取得了较好的效果。比如，东亚经济体利用劳动力优势和良好的国际环境实行出口导向型制度安排，获得了巨大成功；苏联充分考虑了恶劣的国际环境和国内资源优势，将计划经济的优势发挥到了极致，在一个特定的阶段取得了史无前例的成就；拉丁美洲国家的进口替代战略也是充分结合了本国原材料优势和摆脱欧美控制、壮大民族工业的目的，使经济在一段时间内取得长足发展。

然而，三大模式在后期的制度调整和经济表现却迥然不同。东亚经济体本来就是以市场经济为基础，政府干预的力度并不比拉丁美洲国家大，并随着经济发展越来越多地发挥市场作用，制度调整大体与生产力水平的提高一致，其出口导向战略也与经济全球化的方向高度一致，因而最终取得了成功。

与东亚模式不同的是，苏联模式在一度辉煌之后，没有随着经济社会条件的改变而作进一步调整，反而走向日益僵化的地步，使其过去的适宜性完全消失，无法满足经济社会条件变化提出的调整需求，矛盾日积月累，问题积重难返，最终的制度变革是颠覆式的，给经济社会造成了巨大的动荡和破坏。

拉丁美洲模式的表现与苏联模式有相似之处，只是其早期的政府干预没有那么强，后期的调整方式没有那么剧烈。进口替代战略在后期与经济全球化的浪潮背道而驰，没有适时进行调整，最终导致经济停滞的“失去的十年”。但此后的新自由主义改革脱离了拉丁美洲国家经济社会的实际，显得超前了。因此，拉丁美洲模式和苏联模式的共同特点就是，在一定时期采取了相对适宜的制度并取得成功后，却逐渐走向僵化，不能根据环境改变而适时调整，各种矛盾日益积累，直至爆发，并演变为不顾现实的大刀阔斧式的调整，最终导致矫枉过正。

三个模式的成败得失还有一点启示，即三大主体早期的制度模式差别很大，却都曾取得好的成绩，说明不同的制度可能在不同的时间适用于不同的国家和地区，收到异曲同工的效果，即适宜制度是多样性的。三个模式早期成功，但后期表现相差巨大，根本原因在于有的能灵活变化，而有的却墨守成规。这说明制度的适宜性是在变中实现的，再适宜的制度都不能僵化，必须随着条件改变而调整。

二、发展中经济体适宜制度的特殊性和多样性

发展中经济体的实践，特别是西方模式实践的经验教训表明，尽管西方模式确实带来了西方发达国家经济的持续发展，而且这一模式的核心内容，即市场机制有助于优化资源配置，促进经济发展，在理论上站得住，实践上有成功案例，但作为一种制度，是否能够提高效率，促进经济增长，还必须与特定的自然禀赋和历史文化等条件相适应。相对于发达经济体来说，发展中经济体的适宜制度具有特殊性和多样性。

所谓特殊性，是指与发达经济体相比较，发展中经济体的发展环境不同，适宜制度具有自身的特点。发达经济体开始发展或实现起飞时的经济、政治、自然资源、教育、科技等环境都与发展中经济体的发展环境不同。因此，用发达经济体的经验去让几乎处于发达经济体上百年前发展水平和阶段的发展中经济体学习与模仿很难奏效，发展中经济体需要根据自身特点，因地制宜、实事求是地进行制度创新。所谓多样性，是指发展中经济体之间千差万别，其差异性远远大于发达经济体之间的差异性，适宜的制度不是唯一的，而是多元化的。

对于发展中经济体适宜制度的特殊性和多样性，可以主要从如下四个方面来理解：

一是低下的生产力水平决定了发展中经济体的适宜制度有别于发达经济体。发展中经济体发展水平低，不仅体现在与发达经济体目前的水平相比，即使与发达经济体发展早期相比也是如此。从收

入水平来看，1950 年，不包括日本的亚洲经济体国家人均 GDP 为 635 国际元，非洲为 852 国际元，低于 1600 年西欧国家 894 国际元的水平。从城镇化水平来看，1960 年，世界中等收入国家和低收入国家的城市人口比例为 24.2%，其中中国为 16%，印度为 18%。而早在 1800 年，英国的城镇化水平就已经达到了 23%，作为后起国的美国在 1870 年城市人口比例也达到了 1/4（华桂宏、高扬，2002）。从工业化程度来看，1965 年，世界中等收入和低收入国家的农业增加值占 GDP 的比重为 27.6%，工业增加值比重为 30.9%，而 1831 年，英国的农业比重已降到 23%，工业比重达到 34%（吴敬琏，2005）。也就是说，发展中经济体的发展水平不仅与当代欧美国家相比异常低下，即便是与西方发达经济体发展初期的水平相比也处于较低的水平。经济制度归根结底是由生产力水平决定的。这就意味着，简单地将当今西方发展理念套用到发展中经济体是不适当的。

二是国际经济格局的巨大变化使得发展中经济体不可能走欧美发达经济体的老路。几百年前欧美国家兴起时的国际环境总体上是宽松的。从竞争环境来看，到 16 世纪时，西欧一些国家已经稍稍领先于世界其他地区，而在其发展过程中，各经济体之间的差异总体上不大，处于大体对等的竞争状态中。1820 年，西欧各国人均 GDP 基本在 1 100 ~ 1 300 国际元，高者如英国与荷兰也只有 1 707 国际元和 1 821 国际元（麦迪逊，2003）。也就是说，欧美国家在发展早期实际上没有面临过于强大的竞争对手。从自然资源环境来看，在大规模工业化之前，人类对自然资源的利用水平一直处于较低的水平，对环境的破坏也相对有限。土地、森林、矿产、油气等资源当时看来似乎还是取之不尽、用之不竭的。从市场环境来看，当时的生产能力相对于巨大的待开发的国际市场来说几乎还很小，这为其发展提供了广阔的空间。由于外部发展环境相对宽松，任何方面的快速发展都可以迅速确立在全球的领先地位，从而能够带来巨大的边际收益，因而可以采取更加自由放任的政策。而在几百年以后的今天，世界经济格局已经发生了翻天覆地的变化。欧美国家在经济、政治、军事、科技等领域牢牢占据了绝对的优势地位，发展中经济体则处于弱势地位，每向前走一步都要面临强大的竞争对手。伴随新科技革命和经济全球化以前所未有的速度扩展，当代垄断资本对世界经济的干预和渗透能力更为强大，使得发展中经济体难以完全按照自己的意愿自由发展。随着世界经济规模的急剧扩张，过去看来取之不尽的各种资源越来越稀缺，自然环境在过去几百年中被大肆破坏，其承载能力也越来越接近极限。与此同时，世界范围内的市场已经被充分开发，特别是传统产品市场潜力几乎被挖掘殆尽，而且全球的重要资源和市场又主要被发达经济体及其跨国公司垄断。在这种情况下，当今发展中经济体面临的国际环境要比欧美国家发展之初紧张得多，发展空间也狭小得多，只能在夹缝中求生存和发展，因而需要克服更多的困难和阻力，付出更大的代价。这样的国际环境决定了发展中经济体不可能走欧美国家的发展老路。

三是欧美国家率先发展积累的文明成果也为发展中经济体发展提供了新的机遇。当代世界经济中相互依存关系的加深，特别是经济全球化的推进，使发达经济体不能完全脱离发展中经济体而发展。同时，发达经济体为实现进一步发展，以跨国公司为依托，在全球更加高效地配置资源，促进了国际贸易和投资的快速发展，这又必然会带来相应的技术转移；信息化的发展更使得全球信息沟通和技术扩散的时间与空间距离大大缩短。发展中经济体因此可以不必重复欧美国家的发展老路，以较小的代价取得工业化和经济发展所急需的各种生产要素与资源，从而有可能大大加快其工业化和经济现代化的步伐。

四是文化和意识形态的差异性决定了发展中经济体适宜制度的特殊性。欧美各国之间虽也存在一些差别，但比较而言，作为一个整体，欧美国家在文化上还是有比较强的相似性。欧洲国家是直接传承了古希腊和古罗马文化，美国等移民国家本来的土著文化在欧洲大陆文化传播过来后被完全边缘化，同样是由欧洲文化主导的，因此欧美各国文化具有很多相通之处，可以被归结为一种个人主义文化。这种文化在欧洲社会历史上与政治、法律、经济和其他社会体制结合在一起，传承到近代。在近现代西欧和北美的历史发展过程中，个人自主、个人自由、个性解放和个人对自身利益最大化的追求，已逐渐成了被人们普遍接受的一种基本理念，以致在当代经济学的理论中它成了一种天经地义的信条，并实际上使理性经济人个人利益最大化的追求成为所有当代经济学理论建构的第一块基石。事实上，也正是在西方现代文化氛围中对追逐个人利益的认可和鼓励，才使得市场竞争在均衡中达到更优的效率。因此，西方市场经济体制从根本上说是一个基于内在要求而自然发展起来的、与欧美国家的历史传统和文化特色相吻合的经济制度。同样地，由于文化的相似性和价值观的一致性，西方各国的经济制度甚至政治制度在总体上都是趋同的。

与少数几个欧美国家文化和意识形态方面所具有的相似性相比，为数众多的发展中经济体在文化和意识形态上存在着巨大差异。这种差异表现在两个方面：一是发展中经济体与发达经济体之间的文化存在明显差异；二是发展中经济体在文化和意识形态等方面的差异也很大，其间的相似性要远远低于发达经济体。发展中经济体分布在世界几大洲，分属于各个民族，各经济体之间的历史和文化传统差异巨大。一些东亚地区受儒家文化影响很深，阿拉伯地区以伊斯兰教文化为主流，一些南亚和东南亚地区信奉佛教文化，还有一些国家仍然以部族文化为主。与文化相联系的主流意识形态也存在不同。在这种情况下，很难有一种制度能够适用于所有经济体，也就导致在欧美国家获得巨大成功的资本主义制度在许多发展中经济体难以发挥出类似的效率。以东南亚国家为例，在西方殖民主义入侵以前，东南亚国家主要受中国和印度文化的影响，都经历过东方式的中央集权专制的国家形态，存在较严重的威权主义思想。从价值观来看，这些经济体自古以来推崇集体主义，而且等级观念根深蒂固，这些与崇尚个人主义、追求效率的西方价值观念差别很明显。这种文化和意识形态的巨大差异，以及发展中经济体生产力发展水平的不同，决定了发展中经济体的适宜制度更多地呈现多样性的特点。

概括起来看，发展中经济体作为一个整体不仅与当今的欧美国家存在巨大差异，与欧美国家发展初期也有很大不同，这决定了发展中经济体的适宜制度与欧美国家不尽相同；同时，发展中经济体内部生产力发展水平、历史文化差异也非常大，这种差异要远远大于发达经济体之间的差异，这就决定了即使在发展中经济体之间，适宜的制度也可能是不同的。因此，并不存在普适性的经济发展模式，对于经济发展来说，只能是“一把钥匙开一把锁”，必然根据各经济体的实际情况探索自己独特的适宜制度。

第四章　中国计划经济的制度适宜性

1978年以前，中国实行的是高度集中的计划经济体制；1978年开始改革开放，向社会主义市场经济过渡。但不论是前者还是后者，都有着极为鲜明的中国特色：计划经济体制有别于苏联模式，市场化改革也与西方不同。新中国成立以来，正是在这样有中国特色的制度环境下，中国经济取得了举世瞩目的成就，尤其是改革开放以来，成绩更是斐然。本章和随后三章通过对中国制度变革路径的分析，分别探讨改革开放前后中国经济体制的历史必然性和合理性。

第一节　近代中国经济的困境和变革

一、清朝后期中国经济的崩溃

在过去的几百年中，中国的发展历尽沧桑。19世纪以前，中国是世界上最为强大的国家之一，灿烂的中华文明曾经代表了世界发展的最高水平。麦迪逊在《世界经济千年史》一书中说："从5世纪到14世纪，它较早发展起来的技术和以精英为基础的统治所创造的收入都要高于欧洲的水平。14世纪以后，虽然欧洲的人均收入慢慢地超过了中国，但1820年时，中国的GDP比西欧和其衍生国的总和还要高出将近30%。"然而，正当西欧通过产业革命取得奇迹般发展的同时，中国仍然延续着传统的以小农经济和手工业为主的生产方式。相比依靠机器化大生产的西欧国家而言，中国 1820 年的 GDP 虽然是英国的 6.3 倍（麦迪逊，2003），但在列强的炮舰侵略之下几乎没有还手之力。

鸦片战争后，中国被迫签署了一系列丧权辱国的不平等条约，从昔日的强大帝国沦为一个半殖民国家，国家主权严重丧失。据不完全统计，自鸦片战争到清政府垮台，中国对英、法、德、意、日、俄、比、荷、美等国支付的战争赔款达到 13 亿两白银。由于数额巨大，不可能短期付清，这些赔款直接转为政府贷款，成为上述这些国家控制清政府财政税收的工具。

除割地赔款外，清政府还将许多政治、经济和军事特权拱手相让，包括关税、海关行政权、沿海贸易、内地通商权，以及领事裁判权等，而“利益均沾”的片面最惠国待遇，则使得中国对任何一个国家的利益让渡其他国家都有权享受。从某种程度上说，这也是一种“开放”，是在向“自由贸易”转化，只不过是被迫的、不平等的、一方受益一方受损的开放。直到 1864 年以前，中国还保持着良好的贸易顺差，但此后，由于国外商品大量涌入，中国的对外贸易除少数年份外一直处于赤字状态，且数额逐年增加，出口物资也主要限于农产品。与廉价工业品一道大量流入国内的还有外国资本，其对中国经济的控制不断加深，几乎垄断了中国银行业，外国银行成为这些国家输出和控制资本的枢纽。

在此期间，软弱无能的清政府对外不能自主，对内逐步丧失对国家的控制力，国家经济处于崩溃之中，人民生活日益恶化。据测算，1870 年中国的 GDP 为 1 897 亿国际元，比 50 年前的 1820 年不仅没有任何提高，还下降了 17%，年均下降 0.37%，占全球 GDP 的比重从 32.9% 下降到 17.2%，1913 年进一步下降到 8.9%，到 1913 年人均 GDP 仅为 552 国际元，甚至比 1500 年的水平（约为 600 国际元）还要低（麦迪逊，2003）。

二、民国时期发展资本主义经济的尝试

在这个日益衰落的过程中，中国人民为探寻强国之路作出了不懈努力。清朝晚期以洋务运动为代表的改良努力均以失败告终，其根本原因在于原有的封建制度严重束缚了生产力的发展。不彻底改变这种制度，仅作修修补补式的改良，显然无济于事。

正因为认识到这一点，同时目睹了资本主义制度带动欧洲、美国乃至日本迅速强大的事实，辛亥革命后成立的国民政府试图发展中国的资本主义经济。但由于西方列强并不希望看到一个独立、强大的中国出现，同时又要使自身利益最大化，因此代表不同列强利益的军阀混战不休，国民党政府不仅无力整合这些不同利益，而且还参与其中，中国只能继续陷入战乱、分裂与被侵略的处境，无法改变半殖民地、半封建社会的性质，经济状况日益恶化。1913—1950 年，中国 GDP 继续下降，占全球 GDP 的比重降至 1950 年的 4. 5%，人均 GDP 更是以年均 0. 62% 的速度减少（麦迪逊，2003）。资本主义制度为西方世界带来了发展与繁荣，却不能拯救中国于水火之中，说明资本主义制度并不能救中国，其原因是多方面的。

历史表明，任何一个国家的经济发展无不依赖于强有力的国家政权。任何一种制度都必须以国家独立为基础。鸦片战争以后，西方列强争相扩大侵华特权，逐渐形成了多个帝国主义国家共同控制中国的局面。辛亥革命虽然结束了中国长达两千年之久的封建制度，但中国民族资产阶级的软弱性和妥协性最终使革命成果遭到窃取。袁世凯作为帝国主义扶植的代理人，其本质与清政府并无不同，都是帝国主义侵略、控制中国的工具。袁世凯死后，北京政府一再换人，实际上就是帝国主义不同势力之间斗争的结果。

此后，北伐结束了北洋军阀的统治，但南京国民政府作为帝国

主义势力代表的特征没有改变，中国的主权和独立没有保障，更谈不上国家的发展。美、英、日、德等国以支持国民党统治为诱饵，伺机扩大在中国的特权。1946 年，国民党为了在内战中取得更多支持和援助，与美国政府签订了《中美友好通商航海条约》，向美国全面开放领土，给予美国在华企业种种特权，中国则部分地丧失了关税自主权、沿海及内河航行权，主权独立进一步丧失。在贸易上，中美虽名义上对等，但由于中国的远洋运输及生产落后，条约中规定的权利根本无法平等实现。在中美之间的“自由贸易”制度下，美国商品大量占据中国市场，国内企业大批倒闭，民族工业日益萎缩。政府的软弱使得国家、企业和个人的利益均得不到保护，更谈不上快速有效地调动国家资源以形成国际竞争优势，通过参与国际分工获取利益。

何况，国民党及其国民政府并不是广大民众利益的代表，缺失了制度适宜的内在核心。南京国民政府作为英美帝国主义和大地主、大资产阶级共同利益的代表，其政府官员的个人目标和政党目标都与国家和人民利益最大化存在巨大差异。官僚资本与国家政权结合在一起，充当了外国垄断资本的附庸，又与封建地主阶级相勾结，严重侵蚀了国家的经济基础，对中国社会经济的发展形成巨大阻碍。国民政府为实现自身统治利益最大化，实施了众多掠夺性政策，使得政府对国家经济的有限控制实际上衍变为聚集个人财富，腐败和寻租行为异常普遍。为应付庞大的内战军费支出，国民党政府滥发纸币，通货膨胀程度前所未见。到 1949 年 5 月，国民党政府的货币发行量比 1937 年 6 月增加了 1 445 亿倍，同期通货膨胀指数则上涨了 36 807 亿倍（中国人民大学政治经济学系，1978）。严重的经济危机直接导致人民生活极度恶化，农村饥荒，城镇失业，实际工资大幅下降，民不聊生。

恶劣的经济条件使得资本主义制度缺乏有效运行的基础。一方面，民族工业发展缓慢是帝国主义压制的结果。除去大量直接投资对民族产业构成的严重威胁以外，[①] 外国资本还凭借其在金融、铁路、航运、外贸等行业的绝对优势，将中国民族资产阶级置于其完全控制之下。在这种情况下，部分民族资本与帝国主义势力结合形成买办资产阶级，成为帝国主义势力在中国的代言人，另一部分民族资本只能在帝国主义、封建势力和官僚资本的夹缝中艰难生存。民族资本实力弱，政府也很少给予扶持。对技术要求高、投资巨大的产业，民族资本根本无法涉足，因此也只能按照“工业化西方（包括日本）—农业中国”的方式与他国开展贸易（罗荣渠，2006）。

概括起来看，在长期的摸索与实践中，中国人民逐渐认识到资本主义制度是无法改变中国贫穷、落后面貌的。没有一个独立自主的国家和强有力的政府，中国的发展就无从谈起。

第二节　新中国计划经济体制的建立及其必然性

新中国成立初期，面临的首要问题即是从武装革命向大规模经济建设的转变。选择什么样的经济体制、如何更好地实现这一转变，对于当时的中国来说是一个崭新的课题。回过头来看，计划经济体制的建立是由当时的经济社会发展条件和国内外形势决定的，有着深刻的历史必然性。

一、生产力落后

新中国成立之初，经济基础薄弱，生产力落后，客观上具有集

① 在产业资本方面，1920 年外国资本为 16.67 亿元，本国资本只有 7 亿多元，1936 年，外国资本为 64 亿多元，本国资本仅为 17.7 亿多元（吴承明，1985）。

中资源的内在要求。由于西方列强的长期剥削与掠夺，以及十四年抗日战争和三年解放战争的影响，国民党从大陆撤退时又进行了人为破坏，新中国成立时面临的是一个极度破败的国民经济体系。

1949 年，分散的个体农业和手工业在国民经济中占有 90% 的份额，现代工业仅占 10% 左右，绝大部分还掌握在官僚垄断资本手中。1949 年全国生铁产量降至历史最高年产量的 10.9%，钢锭为 15.8%，钢材为 17.8%，煤炭为 44.5%，水泥为 30.9%（中国社会科学院、中央档案馆，1996）；当年粮食总产量仅为 1 131.8 万吨，棉花为 44.5 万吨，花生为 127 万吨，分别较历史最高年产量下降 24.55%、76% 和 60%（中国人民大学政治经济学系，1978）。

由于生产力遭到极大破坏，新中国在成立后一直处于资金、物资和技术严重短缺的状态，如果政府不进行干预，不能集中有限的资源用于工业发展，那么完成资本积累、实现工业化和现代化的道路势必极其漫长。同时，因为供给能力有限，绝大多数商品严重短缺，而社会需求包括生活必需品的需求很大，如果由市场调节可能会导致物价飞涨，甚至完全失控，从而付出高昂的代价，国民党政府时期就是前车之鉴。因此，政府必须通过对重要物资、农副产品和资金等的统一管理，实现管制的供需平衡，从而保证对工业化的有力支持。

二、经济秩序混乱

新中国成立初期混乱的经济秩序要求国家对财政经济实行统一控制。一方面，国民党统治时期实施的掠夺性经济政策导致财政金融严重失衡，长期滥发纸币造成物价暴涨、市场混乱的局面，经济难以正常运行。另一方面，旧社会遗留下来的投机资本十分猖獗，在国民党残余势力的支持下继续兴风作浪，囤积居奇，扰乱经济秩序。因此，制止恶性通货膨胀，稳定经济秩序，成为摆在党和政府面前的首要问题，也是恢复发展经济、巩固新生政权的基本前提。

为了解决上述问题，政府集中力量，进行了稳定物价和统一财经的重大“斗争”。当时，在不法投机商大量囤积粮食、棉纱、棉布、煤炭，哄抬物价，扰乱市场的情况下，市场已经失去自我调节并趋于均衡的能力，稳定物价的关键是要看掌握的物资有多少。于是，政府在全国范围内紧急组织了粮食、棉纱等重要物资的集中调运，按照部署统一投放，敞开供应，迅速打压了物价，同时收紧银根，使投机商资金周转失灵而纷纷破产，赢得了这场“粮棉之战”。这充分反映了国家政权支持下的经济力量在稳定市场中的主动权。

但要从根本上稳定物价，还必须做到国家财政收支平衡和市场物资供需平衡，因而必须从根本上解决国家财力分散、物资严重不足的问题。为此，1950 年 3 月，政务院颁布《关于统一国家财政经济工作的决定》，其主要内容是统一全国财政收入以满足国家主要开支，统一全国物资调度以合理使用、调剂余缺，以及统一全国现金管理。措施一经颁布便取得了明显的成效，最终结束了国民党统治下持续多年的通货膨胀和经济秩序混乱的局面。国家各项经济权力的集中对于迅速稳定经济秩序发挥了重要作用，增强了恢复和发展经济的信心，也为向社会主义经济的转变积累了经验。

三、国际环境的挑战

新中国成立之初，尽管中美之间存在意识形态差异，但并不意味着中国政府要断绝同美英等资本主义国家的一切往来。然而美国拒绝并竭力阻挠其他国家承认新中国，对中国采取了政治上孤立、经济上封锁、军事上包围的政策，朝鲜战争的爆发则彻底关闭了中美合作的大门。

与此同时，苏联对新中国的战后恢复重建工作却给予了宝贵的支持。在资本主义国家的封锁和禁运下，苏联不仅成为中国的主要贸易伙伴，而且向中国提供了重要的经济和技术援助，其援建的156个项目成为“一五”计划工业建设的中心，也是新中国工业体系建立的最初基础。更重要的是，苏联的经济模式和建设经验对中国产生了重大的示范效应。

“十月政变”后，苏联逐步建立高度集中的计划经济体制，在短短30多年的时间里就完成了欧美国家上百年才走完的工业化进程，从一个贫穷落后的封建国家发展成为一个可与欧美国家抗衡的强国。而在此期间，资本主义世界却普遍陷入经济危机和危机过后的长期萧条，与之形成了鲜明的对比。中国当时面临的经济条件和环境与苏联非常相似，苏联式的计划管理体制对中国自然而然地存在巨大的吸引力。也就是说，当时的国际环境特别是朝鲜战争的爆发，使得中国别无选择，只能采取“一边倒”的政策，并学习仿效苏联模式，逐步建立起高度集中的计划经济体制。

四、国民经济中社会主义因素的壮大

新中国成立前，外国资本和官僚资本在中国经济中占据绝对优势，控制着国民经济的主要命脉。新中国成立后，中国政府大量没收官僚资本和接管外国资本在华企业。这些工商企业规模较大，技术较先进，被收归国有后直接转变为社会主义国营企业，使得国营经济一开始就占据了相对优势，加上职工主人翁意识强，生活稳定有保障，劳动热情高涨，因而显示出其他经济成分无可比拟的优越性，迅速确立了其在国民经济中的领导地位。到1952年，国营工业产值在全国现代工业总产值中的比重已增加到56%，国营批发商业的营业额占全国批发商业营业总额的60%（中共中央党史研究室，

1991）。国营经济的发展使得社会经济生活中的社会主义因素日益强大，为实行经济的计划管理奠定了坚实基础。

在农村，农业互助合作组织的兴起为农业的社会主义改造作出了准备。土地改革完成后，深受剥削压迫的中国农民获得了基本生产资料，极大地刺激了其生产积极性。但土地、生产工具和资金、劳动力的分散不利于规模效应的发挥，限制了农业生产的扩大和发展，脆弱的农业个体经济也不足以适应工业化对粮食和工业原料迅速增长的需要。因此，土地改革后，为提高农业生产效率，各地不仅普遍自发建立了不触动个体所有制的农业生产互助组织，以土地入股为特征的初级农业生产合作社也已经有所发展。可以说，在中国工业化和农业机械化漫长的发展过程不能一步到位的情况下，农户之间的互助合作，以及半社会主义性质的农业集体经济组织的出现，弥补了生产条件的不足，有利于农业增产，促进了农村生产力的提高。这实际上成为农业社会主义改造的前奏，也是农村社会主义集体所有制建立前的初步实践。

总之，新中国落后的生产力水平和严峻的经济形势凸显了国家集中资源引导经济恢复与建设的重要性，新中国成立后国际形势的演化和朝鲜战争的爆发又将中国进一步推向了非此即彼的选择，而新民主主义经济中的社会主义成分不断壮大，也为计划经济体制的实施铺平了道路。这些都使得中国经济向社会主义过渡的进程大大提前。随着生产资料私有制的社会主义改造逐步完成，以及第一个五年计划的顺利实施，计划经济体制最终得以在中国基本形成与确立起来。

第三节 中国计划经济体制的主要特点

社会主义改造完成后，中国建立起高度集中的计划经济体制，它主要具有实行计划管理、金融体制国有、财政体制高度集权、国民经济高度国有化、价格管制等特点。

一、实行计划管理

新中国成立以后，中国对国民经济逐步实行了高度集中的计划管理，这主要体现在以下几个方面：

第一，计划部门成为国家经济管理的中枢。1952 年末成立国家计划委员会，各部门、地方的计划机关也相继设立，到 1954 年末，全国形成了自上而下、条块结合的完整计划管理体制，通过编制和执行国民经济发展计划，具体规划各经济部门、省（市）和企业的主要经济活动及其年度和五年计划指标，促使经济有计划、按比例发展。

第二，对农副产品实行统购统销。随着国民经济的迅速恢复和大规模经济建设的开始，城镇人口快速增加，粮食供应出现紧张局面，私营粮商与国家争夺粮食的现象非常突出，增加了国家在市场上收购粮食的困难，而国家又难以通过提高农业税（公粮）来加强对粮食的掌握，不利于社会的稳定以及工业原料的保障。在这种形势下，全国从 1953 年末开始实行粮食统购统销制度，国家严格控制粮食市场，对粮食购销进行统一管理。1954 年以后计划收购和计划供应的范围进一步扩大到油料、棉花以及烤烟、麻类、生猪、茶叶、蚕茧、羊毛、牛皮等重要农副产品。统购统销制度的实行，标志着计划经济的覆盖面从工业扩展到农业领域。由于当时中国轻工业十分薄弱，几乎没有重工业，资金极为紧缺，也只能靠农业实现积累来推进工业化。

第三，对消费品实行配给制。由于主要商品严重短缺，为维持人民最低生活水平的配给制应运而生，“排队经济”和“票证经济”成为计划经济的一大特色，为稳定物价奠定了坚实的基础。

第四，建立高度集中的投资体制。投资项目由中央指令性计划控制并逐级批准下达，投资所需资金由国家财政预算统一安排，自筹资金投资需经过严格审批，突出地体现了投资方面的国家意志，保证有限的资源能够向重要的产业特别是重工业领域倾斜。

第五，对重要物资实行划拨。根据物资的性质、产需特点和重要程度不同，又分为国家统配物资和国务院各部门主管的部管物资。“一五”期间，物资管理体制的集中程度逐渐提高，国家统配物资和部管物资分别由 1953 年的 112 种和 115 种上升至 1956 年的 342 种和 151 种。国家掌握重要物资的统一调配，为重点行业及项目的需要提供了充足的物质保障，推动了工业生产的发展。

第六，统一管理对外贸易。当时对外贸易的主要目标是与国外“互通有无”“调剂余缺”，以及为建立“独立自主、自力更生”的经济体系和实现进口替代提供必要的技术设备、资金和原材料。由国家计划委员会制订进出口指令性计划，中央贸易部统一管理对外贸易业务，实行进出口许可证制度，由各行业国营进出口总公司垄断外贸经营权，真正的供货方及用货单位不与国际市场发生联系。

二、财政体制高度集权

1950 年统一财经工作后实行的是统收统支、高度集中的财政管理体制，全部公粮和税收都归中央政府统一支配使用，地方支出由中央统一审核、逐级拨付，地方财政收入与支出之间基本不发生关系。这种体制对实现财政收支平衡、稳定物价和国民经济的恢复起到了重要作用，仅用了三年左右的时间就使中国经济从1949年前的崩溃边缘恢复到1936年抗战前的水平。

1953年以后实行的是“划分收支，分级管理”的体制。一是在中央统一计划的前提下，按行政区划实行分级预算、分级管理，主要税种的立法权、税率调整权和减免权集中于中央，由中央确定收入指标；全部收入分为固定收入和比例分成收入，由地方统一组织征收，分别入库，对超收部分另定分成比例，地方多收多留。二是按中央政府和地方政府的职责分工及企事业单位的行政隶属关系，确定各级政府的支出范围，属于中央的企业、事业和行政单位的支出列入中央预算，属于地方的支出列入地方预算。三是地方预算由中央核定，按照支出划分。地方预算支出首先用地方固定收入和固定比例分成收入抵补，不足部分由中央调剂收入抵补，分成比例实行“一年一定”或“一定几年”。其间虽然在方法上屡经调整，但总的模式变化不大。1950年统一财经工作后，中国财政收入从当年的62.17亿元增加到1978年的1 132.26亿元，增长了17.2倍。

在国家财力有限的情况下，高度集中的财政管理体制对于支持国家重点领域重点项目的发展，以及社会主义工业化的推进，发挥了不可替代的作用。国家统计局发布的《关于发展国民经济第一个五年计划执行结果的公报》显示，仅“一五”期间，全国完成的基本建设投资总额就达到550亿元，其中对工业部门的投资占实际完成投资的56%。在工业基本建设投资中，重工业占87%，轻工业占13%。5年内在建的工矿建设单位超过1万个，其中限额以上的为921个，比计划规定的单位数增加227个，到1957年末全部投入生产的有428个，部分投产的为109个。这些大型工矿企业单位的建成改变了旧中国工业落后的面貌。“一五”计划结束时，旧中国不可想象的一些技术要求特别复杂的工业部门，如飞机制造业、汽车制造业、新式机床制造业、发电设备制造业，冶金、矿山设备制造业以及重要有色金属冶炼业等部门都逐步建立起来了。到 20 世纪 70 年代后半期，中国建成了门类比较齐全的工业体系，拥有了复杂工程的设计与制造能力，奠定了工业化的坚实基础。

三、金融体制国有

金融是经济发展的命脉。中国建立起了高度垄断的金融体制。新中国成立后，确立了以人民银行为中心的金融体系，人民银行统领各类金融机构，既是中央政府的组成部分，行使金融管理职能，又负责办理具体业务。1953 年起开始实行集中统一的综合信贷计划管理，即“统存统贷”。信贷业务高度集中在人民银行系统，各级银行吸收的存款全部上交总行，各级银行贷款指标由总行统一核定，严格按照计划发放。

这种集中的金融体制，一方面通过其货币创造功能，为经济发展，特别是工业企业的发展提供了强劲的资金支持，另一方面赢得了老百姓对于银行体系的信心，使得居民能将多余的收入存入银行，减少了对商品市场的冲击，使得中国消费品价格长期处于较低水平，为经济发展创造了一个稳定的物价环境。

四、高度国有化

以国有经济为主是保证资源集中配置模式有效运行的基础。在对工商企业进行社会主义改造以及农村实行人民公社制度后，中国在城市基本实现了国有或集体所有制的工商企业体制，在农村建立了集体所有制体制。

经过社会主义改造，工业企业的国有化程度迅速上升，1958 年工业总产值构成中，国有工业占 89.2%，集体工业占 10.8%，两者合计首次达到 100%。这种局面直到 1980 年才被逐渐打破，其间多数年份国有工业比重都在 80% ~90%。这种国有体制的好处是在一段时间内国家可以重点支持一些产业的发展，扶持一批国民经济骨干企业，同时可以减轻社会压力，因为国有企业实际承担了社会保障的功能，使国家可以集中财力、物力发展经济。

农村土地改革后，虽然获得土地使农民的生产积极性高涨，但由于土地分散、其他生产资料缺少等原因，农产品的产量难以满足城市和工业对粮食和工业原料作物日益增长的需求，因此农村首先出现了自发的农业互助组，随后又出现了初级社、高级社。这个过程有农村生产力发展、规模化经营的需要，也在一定程度上促进了农村生产力的提高、农业和机械化的发展，以及农田水利基础设施的建设，也有利于为工业化提供低成本的原材料。但是全国普遍、迅速建立高级社，特别是后来的人民公社化，就有思想左倾、急于求成、超前发展的因素了。这一体制逐渐显示出不少弊端，在 20 世纪六七十年代日益严重，这一点将在本章第五节进行比较详细的讨论。

五、高度价格管制

在市场经济条件下，价格是资源配置的基础。但在计划经济条件下，两者的位置产生了调换，价格的决定从属于资源配置的需要，价格成为推动工业生产的重要工具。通过对各种价格的人为干预，工业发展的原料成本、资金成本和劳动力成本都得到了降低。

第一，工农业产品价格“剪刀差”。由于中国的经济底子薄弱，资本积累只能靠压低农产品价格来实现。农业部门每创造 100 元价值，通过价格机制转移到工商部门的部分，1952年为17.9元，1957年为23元，1978年则为25元（董辅礽，1999）。

第二，压低利率。由于严重缺乏资金，如果任由市场调节，资金成本可能会很高，导致企业盈利水平降低，并阻碍工业化的进程和国家经济发展。为此，中国实行严格的存贷款利率管制，压低资金成本。从1950年5月开始，国营工业信用贷款月利率开始连续大幅下调，从3.0%左右降至7月31日的2.0%、1951年4月的1.5%～1.6%、1953年1月的0.6%～0.9%，以及1954年的0.456%。虽然1960年6月曾一度回调至0.6%，但到1971年8月，该利率又被压低到0.42%的水平（郑先炳，1991）。低成本的资金为企业发展提供了重要支持。

第三，压低工资成本。为便于大规模的经济建设，对城市职工工资也实行统一管理以降低人力成本，工资总额、工资标准以及调整办法均由国家严格控制，以避免工资标准不统一妨碍职工调动，并实行抑制消费增加积累的低工资制，从1956年工业化加速到70年代末的20多年时间内，职工平均工资几乎没有增长，实际工资甚至还有所下降。

第四，高估汇率。由政府出面干预外汇价格，人民币对美元汇率连续15次上浮，从1950年3月的4.2∶1调整为1951年5月的2.23∶1；1955年3月至1971年12月，汇率水平一直保持在2.46∶1；1973—1980年则继续升值，1980年时达到了1美元兑换1.5元人民币的水平。汇率高估使进口设备变得相对便宜，也导致了高度集中的外汇管制。垄断性的外汇管理体制保证了稀缺外汇资源用于政府重点支持的领域。

第四节 计划经济体制的适宜性

中国的计划经济体制在 20 世纪 50 年代中后期全面形成，到改革开放前一共运行了二十多年。迄今为止，对于计划经济制度的评价仍存在很大分歧。本书认为，在当时的国际环境和国内经济社会条件下，实行计划经济体制有其历史必然性，适应中国的客观实际，在一段时期内有效地促进了中国经济的发展。

一、短期内恢复经济并建立起经济发展的基础

新中国成立时面临的外部环境比较紧张。以美国为首的资本主义国家拒绝承认新中国，并对中国实行了政治上孤立、经济上封锁和制裁、军事上包围的政策，切断了正常的国际经济交往和对外贸易。在欧美国家的阻挠下，直到新中国成立一周年之际，也只有苏联、东欧、亚洲的一些社会主义国家、人民民主国家和民族独立国家承认新中国，17 个国家同中国建交。与此同时，大陆与台湾处于军事对峙状态；1950 年朝鲜战争的爆发直接威胁着中国的领土和主权。在这种不友好的国际环境和严峻的政治军事态势下，计划经济体制在以下几个方面显示了较强的优越性。

一是在战争的环境下使国民经济迅速恢复。在国际关系紧张、国家安全利益受到威胁时，一般来说，国家会加强对资源的支配和控制，建立起快速有效地应对国际形势变化的机制，战争时期是个极端的例子。日本、德国、苏联都曾在这种特殊时期建立过战时经济体制，美国也在战争期间赋予政府特殊的权力。在 1949 年以前的近一百年时间里，国家本身就已经贫弱落后，而清政府和国民党政

府更缺乏集中调配国家资源的能力，这是导致国家主权受损、经济趋于崩溃的一个重要原因。新中国成立初期以及此后相当长的一段时间内，面临的国际环境总体上是偏紧的，客观上要求建立一种有利于国家集中调配资源的体制。1950年，当国内经济仍处于百废待兴的局面时，朝鲜战争爆发，中国面对的是武装到牙齿的美国及其盟国军队。在战争中，中国军队共消耗各种物资560万吨，其中弹药一项即达25万吨，军费开支达62亿元人民币，这几乎相当于1950年全国的财政收入，对于一个新生的国家来说这是一笔相当巨大的支出。借助国家集中控制资源的优势，中国成功地将对手打到了谈判桌上，维护了新生政权和国家的稳定，同时还实现了国民经济的顺利恢复，不能不说是一个巨大的胜利。

二是以较低的代价迅速建立了工业基础。在当时的情况下，工业化程度是衡量一个国家强弱的标志。清末民初，中国虽达到了一定的GDP规模，却在与欧美列强的军事冲突中屡屡战败，一个重要原因就是工业落后。西方工业化国家“轻工业—基础工业—重工业”的发展历程走的是一条近乎水到渠成的道路。但正如苏联在建立第一个社会主义政权后采取重工业优先发展战略一样，中国同样没有其他选择。由于西方资本主义国家对中国的孤立和封锁，除苏联和东欧国家外，中国不具备全方位开展国际贸易的客观条件。虽然苏联援建的156个项目对中国基本工业体系的快速建立发挥了积极作用，但中国的工业基础薄弱，要想发展起独立的工业体系，只能立足于自身，而无法像日本、韩国、中国台湾等国家和地区一样，在经济起飞阶段依靠良好的外部环境和外国援助，通过引进外国先进技术、设备和管理模式来实现工业化。因此，中国在经济建设中始终坚持以自力更生为主、以争取外援为辅的方针。“一五”期间，外国贷款在国家财政收入中的比例仅为2.7%，并且1955年开始就从对苏贸易顺差中分期偿还（中共中央党史研究室，1991）。相对于苏联帮助建设的156个重大项目（135个开始施工），以及罗马尼亚、德意志民主共和国等国家帮助建设的68个工程项目（64个开始施工），立足国内、依靠国内资金在建的工矿单位超过了1万个，鞍山钢铁公司、长春第一汽车制造厂、沈阳第一机床厂等一大批大型工矿项目都是当时动工新建的（孙健，2002）。

三是自力更生地初步建立起科学技术与国防工业体系。新中国成立初期，将科技事业和国防体系建设放在了十分重要的位置上。在国际封锁、国内科技资源极度稀缺的情况下，在短短十几年间，建立了由企业、科研院所、高校和国防科研机构构成的、比较完整的科技组织体系和基础设施，培养了大批优秀人才，为中国的社会、经济发展和国防建设解决了一系列重大科技问题，使中国的科学技术从整体上缩小了与世界先进水平的差距。以此为依托，中国的国防事业迅猛发展。“一五”期间新建了航空、无线电、兵器、造船等大型骨干工程，初步改变了国防工业的落后面貌。从“二五”计划开始，国防工业建设的重点放在了尖端技术和无线电、光学仪器的科技发展上，有重点地建设军工科研设计机构，使中国兵器、航空、造船、军事电子工业从仿制、改进逐步走向自行研制；原子能技术、火箭技术也开始起步。这对于此后在国际关系剧烈变化的局势中为中国经济发展营造相对稳定的良好环境具有深远意义。如果不是有效集中国内资源，这种局面是无望达到的。

二、初步形成经济的自我发展能力

计划经济体制实施后，中国在不利的国内外条件下仍旧实现了较高的增长速度，并依靠自身的积累迅速形成了自我发展的能力，扭转了自近代以来经济持续衰落的局面，其本身就是对当时计划经济体制适宜性的最好描述。

国民经济在一段时期内获得较快发展。1953—1978 年 GDP 和国民收入的年均增长率分别为 6.7% 和 6.0%，1949—1978 年工业总产值年均增长 15.3%。这样的速度在世界上都不算低。特别是"一五"时期，计划经济体制所显示的高效作用尤为突出，1953—1957 年的 GDP、工农业总产值和国民收入年均增长率分别达到 9.3%、10.9% 和 8.9%，其中工业总产值年均增长 18.0%，远远超过同期英国的 4.1% 和美国的 2.8%。

形成了较完备的工业体系，工业化水平显著提高。国民收入中工业所占份额从 1949 年的 12.6% 上升到 1978 年的 46.8%，农业份额由 68.4% 下降为 35.4%，1952—1980 年工业投资累计达 3 599.19 亿元，新增固定资产 2 734.5 亿元，建成了包括国防、冶金、石油、化工、交通、通信等重点行业和基础产业在内的、门类齐全、独立完整的工业体系，具备了较强的工业制造能力，为日后的发展奠定了坚实基础。

与此同时，人民生活大幅改善，社会稳定，人力资本得到积累。"一五"时期末即基本消灭失业，大多数人可以吃饱、穿暖（"大跃进"时期除外），基本消灭了饥饿现象。1949 年，城镇居民人均年现金收入不足 100 元，农村居民人均纯收入不足 50 元；到 1978 年，城镇居民人均可支配收入增至 343 元，农村居民人均收入增至 134 元。工资增长虽不算快，但物价异常稳定，且基本不存在贫富差距，社会局面安定团结。在此基础上，国家通过大力发展教育事业促进人力资本积累。1978 年各类学校在校生与 1949 年相比，普通高等学校增加 6.3 倍，普通中等学校增加 51.3 倍，适龄儿童入学率达到 95.5%，1978 年全国职工人数比 1949 年增加了 5 倍，工农和成人教育也取得了较大成绩，为日后的经济发展积聚了人力资本。

总之，如果没有这种集中的经济政策，中国不可能用很短的时间恢复国民经济。换句话说，这种集中的经济体制是与中国当时生产力极度低下、资金极为匮乏的现状相适应的，并反过来推动了社会生产的进步，只有这样才能实现中国经济的恢复与发展。

三、文化传统有利于实行集中统一的计划管理

中华民族五千年的历史也是一部统一力量与分裂势力不断斗争并取得胜利的历史。建立一个统一、强大的国家是中国人民始终不变的追求。在中国历史上，凡是国家强盛的时期一定是国家统一、中央政府强有力的时期，像秦、西汉、唐、明（前、中期）、清（前、中期）等。1840 年以来，中国人民不断探寻救国图强之路，但均不成功。晚清直至民国时期，国家积贫积弱，战乱不息，民富国强的梦想难以实现。

是中国共产党领导中国人民推翻了帝国主义、封建主义和官僚资本主义三座大山，建立了社会主义新中国。中国人民从此站起来了，焕发出前所未有的建设强大国家的政治热情，一方面渴望在一个强有力的政府领导下开始新的生活，另一方面也愿意为此牺牲个人利益，服从国家建设和发展的需要。再加上朝鲜战争取得不俗战绩，并且在战争状态下只用三年时间就使国民经济得以恢复，并依靠自力更生和苏联援助建成了一大批工业项目，这些事实使广大人民群众衷心拥护中国共产党的领导，充分相信政府的能力。这些为新中国成立初期计划经济体制的建立和良性运行奠定了坚实的群众基础，使得这一体制在当时特定历史条件下显示出适宜性，并促进了中国经济的发展。

第五节　计划经济体制所产生的问题

虽然计划经济体制在新中国成立初期为促进中国经济的恢复和发展发挥了积极的作用，用不到30年的时间实现了从落后农业国向工业国的跨越式转变，但任何体制的适宜性都是有特定历史条件的，一种制度本身也有其生命周期，计划经济体制也不例外。随着经济条件的变化，要将日趋复杂的社会经济生活科学地纳入计划轨道，难度可想而知，因而出现了统得过死、脱离客观规律的情况，计划经济体制的弊端开始显现，导致经济发展不顺。虽然中央也尝试对经济管理体制进行一些调整，但总体上说，传统计划经济体制的基本结构和特点没有发生大的改变，没能做到有效的动态调整。

一、客观条件变化使计划经济体制的适宜性开始降低

（一）信息成本越来越高

以预先编制的计划作为资源配置的主要手段，其科学性取决于各类经济信息的可得性和准确性。经济信息分散在社会各个领域，涉及数以万计的产品和资源，数量极为庞大，收集信息的成本相对较高。随着经济发展，经济规模不断扩大，分工更加精细，产品种类日益增多，各种经济关系日趋复杂化，实行计划管理所需要的信息量呈几何级数增长，这使得维持传统体制运转的信息成本越来越高，操作难度也越来越大，资源配置的效率难以得到保证。正如哈耶克所说，没有一个全知全能的管理者能够及时掌握分散发生的有关千百万种资源相对稀缺程度的知识。

相对于1958—1980年未形成正式版本和对外公布的四个五年计划来说，第一个五年计划之所以较为成功，部分原因也可以归结为当时的经济发展目标较为单纯，而且由多种经济成分并存决定，计划工作采取的是直接计划和间接计划相接合，且中央、部委和省(市)分工管理的方式，计划程度相对较低。然而随着越来越多的产品和领域被纳入计划范围，指令性计划不断加强，计划管理程度大幅提高，管理机构和形式趋于单一，统计基础薄弱的缺陷进一步暴露，加上不确定性因素的大量增加，不仅使计划的拟定困难重重，也经常出现生产与需要脱节、价格违背价值、计划赶不上变化的情况。

(二) 非经济的激励手段效力越来越弱

新中国成立初期，人民的政治热情很高，凭着一腔建设国家的热血和奔向共产主义的理想，几乎是不计个人得失地投入工作。但这种热情不可能永远维持下去。从新中国成立之初直到“文化大革命”前夕，中国的经济建设虽然在曲折中取得了较大成就，但在一定程度上压缩了人民改善生活的空间，主要的生活必需品都要凭票证供应，人们的生活需求得不到充分满足。而社会主义所遵循的“按劳分配”原则并没有得到真正的贯彻执行，缺乏必要的激励机制。企业职工“多干少干一个样”；企业盈利与亏损一个样，国有企业不仅没有竞争的压力、盈利的动力，更失去了创新的欲望。而高度集中的财政金融体制也使地方政府缺乏发展经济的主动性，因为所有收入都上缴中央，一切支出也由中央拨付。在这种集中的体制下，个人、企业、地方政府发展经济的积极性和创造性受到了压抑，逐渐养成了“等、靠、要”的习惯。

人民公社制度下的农业生产就是很好的例子。1958年“人民公社化”运动高潮兴起，组织形式上追求“一大二公”，大刮“共产风”，分配上实行平均主义，严重挫伤了农民的生产积极性，加上遭受严重自然灾害，全国粮食产量由当年的2亿吨降至1961年的1.47亿吨，油料产量从477万吨降至181.4万吨。

直到1962年国民经济初步调整后，农村生产关系得到改善，普遍转为以生产队为基本核算单位，“共产风”基本被刹住，农民的生产积极性才有所恢复，当年粮食产量上升至1.6亿吨，比上年增长8.5%，扭转了连续三年下降的局面；油料产量达200.3万吨，比上年增长10.4%；年末生猪存量接近1亿头，而1959年只有827万头。

制度因素对企业和工人生产积极性的影响也是如此。如钢产量在1957年达到535万吨之后，始终徘徊不前，增加很少（“大跃进”时期除外），直到1965年才有了较大幅度提高，达到1 223万吨，这也是由于企业被管得太死，企业和工人缺乏积极性所致。随着经济发展对科技和创新的依赖日益加深，对企业和个人的积极性和创造性的要求也越来越高，计划经济体制激励不足的弊端更加突出，束缚了生产力发展。

（三）计划编制出现偏差导致经济效率低下

与自由市场经济相比，计划经济最大的特点就是根据事先编制的计划安排投资、生产、流通、消费等一系列经济活动，以做到有计划、按比例地发展经济。如果计划能做到绝对准确客观，则可以有效避免混乱和无序。但由于编制计划所需要的信息难以取得，特别是计划编制过程中可能由于主观判断错误等人为因素，而使得计划与现实脱节。也就是说，某种产品生产多少往往不是与需求挂钩，而是变成了自上而下的指令。一旦计划出现偏差，就会出现某类商品生产出来却没有需求，白白浪费了稀缺资源的现象，计划经济的弊端也就越来越明显。

20世纪50年代，在全国推广双轮双铧犁所造成的失误就是一个典型的例证。此项技术的推广没有建立在调查研究的基础上，而只是简单地去完成全国农业发展纲要规定的“从1956年开始，在三年至五年内推广双轮双铧犁600万部”的指标（《1956年到1967年全国农业发展纲要》）。当年设想生产500万部，但国内钢材紧张的条件根本不允许，只好降低指标。特别是当时没有考虑到这种犁不适合在南方水田和北方缺乏畜力的地区使用的实际情况，以致到10月末，已经生产出的170多万部双轮双铧犁只售出了80万部，还有15万部被退回，其余没有退回的，有很大一部分也成了农民家里和生产队墙上的“挂犁”。

（四）经济的自我良性发展能力受到抑制

在市场经济条件下，通过价值规律和市场机制的作用，经济是一个具有自我调节和自我发展能力的体系。然而在新中国成立初期，依靠这种自发调节不能满足重工业优先发展的迫切需要。因此，运用集中的计划手段，通过消费克制、农业积累等方式，推动经济向预定目标加快发展是必要和可以理解的，也达到了预期的效果。但经过一段时期的集中发展，当经济基础有所恢复，并形成一定自我调节和发展的能力后，应特别注重调整经济建设的优先次序。

新中国成立初期，我们所面对的国内、国际环境要求集中精力发展重工业，以提高国家冲破国外敌对势力经济封锁和军事威胁的能力，并建立起独立完整的工业体系。而随着国际局势的发展变化，威胁虽没有消除，但短期内发生大规模战争的可能性也不大。因此，要及时将经济建设的重点转移到满足群众生活需要与提升国家总体能力并重上来。这就要求增加经济中市场调节的成分，注重计划与市场相结合，更多地依靠价值规律逐步改善经济中的各种比例关系。

但是，计划经济后期没有适时地做到这种调整和转变，误以为社会主义只能搞计划经济，市场经济是资本主义体制的专属，把国外的军事威胁和资本主义复辟看得过重，一味地坚持用计划取代市场，以扭曲的方式推动经济，不但造成国民经济失衡，导致积累和消费、工业与农业，以及轻重工业等重大比例关系严重失调，也抑制了微观经济主体的活力，损害了经济体系的自我发展能力。

因此，总体而言，高度集中的计划经济体制促进了中国经济的恢复与发展，说明这一体制与新中国成立初期的生产力发展水平相适应，因而在一段时期内呈现适宜性。但在经济社会条件发生改变之后，理应及时进行调整，逐步放松对经济面面俱到的管制，充分调动人的积极性和创造性，发挥市场的竞争、激励和资源配置作用，进一步助推经济增长。而中国的计划经济体制明显趋于僵化，初期获得成功的做法被当作社会主义经济体制的一般规律加以坚持，甚至成为脱离经济规律和现实条件的教条主义，其负面影响越来越大，最终阻碍了经济发展。

二、计划经济时期的动态调整

对于计划经济体制存在的种种问题和弊端，党和政府并不是没有察觉，也曾围绕着“集中”与“下放”的关系，对计划经济体制进行了多次改革和调整，试图摆脱苏联模式，走出一条属于中国的道路。只不过在整个意识形态大环境下，这种调整的方向和力度都有所欠缺，效果也不尽如人意。

对计划经济体制改革的初步探索始于20世纪50年代中期。毛泽东曾特别指出，对于生产力与生产关系、经济基础与上层建筑之间的矛盾，“光从思想上解决不行，还要解决制度问题。人是生活在制度中的，同样是那些人，施行这种制度，人们就不积极，敲锣打鼓，积极性也提不起来；施行另外一种制度，人们就积极起来了”

(薄一波，1993)。1956年，中国基本完成了生产资料私有制的社会主义改造，同时也是探索中国建设社会主义道路的开端。《论十大关系》是这一时期毛泽东关于经济建设和经济管理体制思想的集中反映。针对原有经济体制“权力过分集中于中央”，管得过多、统得过死、严重束缚地方和企业积极性的弊端，开始了新中国成立以后的第一次经济管理体制改革。

实际上，在改革之初，扩大国有企业自主权曾受到普遍重视，向企业下放决策权的呼声一度占据主导地位。但在1957年“反右派”运动后，“企业自治”和“物质刺激”都被看作是“修正主义倾向”而受到指摘，从此在改革中不再被强调，仅仅向地方政府下放部分管理权和利益支配权就成为1958年经济体制调整的主要内容。

由于此次改革是在以行政配置资源为特征的原体制框架内进行的调整，不仅不能消除计划经济的固有缺陷，地方权力的增强反而更容易破坏全国上下一盘棋的局面，导致忽视经济效益的急躁冒进。从某种程度上说，本轮经济管理权的下放对“大跃进”起到了推波助澜的作用，助长了生产上的高指标和浮夸风，造成了经济工作的混乱。于是，下放的权力不得不再次上收，反而加剧了计划经济体制的集权僵化。

受制于社会主义等同于计划经济这样的意识形态认识，此后进行的多次改革始终是围绕“集中”与“分权”所作的矛盾选择。例如，1966年前夕，中央再次提出了放权的思想，并于1970年开始了以向企业下放权力为中心的大规模经济管理体制调整，与1958年的情形极为相似，后果也毫无二致：在进一步加剧了经济生活的无政府状态之后，此次改革依旧以权力上收告终。

由此可见，中国长期的计划经济体制实践并非是一成不变的，政府总是试图在“收”与“放”之间寻求一种平衡。但遗憾的是，新中国成立后近30年经济发展过程中暴露的实质问题并不是中央与地方权力划分的问题，而是政府与市场边界的调整问题。虽然其间也曾涌现出“三个主体，三个补充”① 这样的思想主张，成为突破单一计划模式、探索社会主义建设道路的重要尝试，但终因认识上的局限等因素而没能成为主流并加以发展。

① 陈云在中共八大上提出：在工商业经营方面，国家经济和集体经济是工商业的主体，一定数量的个体经济是国家经济和集体经济的补充；在生产计划方面，计划生产是工农业生产的主体，按照市场变化在国家计划许可范围内的自由生产是计划生产的补充；在社会主义的统一市场里，国家市场是它的主体，一定范围内的国家领导的自由市场是国家市场的补充。

第五章　制度适宜、激励机制与中国高增长的经济动力

经济增长是使用劳动、资本、技术等生产要素的结果，适宜的制度能够促进经济发展，最关键的原因是通过形成有效的激励机制，发挥积累效应、配置效应和创造效应，推动要素有效投入，优化资源配置效率，从而提高社会总产出和社会福利。对于改革开放以来中国经济的持续高速增长，首先是适宜制度释放和激发了中国人民的劳动热情和创造力，从而为经济增长提供了源源不断的强劲经济动力。

第一节　改革的宏观经济动力和基本路径

一、“不改革就没有出路”

1978 年开始，中国走上了一条波澜壮阔的改革开放之路，至今已经持续了整整四十年并仍在全面推进之中。与以往“改”而不“革”的经济管理体制调整相比，这场划时代的变革之所以能够发生，有着相应的历史条件和背景。

第一，“文化大革命”将中国经济推向崩溃边缘，改革的内在要求比以往任何时候都更加强烈。新中国成立后，通过计划手段对资源的集中配置，中国经济得到初步发展，已经形成了一定的工业基

础，为改革开放、参与国际市场、学习国外技术提供了可能，本应进入驼峰路径的下降区间。但“文化大革命”错误地将阶级斗争当成社会主义时期的主要矛盾，把防止资本主义复辟作为主要任务，在经济上误将计划经济和单一的国有（公有）制作为社会主义必须遵循的原则，造成了新中国成立以来最严重的经济倒退：1967—1976 年，各项经济指标都大大低于 1953—1966 年的平均水平，中国又一次面临历史的抉择。在旧体制不能成功、经济发展严重受阻的情况下，改革的要求首先从内部涌现。

第二，西方和周边其他国家经济快速发展，对中国形成了强大的外部压力。以第三次科学技术革命的蓬勃兴起为契机，欧美国家经历了 20 世纪 50 ~ 70 年代经济发展的“黄金时代”；韩国、新加坡等周边邻国以及中国台湾地区也借此东风，承接了发达国家转移的劳动密集型产业，大力引进外资和技术，外向型经济战略大获成功；日本更是驶入了经济发展的快车道。相比之下，中国在改革开放前虽然也取得了一些成绩，但在总量、结构和质量上都与世界先进水平相去甚远，国内又遭到了“文化大革命”的严重破坏，强烈的反差对中国产生了巨大冲击，改革、发展的愿望进一步增强。

第三，国际局势发生改变，为中国的改革开放和经济建设提供了外部环境。先是 1971 年的“乒乓外交”结束了中美两国 20 多年来人员交往隔绝的局面，接着 1972 年尼克松总统访华，中美关系改善。以此为契机，中国与西方的关系发生了重大变化，为中国与欧美国家建立经贸关系，与世界经济、全球市场相连打开了大门。1971—1979 年，中国先后与日本、联邦德国、意大利、澳大利亚、加拿大、新西兰、美国等发达国家建立了外交关系，与发达国家的贸易也迅速上升。例如，1971 年中美贸易额只有 490 万美元，1972 年尼克松总统访华时上升到 1 290 万美元，到 1979 年中美建交时则急剧扩大到 24. 5 亿美元。这种国际环境及发展态势为中国实施改革开放政策、融入全球化发展浪潮提供了机会与可能。当时中共中央判断，世界大战是可以推迟的，世界的主要趋势是和平与发展。这个判断又为改革开放决策的做出提供了政治基础。

第四，意识形态上拨乱反正，为体制改革提供了思想基础。体制僵化实际上是思想僵化的外在表现。改革开放前对于什么是社会主义、如何建设社会主义的理解是教条的。新中国成立初期把苏联模式当作社会主义的唯一模式去学习、模仿，后来又把国家所有制（公有制）和计划经济当作社会主义的模式加以坚持，而忽略了社会主义也有不同的发展阶段，不同的阶段也应有不同的体制和模式。具体问题具体分析，这本是马克思主义认识客观世界的根本方法，但在对社会主义的认识上，我们却违背了这个原则。为了回到正确的思想路线上，我们抛弃了“两个凡是”的思想，开展了真理标准问题的大讨论，形成了“实践是检验真理的唯一标准”的共识，冲破了极左思想的束缚，批判了以阶级斗争为纲的错误，重新确立了“解放思想，实事求是”的马克思主义思想路线，在意识形态上为改革开放提供了支持。从这个意义上讲，意识形态的调整、思想路线的回归，才是中国改革开放得以启动的最为重要的前提条件。

二、改革的初始条件

第四章的讨论表明，高度集中的计划经济体制的弊端是明显的，特别是后期，已经到了非改不可的地步。但是，计划经济体制下形成的工农业基础、储蓄习惯、政治体制等成为后来改革的重要保证。

第一，改革前大量投资的滞后效应使改革的初始条件非常有利。利用集中的优势，中国在比较短的时期内就在工业体系、农田基本建设、社会组织动员体系等方面取得了巨大成就。例如，到 1978 年，农业机械总动力达到 1.2 亿千瓦，而 1952 年只有微不足道的 18

万千瓦，农田灌溉面积从不足 2 千万公顷增加到 4.5 万公顷；1978 年全国铁路营业里程达到 4.86 万公里，是 1949 年的 2.2 倍，同期公路总里程增加了 10 倍以上，达到 89.02 万公里；初步建成了门类比较齐全的工业体系，特别是钢铁、煤炭、电力等基础行业得到较大发展。这些都为改革开放后经济的高速发展打下了坚实基础。

第二，计划经济时期依靠自我积累实现体内循环的政策为中国赢得了宝贵的独立发展机会。改革开放前，国家大力提倡储蓄，提出了“增加储蓄支援国家建设”的口号，同时采取了压低工资和消费的措施，所谓“新三年，旧三年，缝缝补补又三年”。这种政策和中国人民传统的勤俭持家的习惯造就了中国较高的储蓄率，为适宜于经济增长的良好宏观环境（特别是物价稳定环境）奠定了极为坚实的基础。中国长期实行高估汇率、奖励出口、限制进口的政策，再加上避免财政赤字的理念，使得中国的财政账户和国际收支保持了大体平衡，没有在改革开放后陷入拉丁美洲式的债务危机，这也是中国发展得以实现的重要保证。

第三，中国一直坚持社会主义的方向和中国共产党的领导，使中国的政治局势和宏观经济始终保持稳定，这为中国实行渐进的改革方式提供了保障。与处在过渡时期的许多其他社会主义经济不同，中国并不是由于深刻的宏观经济危机而被迫实行改革的，这意味着不需要施行“休克疗法”。

总之，中国的改革开放是在上述国际与国内、政治与经济、理论与实践的背景下产生的。因此，改革开放决策的做出，不仅是思想认识变化的结果，更是实际发展的需要，是思想、理论适应客观发展要求的产物。

三、改革的基本路径

1978 年 12 月，党的十一届三中全会的召开标志着中国经济体制市场化改革的开始。但是，按照什么方向和原则改革，具体怎样改革，当时并没有现成的答案。中国的体制改革是一个“摸着石头过河”的摸索过程，对社会主义市场经济的认识也是逐步形成的。开始提出“以计划经济为主，以市场调节为辅”，后来又提出“计划经济与市场经济相结合”和“有计划的商品经济”，直到党的十四大才确立了社会主义市场经济的体制。

具体来看，中国四十年来的改革可以大体划分为三个阶段。1978—1992 年是改革的起步和探索阶段。对于长期实行计划经济制度的社会主义中国来说，要打破市场经济等同于资本主义的传统认识并非易事，因此计划与市场的关系总是处于不断的调整之中。1978—1984 年，改革的主导思想是“以计划经济为主，以市场调节为辅”，迈出了市场化改革的第一步。1984 年，党的十二届三中全会通过的《中共中央关于经济体制改革的决定》指出，社会主义经济是公有制基础上的“有计划的商品经济”，这一概念在 1987 年党的十三大文件中得到了进一步的诠释，即社会主义有计划的商品经济体制应该是计划与市场内在统一的体制，市场的地位得以提升。但随后不久，人们对计划与市场关系的认识曾一度出现反复。针对这一现象，邓小平在 1989 年 6 月 9 日强调：“我们要继续坚持计划经济与市场调节相结合，这个不能改。”（中共中央文献编辑委员会，1995）。1990 年 12 月，邓小平更加鲜明地指出，“资本主义与社会主义的区分不在于是计划还是市场这样的问题”。这种认识为市场化的改革扫清了道路。这一时期的改革以农村为突破口，非公有制经济在国有经济的边缘、外围和缝隙中得到了初步发展，对外开放的范围在区域上逐步扩大，取得了一定成效。20 世纪 80 年代中后期曾试图把改革的战略重点从农村转向城市，从非国有部门转向国有部门，但由于理论上的局限，这次攻坚战进行得并不顺利。

1992—2001 年是社会主义市场经济体制初步建立时期。1992 年初，邓小平同志发表南方谈话，进一步明确了“计划和市场都是经济手段”，“计划多一点还是市场多一点，不是社会主义与资本主义的本质区别”。同年 10 月，党的十四大指出，“我国经济体制改革的目标是建立社会主义市场经济体制”。1993 年 11 月 14 日，党的十四届三中全会通过了《关于建立社会主义市场经济体制若干问题的决定》，指出“建立社会主义市场经济体制，就是要使市场在国家宏观调控下对资源配置起基础性作用”，并勾勒出中国社会主义市场经济体制的蓝图和基本框架。按照这一框架，中国改革进入了“整体推进和重点突破相结合”的重要阶段，国有企业改革取得突破，非公有制经济获得长足发展，1994 年分税制财政体制改革开始进行，1998 年金融体制改革在建立现代金融体系、现代金融制度以及从直接调控向间接调控转变等方面取得了一系列新的进展，以企业行为和市场行为为导向的投资体制改革也相继启动。

2001 年以后，党的十六大的召开以及党的十六届三中全会发布《关于完善社会主义市场经济体制若干问题的决定》，标志着中国社会主义市场经济体制改革进入了一个以完善为主题的新阶段。

四、改革的市场化总方向

纵观中国整个改革进程，虽然不同的时期侧重点不同，但总的方向是政府与市场的边界向下调整，即处在驼峰路径的下降区间。1978 年以来中国的体制改革与以往经济管理体制调整最大的不同点在于，不再是行政权力从一级政府向另一级政府的转移，而是一个政府与市场的边界不断调整的过程，是一个向市场分权的过程。第一阶段是探索政府应该在多大程度上为市场留出余地；第二阶段是全面肯定市场在资源配置中的基础性作用；第三阶段是在初步建立社会主义市场经济体制的基础上，以完善新体制为目标，更加有序地全面推进以市场化为核心的体制改革。从总体上看，政府与市场关系的演变过程是从政府排斥市场，到平行的双轨并行，再到逐渐以市场为基础和核心的过程，政府则更多地致力于市场体系的建设与维护。因此，市场化是统领整个改革进程的总体思路，是从集中到分权的真正转变，处于驼峰路径的下降期。在这个总路径上，四个方面的制度变迁构成了中国经济体制改革最重要的部分。

第一，逐步建立了以市场为主配置资源的社会主义市场经济制度。改革开放以前，旧体制的最大弊端就在于高度集权。因此改革就是从简政放权开始，打破这种集中的体制，扩大企业和地方政府的自主权，为市场经济体制的提出和形成奠定了基础。从党的十四届三中全会确立市场经济体制的框架以来，经过十几年的探索和完善，中国基本实现了从计划经济体制到市场经济体制的转变，市场配置资源的基础性作用得到有效发挥，成功地由原来的计划经济体制转向社会主义市场经济体制，为经济持续快速发展提供了良好的条件。

第二，确立了以按劳分配为主体、多种分配方式并存的分配制度。旧体制的第二大弊端就在于收入分配上的平均主义，企业和个人从事经济活动的投入和产出往往错配，抑制了人们进行生产和创新的积极性。分配制度改革就从打破平均主义的“大锅饭”开始，允许并鼓励一部分人先富起来。这是对马克思主义分配理论的一个突破，是对社会主义物质利益原则的形象描述，也是社会主义的基本原则和市场经济的基本要求在分配制度上的体现，为改革发展引入了动力机制。

第三，形成了以公有制为主体、多种所有制共同发展的基本经济制度。1978 年以来，乡镇企业的异军突起使国有、集体一统天下格局有所改变。此后，非公有制经济从无到有，从小到大，从“社会主义公有制经济的有益和必要补充”，发展到“社会主义市场经济的重要组成部分”。与此同时，国有企业的改革也从最初的重新划分收益逐步发展到建立现代产权制度。最终形成了有中国特色的基本经济制度，其核心是两个“毫不动摇”，即发展公有制经济毫不动摇，发展私营、个体经济毫不动摇。基本经济制度的形成直接推动了中国经济发展。乡镇企业大发展对于增加工业消费品供给发挥了巨大的作用，否定了“社会主义经济等同于短缺经济”的论断，同时民营经济的迅猛发展也对国有企业形成了竞争压力，使得国有企业改革一再向前推进，促进了经济发展。从党的十五届五中全会提出国有企业改革决定，到党的十六大提出建立现代产权制度，实现了企业的国家所有与市场经济的良好结合。此后国有企业效益不断提高，也说明了所有制改革卓有成效。

第四，形成了全面支持对外开放的经济制度。经济全球化的发展、国与国经济相互依存性的增强，使得对外开放成为一国经济发展的必由之路。对外开放战略的实施在改革初期有着重要的现实意义。当时，引进技术设备面临着外汇短缺的问题，中国选择了依靠出口解决外汇来源的问题，而扩大出口最直接的办法就是发展加工贸易。因此，中国经济的对外开放始于加工贸易，逐步形成了由点到面、由沿海到内地、由一般领域到关键领域、由“引进来”到“走出去”的全面开放态势。过去四十年，外商的资本、技术与中国廉价劳动力相结合，已经在劳动密集型产品和相当多的资本与技术密集型产品方面形成了在全球的强大竞争优势，随着国力的增强，中国与世界的交往也早已不仅限于贸易方面，而是发展到服务、投资等经济生活的方方面面，甚至还包括社会、文化等领域，形成了全方位开放和全面融入世界经济的局面。这种态势对国内改革起到了催化作用，形成了以开放促改革、以开放促发展的局面。

第二节　逐步市场化与微观经济动力的激发

四十年来的改革可以说涉及社会经济生活的方方面面，千头万绪，但总的方向是通过逐步市场化来激发微观经济动力。这一目标的实现，主要是通过如下三个方面的制度建设来实现的：通过分权让利还原了个人、企业的经济主体地位，解决了竞争和激励问题，在各类市场主体的逐利行为下，促使更多的经济资源投入到生产活动当中；通过发挥市场的调节作用，解决了集中决策的信息成本问题，各种经济资源得到更加有效的配置，提高了经济效率；对外开放极大地扩充了市场范围，发挥了比较优势和后发优势，提高了中国经济的竞争力。三者的有机结合，为中国的高速增长提供了强大的微观经济动力。

一、通过分权让利强化经济激励

分权让利是解决激励不足问题的主要手段。计划经济时期，中央政府始终是全局的指挥者，个人、企业包括地方政府都不同程度地接受中央的计划和安排，要服从“全国上下一盘棋”的需要，不是人支配要素而是要素支配人。微观经济主体的动力主要来自政治热情和非物质激励手段，但这种动力总体上说难以持久。因此，改革的一项重要内容，就是分散过于集中的权力，引入竞争机制，强化经济利益对经济主体的激励作用。

第一，农村家庭联产承包责任制。改革前，重工业优先发展战略几乎将农业剥夺一空，广大农民在人民公社制度下只能通过保留人力资本投入减少潜在的损失。1978 年起，“包干到户”的浪潮首先在安徽兴起并迅速推广至全国。“交够国家的，留够集体的，剩下都是自己的”——家庭联产承包责任制、统分结合的双层经营体制取代“三级所有、队为基础”的人民公社制度，赋予了农民对生产剩余的索取权，极大地调动了亿万农民增加劳动投入的积极性。到 1984 年末，全国 99% 的生产队和 96.6% 的农户实行了包干到户（董辅礽，1999），宣告了人民公社的终结。1978—1984 年，农业总产值年均增长率达到 7.7%，比 1967—1977 年提高了 5.6%，在农业生产条件没有发生本质变化的情况下，充分反映了农村经营制度变化对生产的促进作用。

第二，乡镇企业异军突起。20 世纪 70 年代末，农村家庭经营体制的确立和富民政策的实施引发了两种剩余：一是生产剩余，二是劳动力剩余。两者结合之下诞生的乡镇企业，既为农村参与工业化提供了现实条件，也成为农民增收的重要来源。由过去的限制发展到允许乃至鼓励发展，实际上是对企业控制权的放松。乡镇企业能够在体制外取得快速发展，在整个 80 年代成为推动经济快速发展的重要力量，关键是其兼容了集体所有制与企业自主经营的灵活性。

第三，非公有制经济发展。非公有制经济的发展，是国家对企业所有权控制一步步放松的结果。党的十一届三中全会以后，随着传统所有制观念的略微松动，“个体经济”在城市开始兴起，其后，特别是 1992 年以后，从“有益补充”到“重要组成部分”，非公有制经济在所有制结构中的地位逐步确立。由于产权非常清楚单一，经济利益的激励作用发挥更为充分，个体私营经济迅速发展壮大，并对中国经济产生了重要的支撑作用。与此同时，随着对外开放战略的推动实施，外资、中外合资、中外合作企业大批建立，不仅弥补了国内资金的不足，迅速形成了可观的出口能力，带来了先进的技术和管理经验，而且提高了国内企业的竞争意识，推动了中国市场经济的迅速发展。

第四，国企改革。1992 年以前，国企改革基本没有触及产权问题，但通过放权让利、利改税和承包制等手段，对企业剩余进行了重新分配，逐步形成了以经济利益为主的激励机制，也促进了国有经济的进一步发展。1992 年党的十四大以来，以产权改革为核心，以建立现代企业制度为目标模式，国企改革进入深化阶段，要让企业真正成为适应市场经济的参与主体，这是对具体企业的放权和激活。1997 年，党的十五大诠释了公有制经济的含义以及体现了公有制的主体地位，一方面极大地推动了国有企业的股份制改造，另一方面实现了国有经济布局“有进有退，有所为有所不为”的战略调整，这是国家在全局层面上的放权，激发了整个经济的活力。

第五，收入分配制度改革。收入分配制度的改革经历了收益绩效挂钩到纳入要素分配的进程，是在分权过程中形成激励机制的主要手段。20 世纪 70 年代末，随着公有制特别是国有经济占绝对主导地位的局面被打破，资本、土地等要素由国家或相关公有组织占有、支配、使用的情况也出现了很大变化。中央适时提出“确立劳动、资本、技术和管理等生产要素按贡献参与分配的原则，完善按劳分配为主体、多种分配形式并存的分配制度”，充分调动行为主体从事生产、经营活动的积极性，打破平均主义对生产要素和人力资源合理配置与发挥作用的束缚，促使更多的潜在资源转化为现实的经济资本。

第六，向地方政府放权。严格地讲，地方政府并非经济主体，但政府直接拥有一些重要资源的配置权，通过对各级政府的分权让利，调动各级政府的积极性，是中国体制改革中的一项重要内容。首先，财政体制改革实现了财权的适当转移。1980 年开始实行“分灶吃饭”的财政包干，使地方政府的财政利益与本地经济效益相联系。1994 年实施分税制改革，在明确各级政府事权的基础上，合理划分中央与地方税种收入和财政支出，营业税、地方企业所得税等税种划归地方，极大地刺激了地方发展经济的积极性，一方面促使地方加大了对集体、私营企业的支持力度，另一方面由于企业效益直接与财政收入挂钩，使地方政府不可能容忍国有企业那样的预算软约束和长期亏损，提升了经济的效率与活力，成为经济增长的重要推动。其次，土地经营权成为地方政府手中可供支配的主要资源，是除财政以外的重要经济激励。土地经营权的运作大大促进了地方城镇化和工业化进程，在引进外资过程中，土地低价出让与税收减免共同成为主要的优惠政策，使中国成为最具吸引力的投资目的地。①

总之，放权意味着多个主体的出现，这是实现竞争和向市场经济转变的必要条件。此外，竞争与激励同在。劳动者之间的竞争、不同所有制企业之间的竞争，甚至地方政府之间的竞争，都更加凸显了放权的激励作用，强化着各个经济主体创造收益、创造价值的努力，调动更多的人、财、物投入到有效的经济活动中去，实现了资源的有效配置。在竞争和激励的共同推动下，市场主体的成长必然要求更加完善的市场环境，进而将对市场机制的建设提出更高的制度变革要求，督促政府将市场化改革不断向纵深推进。

二、扩大市场的作用范围

中国改革的第二项基本内容是逐步扩大市场的作用范围，以解决资源配置效率低下的问题。由于众多具有经营自主权的利益主体

① 中国实行的土地政策并非一个完善的政策。这里只是说明这一政策在引进外资过程中、在充实地方政府财力方面具有重要作用，而不是对这一政策的优劣、正确与否作评价或判断。

出现，政府再也不能对经济实施完全的直接控制。同时，为了健全市场作为各类经济信息集中、交换、扩散的基础机制，为上述各类主体营造分散决策、科学决策的前提条件，提高资源的配置效率，将体制上的激励转变为现实，政府还必须改变原有的行为方式，将价格、物资、金融等方面的计划管制，交由市场自发完成；将行政指令转变为遵循经济规律、依靠经济手段的间接调控，以便增强经济自我良性发展的能力。

第一，市场体系的培育和完善。市场体系的建立和发展，既是体制改革的重要内容，也是分权后各类经济主体生存发展、创造价值的必然要求。中国市场体系的发展经历了一个从自发形成到自觉培育、从边缘发展到全面推进的过程：先是农贸市场为农村改革后的产品剩余提供了自由交易的场所，随后由个体劳动者形成的城乡集市成为人们喜闻乐见的形式，企业自主权的扩大和对非公有制经济的鼓励使得体制外的竞争性市场迅速成长，最终各类企业都需要借助生产资料市场、金融市场来实现再生产的循环，企业和个人都需要在劳动力市场上进行双向选择。随着1992年党的十四大明确了中国经济体制改革的目标是建立社会主义市场经济体制，中国的市场化进程开始发生质的变化，已经初步形成了包括消费品市场、生产资料市场、金融资本市场、劳动力市场、房地产市场、技术市场等在内的较为完整的市场体系，形成了以市场为基础的资源配置方式，为各类主体释放活力、推动增长提供了载体。

第二，价格体制改革。价格信号是市场正确运行的基础。计划经济时期价格管理体制过于集中，重工业优先发展战略造成农工产品比价不合理、工业品内部比价不合理、服务业定价偏低、部分商品购销价格倒挂等一系列价格体系的扭曲，造成农业萎缩、产业结构失调、个体积极性受损，严重制约资源的配置效率。因此价格体制改革是理顺整个经济关系的枢纽。通过“双轨制”这样的独创形式，逐步放开价格，强化了以市场为基础的定价机制，使价格水平成为市场信息的真实反映，成为主体进行正确决策、推动经济繁荣的必要条件。所谓价格“双轨制”就是计划内和计划外产品的价格不一样。在农村，农民按国家生产计划完成的农产品由国家按统一规定的价格收购，农民在完成国家收购计划之后多生产的农产品可以在自由市场上出售，价格由市场决定。企业也是一样，按国家计划完成的产品根据国家规定的价格出售，计划之外的产品由企业自行出售，价格由供需双方议定。

第三，由直接控制向间接调控转变。计划经济时期，国家通过高度集中的金融和财政体系掌握了绝大部分经济资源，通过计划、投资和信贷直接加以配置。在改革中，要促进市场体系的发展，政府也必须改变自己参与经济的方式，变直接干预为间接调控。在计划管理方面，由强制性向指导性转变，由指标型计划向宏观型、战略型和政策型计划转变，改进计划方法、增强科学性，使计划的职能从经济控制转向经济调控，使市场主体能够在更广阔的领域充分发挥自主性，减少对经济的扭曲。在投资体制方面，改变了中央主导、行政命令和国家拨款的投资体制，形成了多元化的投资主体和多渠道的资金来源，不仅改变了原有的集中决策模式、提高了投资效率，也促使投资成为拉动中国经济增长的重要方面。在金融体制方面，打破中国人民银行“大一统”的局面，建立了多种所有制的商业银行和非银行金融机构，创建了股票市场，大大拓宽了企业的融资渠道，宏观调控也从直接方式过渡到间接方式。

三、逐步扩大对外开放

中国改革的第三项基本内容是逐步扩大对外开放。对外开放是国内市场化改革向国际市场的延伸，也是凭借外力实现跨越式发展的重要举措。1978年以前，一方面由于国际环境限制，另一方面主要是经济实力较弱，没有多少可供贸易的产品。除了一些初级产品和农产品外，几乎没有工业制成品和机电产品，对外贸易的规模也不大，参与国际市场的水平很低。1978年以来，对内改革和对外开放同时启动。与以往被迫打开国门不同，中国这次开放是主动参与、利用国际市场、国际贸易和国际分工，通过主动参与、学习、借鉴其他国家发展经济的经验，引进国外先进的管理方式，利用国外的资金、技术、人才，改革自身落后的投资、生产、流通、消费体制，以适应经济全球化的需要，促进经济发展。

首先，对外开放成功地利用了国际、国内两个市场和两种资源，为中国经济的发展注入了强劲动力。一方面，与国际市场接轨意味着可以享受资源全球化配置的收益。开放前，从封闭的视角来看，中国只是一个人口众多、底子薄弱、资本稀缺、困难重重的发展中大国；开放后，在国际分工体系下，中国却凭借丰裕的劳动力资源，吸引了大量外资，将相对劣势转化为后发优势。引进外资的同时也带来国际先进技术和管理经验，以学习借鉴为基础，为在较短时间内实现技术和能力意义上的另一种“赶超”创造了条件。另一方面，在体制改革渐次推进、国内市场体系无法瞬间就位的情况下，将目光转向国外，用国际市场作为国内市场的替代，大力实施出口导向战略，极大地扩充市场的比重和容量，引入外部竞争，不失为明智之举。

其次，中国的对外开放是有选择的渐进开放，既享受了全球化带来的收益，又降低了盲目开放的潜在风险。一是地域范围上有层次地开放。20世纪80年代初，在对广东、福建两省实行特殊政策的基础上，正式批准在深圳、珠海、汕头、厦门成立经济特区，引入“以市场调节为主的区域性外向型经济形式”。90年代起进一步向长江沿岸城市和内陆省区、内地沿边城市推进，最终才形成了多层次、有重点、点面结合的对外开放格局。局部市场的扩大和有步骤地开放为开展对外贸易、充分利用外国资金技术与经验提供了有益的尝试。二是在开放方式上对内保护与对外开放并重。2001 年加入世界贸易组织以前，中国总体上采取的是出口导向战略，着眼点主要在于开拓国际市场。与此同时，由于国内企业和产业仍相对弱小，还不足以经受国际竞争的强烈冲击，对国内市场和产业更多地采取了保护的态度，提出了“奖励出口，适当限制进口”的方针。1981—1985 年，中国实行的是官方汇率与贸易外汇内部结算价并存的汇率双轨制，[①] 官方汇率主要用于非贸易外汇收支，而贸易结算价与官方外汇牌价之间的差价实际上是对外贸出口的一种支持，同时对进口起到了一定的抑制作用。1985 年以后，取消了内部结算价，1988 年增加了外汇留成比例，普遍设立外汇调剂中心，放开外汇调剂市场汇率，形成官方汇率和外汇调剂市场汇率并存的局面。外汇调剂市场的发展促进了留成外汇额度变现，调剂汇率与官方汇率日益扩大的价差代替了财政对出口的补贴，并增加了外汇储备。除此之外，还通过进口配额等非关税壁垒的设置，使进口主要向发展所需的技术设备等资本品倾斜，对一般消费品进口有所限制，对外国投资也保持了有选择的接纳，以便保护民族企业和关键行业。直到近年，在国家实力和竞争力显著提高的基础上，才逐渐降低了开放的门槛，由局部的地区性开放转变为全方位开放，由个别领域、一般领域的开放过渡到各个行业、关键领域（特别是金融领域）的普遍开放，由以单方面为主的自我开放发展为“请进来”与“走出去”相结合的交互式开放。渐进的开放模式为更好地融入国际体系积累了宝贵的经验，提高了驾驭风险的能力，有效地避免了拉丁美洲国家过早实行经济自由化的痛苦经历。

① 官方汇率为 1 美元兑换 1.5 元人民币，贸易内部结算汇率为 1 美元兑换 2.8 元人民币。

第三节　制度适宜激发劳动热情

在所有大国中，中国现代化的初始条件是最差的。中国的国情是人口多、底子薄，这一特点经过了新中国成立以后20多年的发展并没有得到根本性转变。但是，从另一个角度来看，人口多也是中国的一个资源优势，发挥这一比较优势，对中国的现代化进程具有决定性作用。中国改革开放正是从农业这一就业人数最多、释放能量最快的产业入手，逐步向工业和城市扩展，通过产权、分配等一系列制度安排，激发劳动者的劳动热情和劳动潜力。

一、农村改革激发了农民的劳动创造性和积极性

要理解中国的农村改革，必须回顾从新中国成立到改革开放以前的情形。总体来看，新中国农村经济的制度变迁经过了新中国成立初期、集体化时期和改革开放三个阶段。

（一）新中国成立初期（1949—1958年）

新中国成立前，中国农村的基本经济制度是封建土地私有制，土地占有严重失衡，农村中不到10%的人口占有70%的耕地。1948—1952年，中国完成了农村土地改革，使全国3亿多无地和少地的农民获得了7亿亩耕地，原来被地主和富农占有的农业生产资料也被无偿分配给雇农和贫农。封建土地制度的破除极大地激发了广大农民的劳动热情，解放了农村生产力。1952年与1949年相比，农业总产值增长了48.5%，粮食产量增长了44.8%。

由于土地改革后农村的生产资料如大牲畜、农具比较匮乏，农

业生产力水平低，一些地方的农民在自愿互利的基础上，组织了互助组和初级农业生产合作社。农民加入和退出这些互助合作组织都是自由的，土地和生产资料私有，虽然是集体劳动，但分配上是自负盈亏或按劳分配。加入和退出的自由使得如果不能在事实上做到按劳分配，农民就可以退出这种合作。这种制度安排保证了农民多劳多得、少劳少得、不劳不得，较大地调动了农民的生产积极性，表现出了制度效率，农业生产效率也不断提高。1958 年与 1953 年相比，农业总产值增长了 28%，粮食产量达到 2 亿吨，是新中国成立以来的最高水平。

（二）集体化时期（1959—1978 年）

从 1955 年开始的“合作化高潮”改变了农业生产合作的自愿和自由性质。1957 年末之前，以“高级社”为组织形式的高级合作化完成。从 1958 年 3 月开始，当年就实现了人民公社化。在高级社和人民公社这两种制度下，土地和其他生产资料都被收为公有，社员全部交出自留地，并将私有房基地、牲畜、林木等生产资料悉数收归公社所有，只允许留下少量家畜、家禽；农民必须加入公社，没有退出的自由；政社合一制度（包括户籍制度、粮票制度、口粮制度等）的确立，限制了农民的身份自由。农民失去了对生产资料的占有权，失去了对生产决策的自主权，失去了对劳动成果的支配权，失去了身份自由。生产什么，生产多少，生产资料由谁供应，生产之后卖给谁，都由政府说了算，作为生产者的农民只能被动接受（吴敬琏，2003）。这种高度集中的制度大大超越了当时中国农村生产力发展现实，因此很难得到农民的拥护，也就不容易成功。由于农业生产具有周期长、季节性强、空间分布广等特性，在对农业劳动的计量中存在极为严重的信息不对称现象，使得计量非常困难。分配上的工分制根本就无法将工作报酬与实际劳动数量和劳动质量较好地挂钩，使得“干多干少一个样，干好干坏一个样”，导致了严重的逆向选择和道德风险，逆向选择表现在那些懒惰的人最想加入并维持这种制度，而道德风险则表现为一旦加入后，即使本来勤劳的人也会自觉不自觉地降低劳动投入，在“出工一窝蜂，干活大呼隆”的集体劳动中，“出工不出力”的“搭便车”现象极为普遍，这是对勤劳致富传统的巨大破坏，鼓励了不劳而获和懒惰，极大地打击了农民的生产积极性。

压抑农民劳动积极性的制度后果很快就反映在农业生产上。1959 年中国的农业产值和粮食产量下降了 15%，1960 年粮食生产又下降 10%；直到 1966 年，粮食生产仅仅超过 1958 年的水平。这种以“队为基础、三级所有”的农村集体经济制度一直持续到 1978 年。在 1959—1978 年的 20 年间，中国的农业总产值年均增长仅为 2%，粮食产量年均增长仅为 2.1%，相比之下，1953—1958 年农业总产值年均增长 4.2%，1949—1958 年粮食产量年均增长 6.5%。

（三）改革开放（1979 年至今）

1978 年末召开的党的十一届三中全会开启了中国农村的改革。一些地区农村生产队开始试行分组核算，但这不能完全调动农民的生产劳动热情。安徽和四川的部分农民开始自发地实行包产到户，这种做法迅速在省内扩大，并得到中央的认可和支持。从 1982 年开始，中共中央连续 5 年以一号文件的形式，肯定和完善农村家庭联产承包责任制这一基本的农村经济制度。到 1983 年末，全国包产到户的农户占农户总数的 94.5%。

与 1959—1978 年的农村经济制度相比，农村家庭联产承包责任制使农民重新获得了身份自由，虽然土地仍然是公有，但恢复了私用，其他生产资料实行了私有私用，个体劳动取代了集体劳动，自负盈亏取代了统一分配和工分制，重新实现了真正的按劳分配。

吴敬琏（2003）认为，家庭联产承包责任制使农民获得了三种形式的财产权。一是私人财产，这主要由存款、私宅、家用生产资料和生活资料构成。二是土地的使用权。尽管土地所有权属于集体所有，但由于其经营权归农民，并且允许长期承包，这就使农民获得了前所未有的收益权。三是农民人力资本支配权。农民获得了支配自己的权利，因而在流动和择业的过程中，其观念、意识有了很大改变，素质有了很大提高。

家庭承包经营制度的实质是实现土地所有权和使用权在一定程度上的分离，即在不改变土地所有权的情况下给予农民承包期内土地的使用权（吴敬琏，2003）。在这种制度下，农民并没有获得完备的土地产权，因为土地仍然归国家所有，农民无权转让和买卖。但这种制度安排较好地适应了中国的国情，发挥了应有的激励作用。首先，与改革前几乎没有任何个人财产的状况相比，有限的财产权为提升农民的劳动意愿提供了强有效的激励。而且中央两次延长土地承包合同，1985 年全国各地普遍签订了 15 年的承包合同，1993 年中央提出将土地承包期再延长 30 年，契约的长期性和延续性有利于稳定农民的预期，并为其生产劳动提供持久、稳定的激励，也增强了农民对土地进行资本性投入的动机。激励人的方法很多，但没有什么方式能比财产权利本身提供更持续、更有效的激励。改革后农民相关财产权利的获取对于促进农业生产的蓬勃发展起到了决定性的作用。其次，在整个改革过程中，随着农业税收逐步减少，尽管农民没有转让和出售土地的权利，但在使用过程中的个人收益率总体上越来越接近社会收益率，因而对生产的激励作用与拥有全部产权的区别并不大。此外，土地归集体和国家所有，禁止农民转让，也符合中国人多地少的国情。中国有 13 亿人，有 8 亿人生活在农村，人均耕地很少，有限的土地是其主要生活来源，即使对农民工来说，也往往是其最终的依靠。在农村社会保障极为不健全的情况下，如果土地完全私有化，农民一旦丧失土地，可能会变得一无所有，严重影响社会的稳定。因此，中国的看似残缺的土地所有权，实际上在有效发挥激励作用的同时，有力地保障了社会的长期稳定。

国有土地制度不但保障了大规模基础设施的建设，为经济发展奠定了基础，而且对国民经济快速增长产生了持续性拉动作用。与绝大多数发展中国家不同，中国没有听从一些国际组织和发达国家对包括土地在内的经济要素私有化的建议。由于土地没有私有化，这就为基础设施的发展和城镇化的发展打下了最重要的基础。纵观大多数发展中国家，由于实行土地私有化，结果使国家的基础设施建设常常难以顺利完成。因为一条道路要通过一些私有土地必须征得其所有者的同意，否则就建不成这条路；即使能征得同意，政府也可能负担不起买回土地的费用。而中国的土地是国有的，国家可以使用，其成本是可承受的，这为中国良好的基础设施建设以及由此引发的巨大投资倍数效应提供了重要保障。

1979—1984 年，中国农业生产取得了新中国成立以来最快的发展。农业总产值年均增长 7.3%，粮食产量年均增长 4.95%。一样的天、一样的地、一样的人，为什么改革开放前后中国农业生产会有如此大的差异？其最为重要的原因就在于制度的变化。经济学家估计，中国由家庭联产承包责任制取代原来的农村集体经济制度这一变迁对中国农业生产力的贡献份额在 20% ~ 50%，有的学者的估计值甚至高达 70%（卢现祥，2003）。林毅夫（1994）测算，各项农村改革对 1978—1984 年的农村产出增长贡献率总和为 48.64%，其中，家庭联产承包责任制的贡献率为 46.89%。

家庭联产承包责任制的推行还促进了乡镇企业的发展。家庭联产承包责任制的推行使农业生产大幅增长，为农村工业的发展提供了剩余；同时，劳动生产率的提高使大量农村剩余劳动力从原先在人民公社体制下的隐蔽失业状态中浮现出来，并获得成功释放；农民合法地拥有了向非农产业流动的自由，获得了支配自己的权利，农村中的劳动力有了发挥自己创造精神的机会，人力资本有了很大的增长和提高。除了满足乡镇企业需要外，改革还促进了农村劳动力大规模转移，增加了城市劳动力供给。

二、企业改革提升了企业职工的劳动意愿和劳动效率

改革开放前后，城市经济发展也经历了由单一公有制下的计划经济向多种所有制形式并存的市场经济的过渡，城市经济的主体——企业和城镇劳动者的活力也经历了一个由压抑到释放的过程。

旧中国的工业基础十分薄弱。新中国成立以后，经过三年恢复和“一五”时期，中国工业取得了快速的发展。受苏联模式影响以及为了应对当时的外部军事威胁和政治经济压力，中国选择了以重工业化为中心的发展战略，实行高度集中统一的计划管理。这种体制适应于当时较低的社会生产力水平，对于集中有限的财力、物力和人力，以及恢复经济和初步建立工业化基础是有积极作用的。然而，在建立了初步基础以后，继续实行这种管得过多、统得过死的体制，就会压抑企业和劳动者的活力。对企业来说，实行统分统配、统收统支、统一计划、直接管理，企业变成了生产车间，生产什么、生产多少、产品价格、销售渠道都由国家决定。企业缺乏经营自主权，导致企业活力和效率低下。

对城镇劳动者来说，实行的是“大锅饭”和“铁饭碗”式的分配制度，形式上是按劳分配，实质上是平均主义，收入水平难有显著提高，压抑了竞争，滋长了劳动者依赖国家、得过且过的惰性，严重影响了劳动者积极性的发挥，不利于效率的提高和经济的增长。

扭曲的宏观政策环境和高度集中的资源计划配置制度都是传统经济体制中的深层次问题，无法直接判定它们的负面影响。在现实

中最容易看出的是企业的生产经营缺乏效率和生产者缺乏积极性之间的相关性，所以1978年以后的改革从微观经营机制入手，试图通过建立劳动激励机制，诱发劳动者生产经营的积极性，达到提高生产效率的目的（林毅夫、蔡昉、李周，2003）。1979年以来的国有企业改革，提高了企业的经营自主权，引入了竞争机制，为企业及其内部人注入了不同程度的利润动机，打破了传统经济体制下“大锅饭”“铁饭碗”和“一朝进入，终身无忧”的局面。随着国家社会保障制度的改革，过去由国家“统包”的福利也一一取消，人们要面临市场化的住房、医疗、教育和养老，生存和发展的压力迫使人们努力工作，效率得以提高。

三、收入差距的制度性拉大提高了人们的危机意识和竞争意识

改革开放前后，在分配制度上，中国经历了由平均主义向按劳分配的转变。适宜的分配制度激发了国民的劳动热情和积极性。

中国计划经济的一大特征是较为严重的平均主义分配格局。国内外研究表明：改革开放前夕中国城镇内部的收入差距是相当低的，基尼系数大约为0.16；农村内部虽然由于区域差异性的存在，收入差距高于城镇，但仍处于较低的水平，基尼系数为0.22左右。[①]

新中国成立后，由于急于过渡，中国当时把带有小农经济色彩的平均主义和共产主义理想等同起来，在分配制度上采取了“大锅饭”式的平均主义，个人收入趋于均等化。计划经济体制下平均主义的分配制度极大地挫伤了农民和工人的劳动积极性，对经济增长

① 国家统计局估计1978年城镇基尼系数是0.16，Adel man和Sun ding估计城镇基尼系数是0.165，而世界银行估计1980年城镇基尼系数是0.16；国家统计局估计1978年农村基尼系数是0.212，Adel man和Sun ding估计农村基尼系数是0.22（李实、赵人伟，1999）。一般认为，基尼系数在0.2以下，分配过于平等，0.25～0.35为中度不平等，0.4以上为高度不平等。

产生了很大的负面影响。邓小平就曾经指出："我们坚持走社会主义道路，根本目标是实现共同富裕，然而平均发展是不可能的。过去搞平均主义，吃'大锅饭'，实际上是共同落后，共同贫穷，我们就是吃了这个亏。改革首先要打破平均主义，打破'大锅饭'"（中共中央文献编辑委员会，1995）。

1978年党的十一届三中全会后，中国的分配制度改革也同时启动。1978年12月邓小平在为党的十一届三中全会作准备的中共中央工作会议闭幕式上，就已经明确提出允许一部分地区、一部分企业和一部分人先富起来的政策。农村和城市在分配制度上的改革就是由平均主义向按劳分配转变。

一般地说，收入差距对劳动积极性会产生以下四个方面的效应：

一是收入差距的竞争效应。收入分配格局变化及其差距的适当拉开，有利于利益主体围绕经济利益高低和利益差别进行竞争，如在劳动力市场上，劳动力要素为了获得更高收入，就会围绕高收入行业和部门进行竞争，从而使该行业劳动力通过优胜劣汰实现更有效率的配置；另外，高收入者之间为获得更高的收益也会展开竞争，低收入者之间同样也是如此，这样各个阶层收入者之间通过平等竞争和优胜劣汰，既提高了劳动效率，又增加了收入。相反，在一个平均主义的收入分配格局中，则不会产生这种激励的竞争效应（权衡，2005）。

二是收入差距的示范效应。适度的分配差距可以引起人的攀比，刺激人的需求和欲望，从而可以"产生极大的示范力量，影响左邻右舍，带动其他地区、其他单位的人们向他们学习。这样，就会使整个国民经济不断地波浪式地向前发展，使全国各族人民都能比较快地富裕起来"（中共中央文献编辑委员会，1995）。

三是收入差距的社会效应。如果一个社会收入分配差距过大，出现两极分化和严重贫困的社会阶层，人们在社会横向和纵向的比较中不能产生公平感，就会造成心理的失衡，使积极进取观恶化为嫉妒甚至仇视的情绪，不仅使任何激励手段和激励方式丧失应有的激励效用，而且会产生负激励效果。因此，一个合理的收入分配应该既有利于社会稳定，又有利于经济持续增长。

四是收入差距的转轨效应。转轨经济的一个重要特征就是基本制度建设和完善的法律环境远未形成，这就为部分人利用制度漏洞进行投机提供了机会。当收入差距更多地来自体制、制度、腐败等原因时，会极大地挫伤人的劳动积极性和创造性。

因此，收入差距对于提升劳动积极性和经济增长水平是一把“双刃剑”，既有示范效应和竞争效应带来的正面影响，也有社会效应和转轨效应带来的负面影响，多方面效应相互作用的结果，才是收入差距对劳动积极性和经济增长的净效应。理论和实践都证明，绝对的平均分配不利于调动劳动者的积极性和促进经济发展。设计适宜的分配制度，适度地扩大收入差距并将其控制在合理的范围内，就会对经济产生以示范效应和竞争效应为主的正面影响；如果收入差距，特别是不合理的收入差距过大，超过了社会公众的承受程度，社会效应和转轨效应就会占据主导地位，对经济增长产生负面影响。对一国经济增长而言，劳动积极性扮演了非常重要的角色。而能否激发劳动力的劳动积极性，提升其劳动意愿，主要是由制度安排是否合理、利益激励和管理监督机制是否有效以及劳动者利益是否得到充分保障等制度因素决定的。计划经济体制在后期不适应变化了的经济社会形势，“大锅饭”和“搭便车”行为使劳动意愿受到很大抑制，不能有效激发劳动积极性，经济发展必然缓慢。改革开放后的制度安排建立和引入了劳动力激励机制、监督管理机制和竞争机制，解决了劳动行为的动力和压力的问题，人们的劳动积极性得到了充分发挥，整个经济的劳动生产率相应提高，在产出增加的同时人们的收入水平也逐步提高，进一步激发了劳动的积极性，进入了一个良性循环的路径。

第四节　制度适宜激发投资热情

改革开放以来，中国保持了高水平的资本积累。高投资在创造当期总需求的同时，也通过完善基础设施、扩大生产能力提高了未来的供给，从而为中国经济持续快速增长提供了有力支撑。中国的改革开放为投资的持续高速增长提供了强劲的经济动力。

一、制度适宜提高企业投资积极性

企业投资来自两个动力：一是有利可图，二是对利润享有支配权或所有权。传统计划经济体制下，企业生产和经营没有自主性，生产资料由国家计划供应，产品由国家包销和调拨，财务上则统收统支，企业利润全部上缴，亏损由国家弥补，企业用工和工资分配也完全由国家计划安排。“政企不分”的制度安排使得企业既缺乏激励机制，又缺乏约束机制，严重束缚了企业进行投资的积极性和有效性。

改革后主要从三个方面激发投资主体的积极性。一是通过不对称的价格安排，提高企业投资收益，让企业有利可图；二是通过放权让利，为国有企业注入了利润动机，让个人利益与企业效益挂钩；三是通过私有产权保护，为非公经济的发展注入了活力。

（一）提高企业盈利能力和投资意愿的价格“双轨制”

新中国成立后为了通过发展重工业实现工业化，中国对价格水平进行管制，通过人为压低生产要素和产品的相对价格，实行低物资（原料、材料、燃料）价格政策、低产品（最终产品和服务）价格政策、低利率（资金使用价格）政策、低汇率（外汇价格）政策和低工资（劳动力价格）政策，来支持重工业的发展。改革开放初期，为了解决非公经济的供销渠道和产品定价问题，中国做出了一种特殊的制度安排，对于计划内的流通物资，仍按国家管制的计划价格购买和销售，对于计划外的流通物资，则按由市场机制决定的价格购买和销售，即实行所谓的“双轨制”。随着国民经济中非计划经济份额的扩大，在计划外流通的商品数量也日益增多，市场定价的范围逐步扩大，市场价格作为资源配置信号的作用逐步加强。

中国价格改革是逐步推进的，循着消费品价格改革、生产资料价格改革、要素价格改革的顺序进行。虽然改革的总体趋势都是由计划管制转为市场决定，但由于存在改革时间上的先后顺序，在终端产品和消费品价格逐步放开的同时，仍有相当份额的生产资料价格存在管制，例如，到1992年，产品价格中由市场决定的比重已经达到93%，而生产资料价格中由市场决定的比重才达到73.8%（林毅夫、蔡昉和李周，2003）。汇率、利率等生产要素价格的改革则更为滞后。这样，在相当长的一段时期内，企业面临的是市场化的最终产品价格和人为压低的生产资料和要素价格，这种价格制度安排和改革时间上的不对称性提高了企业生产投资的边际收益率，从而在一定程度上促进了企业投资。

（二）调动国有企业投资积极性的放权让利

党的十一届三中全会以后，中国开始对国有企业进行全面改革。1979—1984年，中国对国有企业进行了放权让利的改革。“放权”就是放松政府对企业的计划管理，向企业管理层转移一部分过去由政府掌握的控制权；“让利”就是允许国有企业保留其利润的一定部分自主支配，而不必全部上缴国家财政。

从1984年开始到1992年，国家继续加大对企业放权让利的力度，将农村改革的“承包”方式引入工商企业，实行了企业的承包制。政府把国有资产的经营权承包给经营者，政府对企业的所有权简化为对承包企业的收益权。这些措施改变了以往高度集权的管理模式，打破了平均主义的分配格局，建立起了个人利益与企业效益之间的相关关系。虽然没有触及任何所有权的变革，但企业自主权从无到有的转变仍然释放出了强烈的激励效应。在改革初期各方面条件尚不成熟的情况下，形式相对初级、简单的改革措施也更容易为社会接受，对调动企业积极性、促进投资发挥了极为显著的作用。

随着经济社会的发展，企业规模不断扩大，经济关系日益复杂，初期改革措施的制度效率逐渐耗尽，变得不适应新形势的要求。于是，国有企业改革进一步推进到公司化改制和建立现代企业制度阶段，通过更加明确、科学的激励机制激发企业的投资热情。从总体上看，虽然国有企业的改革同中国的经济改革一样，都是以市场化为导向，但采取“放权让利—企业承包制—建立现代企业制度”这一渐进推进的改革路径，使得每个阶段性的制度安排都能契合当时中国的经济社会发展条件和承受能力，使得改革能够在维持社会总体稳定的情况下有效发挥促进经济发展的作用。反之，如果实行一夜之间就从计划管理跨越到股份制改革的方式，由于经济社会还没发展到与之相适应的地步，很有可能会过犹不及，重蹈苏联、东欧“休克疗法”的覆辙。

随着改革的深入推进，国有企业逐步脱离了传统的计划经济体制，市场化经营理念和行为模式开始逐步确立，而市场经济则通过产权制度和分散决策机制实现了对企业投资行为和投资效率的激励。

产权改革和利润动机使企业具有了投资和自我发展的冲动。从长远来看，企业投资的最大动机取决于对未来的预期。如果未来财产风险很大，那么人们就失去了积累财产的积极性。计划经济体制下，对国有企业财产权利的剥夺和平均主义的分配制度并不利于资本积累。国有企业改革有利于增加产权的稳定性，从而稳定预期并提供长期激励，有利于调动企业投资的积极性。

分散决策机制使企业的生产投资决策更为及时和有效。“统得过死”是计划经济的显著特点。鉴于数量极为庞大的各类经济信息的可得性和准确性，集中决策使得计划经济的运转通常需要付出极其高昂的信息成本，容易导致资源配置效率低下。国有企业的市场化改革通过权力结构和层次的调整扩大了企业的经营自主权，原来统一归中央行使的决策权也分散到了处于微观层面的各个企业。分散决策机制在很大程度上解决了计划经济体制下的信息成本缺陷问题，行政干预的减少加上治理结构的改善使得企业的投资决策更为及时和有效，从而提高了资本要素的配置效率。

（三）非公经济的产权激励

1987 年党的十三大明确提出鼓励发展个体经济和私营经济的方针，1997 年 9 月党的十五大正式将“公有制为主体、多种所有制经济共同发展”确定为中国社会主义初级阶段的基本经济制度。由于非公经济产权相对清晰，个人利益、企业利益与社会利益最大限度地统一起来，加上经营机制灵活，企业投资和扩大再生产的意愿较强，发展异常迅速。

到 20 世纪 80 年代中期，包括集体经济、个体经济和私营经济在内的非国有成分无论在工业生产中还是在整个国民经济中，都占据了举足轻重的地位，对经济增长的贡献甚至超过了国有部门。在工业中其产出份额已经达到三分之一以上，在零售商业中非国有成分的份额增长得更快。国家统计局的资料表明，1978—1994 年，国有经济年平均增长速度为 8%，而非国有经济的年平均增长率高达 25%，非国有经济有力地推动了整个国民经济的发展。来自私人部门的投资在社会总投资中所占的比重也逐年上升，从 1980 年的

13.06%迅速上升至2006年的66.58%。这些新的经济成分的成长是20世纪80年代中国经济持续高速增长的现实基础，同时既对国有企业改革形成示范效应，也逐渐形成对国有企业的竞争压力。

二、制度适宜激发地方政府投资冲动

强调要调动地方政府发展经济的积极性在中国共产党的执政思想中早有体现，中国共产党从毛泽东、周恩来一代就提倡要充分发挥中央、地方两个积极性。但受传统计划经济体制本身特点所限，改革开放前中国的权力过分集中于中央，地方缺乏投资的积极性和自主性。虽然也进行过几次权力下放的尝试，但这种在总体上高度集中管理下的权力下放反而导致了“一放就乱，一乱就收，一收就死”的恶性循环。

党的十一届三中全会以后，为适应对外开放和经济建设的需要，中央政府在不影响自身权威、不影响中央对地方有效控制的前提下，为适应经济和社会发展的需要，更好地发挥地方在经济建设中的积极性，向地方政府下放了部分权力。一是扩大地方政府经济管理的财权。中央与地方的财政关系由中央“一灶吃饭”改为中央与地方“分灶吃饭”，1994年进一步实行“分税制”，使地方权力的强化具有了财政和经济基础。二是扩大地方政府在经济管理上的事权。包括扩大地方政府固定资产投资和经济建设计划的审批权、外资审批权、外贸和外汇管理权、物资定价权，等等。经济管理权的扩大实现了真正意义上的权力下放，使地方政府成为相对独立的权力主体和利益主体，极大地调动了其生产投资、发展经济的积极性、主动性，促进了地方经济的繁荣。

此外，为搞活地方经济，中国还对干部人事制度进行了改革，建立了对地方官员考评和晋升的有效激励与治理结构。中国确立了以经济建设为中心的大政方针，经济发展成为考核地方官员政绩的重要指标。这种干部政绩考核制度与“为官一任，造福一方”的传统行政理念相一致，有利于地方政府树立以经济建设为主要导向的政绩观，推动当地投资建设和经济发展。但由于一些地方单纯强调GDP增长，忽视了经济社会的全面协调发展，其负面影响越来越明显，需要根据新的发展形势适时做出调整。

第五节　制度适宜激发教育热情

教育一方面能够提高劳动者接受和吸收新事物、新知识、新技能的能力，另一方面也能够提高劳动者的创新能力，这都会增加劳动潜力，一旦通过劳动将这种潜力释放出来，就会促进经济发展和社会进步。改革开放以来教育的发展和完善极大地提高了中国人民的综合素质，高层次人才队伍不断扩大，大批学子出国留学归来。良好的人力资本积累为中国经济快速增长提供了巨大动力。

一、中国传统教育的优势和不足

以儒家文化为中心的中国传统教育文化，秉承“有教无类”和“人皆可以为尧舜”的教育理念，开创了平民教育的先河，促进了知识文化的传播。由此形成了中华民族重视教育、尊师重教、兴学办学等优良的教育传统。这种对教育的重视是中国文化和传统中值得肯定的一面。

但是，中国传统教育在目标、内容和形式等方面存在不足：一是在教育目标上，科举制这种“学而优则仕”的精英选拔机制赋予传统教育极强的国家功利主义价值，求学与功名利禄直接挂钩，造就了“唯有读书高”“书中自有黄金屋”的价值取向，导致求知、求真的科学精神的匮乏。二是在教育内容上，以儒家经典为内容的八股考试，助长了读死书、死读书，以及教育与社会发展脱节之类的弊端。与自然经济状态相适应，在哲学思想方面，儒家思想重内省，重感悟，忽视对现实的感知、考察，这与以实践为基础的现代自然科学是不适应的，因此造成了近代以来东亚自然科学落后的局面（吴建华，2004）。三是在教育普及上，中国传统教育是一种精英教育，教育的普及程度并不高。正是因为中国传统教育的这些流弊，才造成宋明以来的封建统治阶级和精英阶层总体上的日趋保守与自大，这也是近代中国落后的重要根源。

1840 年的鸦片战争是中国自周秦以来“三千年未有之变局”。中国各阶层为挽救中国的危亡做出了不懈努力，从洋务救国到宗教救国，从教育救国到科学救国和实业救国。新文化运动高举民主和科学两面大旗，“五四运动”揭开了新民主主义革命的开端，同时也推进了马克思主义思想在中国的传播。儒家学说独占教育的地位开始被打破，西方教育思潮被大量介绍到中国。平民主义教育和实用主义教育思潮涌现，反对封建等级教育，倡导平民教育；反对传统教育的形式主义，强调教育与生活、学校与社会的联系。西方自然科学知识得到了传播，现代国民开始重视自然科学，现代教育开始普及。

二、教育事业的发展促进了劳动力素质的提高

新中国的教育事业是在薄弱的基础上起步的。新中国成立时，全国 80% 以上的人口是文盲，学龄儿童入学率只有 20% 左右。各类学校数量很少，分布也不合理。图书资料、教学设备、教材等都十分缺乏。新中国成立后，中国政府十分重视教育事业，通过接管和

改革旧教育、借鉴苏联经验、规范学制、调整高等教育、开展教学改革、创办速成教育、开展成人教育等措施，初步形成了一套适合中国国情和社会主义建设需要的教育体系。尽管经历了1958—1960年的起伏，新中国的教育事业仍取得极大发展。到1965年，普通高等学校数比解放前最高年增长1.1倍，在校学生数比解放前最高年增长3.3倍，普通中等学校在校学生数比解放前最高年增长6.6倍，小学在校学生数比解放前最高年增长3.9倍，学龄儿童入学率达到85%。1949—1965年，培养了1.6万名研究生、175万名本专科生、295万名中等专业毕业生和2 000多万名中学生。

1977年恢复高考，教育事业重新走上正确发展的轨道。经过四十年的发展，中国教育事业取得了巨大成就。

一是全国上下对教育的重视提到了前所未有的高度。当今中国已经形成“再苦不能苦孩子”“再穷不能穷教育”的全民共识，中国社会普遍存在着不甘人后、千方百计培养子女、通过学习和考试竞争来取得社会成就和地位的意识。

二是教育思想理论得到空前突破。从“百年大计教育为本”到“科教兴国、教育创新”共识的形成，从人才强国战略的实施到“建设创新型国家”，教育观念、思想理论的创新促进了中国教育的全面进步。

三是教育体制改革稳步推进。八部教育法出台，依法治教步入轨道；普通教育、职业技术教育、成人教育三足鼎立；基础教育投入由以政府为主、以社会集资为辅的办学模式发展到政府对农村基础教育学杂费的全部承担；国际交流与合作办学广泛开展，留学教育空前发达；民办教育持续健康地发展，教育经费筹措机制不断地完善，传统的计划经济体制下的教育转型为市场经济体制下的教育。1980年，国家财政性教育经费只有114.2亿元，占GDP的2.5%，2015年增加到2.9万亿元，占GDP的4.2%，各类教育经费总计则达到 3.6 万亿元，占 GDP 的 5.2%。

四是教育发展成就斐然。截至 2017 年底，中国共有各级各类学校 51.38 万所，各级各类学历教育在校生 2.70 亿人，专任教师 1 626.89万人。各级各类教育规模均居世界首位。学前三年毛入园率达到 79.6%，九年义务教育巩固率达 93.8%，义务教育高水平普及，高中阶段教育毛入学率达 88.3%，高等教育毛入学率达到 45.7%（教育部，2018）。

第六章　制度适宜、政府主导与中国高增长的稳定环境

第五章的讨论表明，改革开放以来的制度适宜，建立起了有效的激励机制，为中国高增长提供了强劲的经济动力。但是，仅仅是这一点还远远不足以实现经济增长，实施“休克疗法”的前苏联转轨经济国家的例子就充分说明了这一点：它们通过私有化，建立起了强有力的激励机制，但并没有实现经济的持续高速增长。中国高增长的实现，除了经济动力以外，还得益于一个使其充分发挥作用的重要因素，那就是良好的稳定环境，而这一点是通过政府主导实现的。

第一节　中国改革的政府主导性

一、政府是中国改革的主要推动者和指挥者

在新制度经济学中，政府被认为是制度变迁中最重要的供给主体。在中国，市场经济主体对潜在利润机会的捕捉虽然是制度变迁的重要推动力量，但中国经济体制改革始终处于政府主导之下。强有力的政府对于推动改革和把握方向起到了关键性的作用。

首先，政府坚定的决心是改革持续进行的根本保证。在计划经济体制已经固化于社会经济生活方方面面的背景下，个人和团体即

使有着强烈的制度变迁需求，也不可能对旧有制度实现全面突破，需要政府自上而下地对改革进行推动。

其次，政府是改革总体方向的引导者。中国的经济体制改革是突破原有意识形态的一系列制度创新。在没有先例可循的条件下，中国领导人高瞻远瞩，在改革的各个阶段和重要时期，保证了改革在正确的方向上顺利进行。一些坚持计划经济、坚持公有制的人认为私营经济的迅速发展是资本主义对社会主义的极大威胁，需要加以限制和打击。而邓小平对此的回答是“不争论”。① 这种“不争论”是对私营经济的保护和默认，为此后有中国特色的社会主义市场经济体制的确立奠定了基础。

最后，政府是改革方案的主要制订者和改革进程的领导者。由于改革的原始动力来自经济社会发展的需要，市场主体存在主动创新的意愿，在农村改革等领域自发创造了很多优秀的制度模式，有着自下而上的成分。但从总体来看，改革离不开政府的设计和决策。其一，自发产生的改革模式需要经过甄别筛选，通过政府的普及推广提高改革速度与成效；其二，由于制度安排也是一种公共品，在某些涉及宏观经济调控的领域，如在财政税收、金融体制等的改革中，政府比市场更具有比较优势；其三，由于改革关系到既得利益的调整，诱导性制度变迁将会遭遇大量的外部效应问题，从而使政府主导的制度变迁成为必需；其四，基层广泛的制度变迁供给虽然为改革提供了良好环境，但并不必然带来正确的改革方式和顺序，而前面已经提到，有步骤、有选择的渐进式推进是中国体制改革取得巨大成就的关键因素。

总之，中国政府决心坚定、措施有力、政策安排全面细致，发

① “不争论，是为了争取时间干。一争论就复杂了，把时间都争掉了，什么也干不成。不争论，大胆地试，大胆地闯。”（中共中央文献编辑委员会，1995）。

挥了指示方向、试点试验、总结推广、把握进程等重要作用。改革在强有力的政府主导下得以持续平稳进行。

二、中国共产党的泛利性确保了改革的普惠目标

最大化国家和国民利益是制度适宜的核心目标。在《国家的兴衰》一书中，奥尔森（Mancur Olson）曾强调了泛利性集团对于一个国家经济增长的重要性。所谓泛利性集团，是指自身利益和社会利益具有广泛交集的集团；与之相对的是分利性集团，即那些只代表少数人利益的集团。政府作为制度供给的最重要主体，其泛利性的强弱决定了制度变迁的方向和宗旨。按照布坎南（Buchanan）的公共选择理论，在“政治市场”中，每一个政治参与人都有其不同的动机和愿望，依据自己的偏好和最有利于自己的方式进行活动，是理性的、追求个人效用最大化的“经济人”，并由此得出了“政府失灵”的结论，即政府官员的目标可能与社会福利最大化相矛盾。然而，正如阿马蒂亚·森（Amartya Sen，2001）所说，“没有证据表明自利最大化是对人类实际行为的最好类似”。

事实上，国家的效用函数要比个人复杂得多，考察政府的行为方式，也不能仅以经济利益最大化为约束目标。政府效用可定义为由政府选择行为而获得的在主观上的满足感，它由两部分构成：一部分是作为“理性人”所追求的自利效用，包括薪金、权力、地位、声誉、晋升等经济效用指标和政治效用指标；另一部分是作为公共利益的法定代表所追求的泛利效用，包括经济持续增长、充分就业、居民可支配收入和社会福利增加、社会公平、环境改善等经济社会发展指标。可见，即使是在相同的总效用水平下，不同的政府也可能在自利效用和泛利效用的比重上作出不同选择，在经济效用和政治效用之间作出各自的权衡。

任何国家的政府要追求长期的而非短期的利益最大化，都不可能无视公众利益而狭隘地追求经济利益或政治利益，必须将自身利益最大化与民众利益最大化统一起来，只是不同国家采取的形式和统一的程度不同。在中国，政府效用函数的泛利性特征是由中国共产党的长期执政地位、政治制度和文化传统等因素共同决定的。

发展生产力和培育先进文化是时代发展与社会进步的两条主线，也是广大人民群众的利益所在，而全心全意为人民服务正是中国共产党的宗旨。也就是说，中国共产党的利益与国家利益和最广大人民群众的利益是高度一致的，除此之外，党并没有自己的特殊利益。这就决定了中国共产党的政策是以最大化国家和人民利益为目标的。中国共产党在长期执政过程中，始终以代表人民利益作为巩固执政地位的坚实基础。这使得党在执政过程中必须考虑国家的长远发展和人民的长期利益，将其作为最重要的目标加以追求，避免损害人民利益的短期行为。

在任何国家，决策的科学性和民主性都是国家发展目标得以实现的保障。中国没有采取多党制和议会民主制，原因很简单，它不适合中国的国情与历史文化传统。在中国，执政的中国共产党通过民主集中制体现民主性。在国家的治理上是由中国共产党领导下的多党合作制来体现民主性。在中国不存在在野党，所有的政党都是执政党，都在中国共产党的领导下通力合作以实现国家的发展。任何重大政策的出台和重大决策的作出，都是在求同存异的原则下达成共识。这一共识是在照顾了各方关切、平衡了各方利益的基础上形成的，因此具有比较广泛的社会与群众基础，代表了大多数人的利益。因此这些政策的贯彻执行就比较顺利，就能较快地达到预期目的。本书认为这是符合中国国情的制度。

三、文化传统与政府主导改革

一个社会的制度形态与文化传统、意识形态之间的关系密不可分。一种制度，不论是自发形成的还是人为设计引进的，都离不开文化基础、传统力量和意识支撑。西方市场经济和民主制度的形成，依赖于个人主义、自由主义和契约观念等文化传统和意识形态的源远流长；而中国的改革采取政府主导的模式，能够不局限于以往经验和既有理论，形成独具特色的渐进路线并取得成功，同样离不开这些因素的共同作用。

在中国，以中央集权为特征的封建制度运行两千多年，形成了一套以士大夫阶层为主体、运作有效的管理机制，也形成了与这种体制相适应的一整套思想观念和行为方式，人们对上行下效式的改革容易接受。在这一过程中，文化传统起着至关重要的作用。儒家思想是中国传统社会的主流意识形态。无论是古代还是当代，在国家政治生活中，民本主义政治理想的烙印无处不在。所以，政府主导的经济体制改革契合了中国的文化传统。

四、放权让利下的基层制度创新

在中国，虽然政府在体制改革中发挥了主导作用，但并不意味着这场宏大的制度变迁完全是人为设计、自上而下的结果。事实上，微观主体和基层组织是中国改革的重要推动力量，基层制度创新为中国适宜制度的产生提供了良好的微观基础。

首先，对个人、企业和地方政府的放权让利赋予了基层制度创新实践的动力。放权让利有两层含义，即释放经济决策的自主权和扩大对基层的经济激励。这与 1978 年以前行政配置资源框架下的权力下放有着本质区别。与适宜制度促进经济增长的途径相类似，从微观层面来看，自主与激励对经济绩效的促进可分为三个层次：第一，通过提高努力程度和劳动投入扩大产出；第二，通过资源的合理配置和运用提高效益；第三，也是最重要的一点，就是通过改变行为模式，突破现有的制度框架，实现超越积累效应和配置效应的效率增进。当人们已经充分利用了现有制度框架内的生产潜力之后，必然有动力寻求制度的突破，有制度创新的内在要求。基层自主创新有利于适宜制度形成的原因在于，个人、企业和地方政府更接近于真实准确的经济信息。而人们之所以愿意去发现信息，利用获得的信息，是因为可以从中得到回报（钱颖一，1999），这就是权与利的激励作用。这种机制恰恰弥补了计划经济的信息成本和科学决策问题，这样产生出来的制度创新必然是有利于促进经济绩效改善的，因而也就确保了制度向适宜的方向演进。

其次，政府管制的放松为基层创新活力的释放提供了充足的空间。创新与管制总是处于相互对立的两个方面。只有创新的动力而没有管制的放松，同样会扼杀基层制度创新的努力。在改革过程中，对待基层对现有制度的突破，政府始终保持了相当开明的态度。这一点典型地体现在对安徽“傻子瓜子”的处理方式上。“傻子瓜子”的创始人年广久是安徽芜湖的一个小业主，1979 年，因为生意兴隆雇用了 10 来个人帮忙，突破了个体经济 8 个雇工的限制。1980 年，就一些人对“傻子瓜子”姓“社”姓“资”的争论，邓小平只批了六个字，即“放一放、看一看”，实际上是对这种突破的默认。7 年后，到了 1987 年，雇工超过 8 人的民营工厂就已经比比皆是了。也是在那一年，中央 5 号文件中，私营企业的雇工人数才被彻底放开，私营经济逐步成为中国经济增长的重要一极。

不仅如此，政府在推进改革开放和社会主义现代化建设的过程中还特别鼓励基层主体的主动创新精神。正是这种放松管制，允许闯、允许试的理念，为中国改革开放的若干重大决策铺平了道路。

特区的创办就是在这种闯与试的指导思想下实现的。实践证明，经济特区的设立对于改革开放具有重要的战略意义。解放思想、实事求是的根本含义也是要打破框框，鼓励根据实际需要和条件许可进行改革和创新。事实上，在整个制度变迁的过程中，政府对创新动能的认可、保护和鼓励都成为推动改革不断向前发展的必要条件。

再次，广泛的群众基础为体制改革顺利推进提供了坚强后盾。马克思主义认为，人民群众是历史的创造者，是认识和实践的基本力量。在建设社会主义的新时期，这一点得到了更加充分的体现。在向基层放权让利的前提下，在“大胆地试，大胆地闯”的政策鼓励下，改革意识深入人心，改革的实践遍布各个地区、各行各业、各个单位，广大人民群众积极进取的开拓性、创造性得到了充分体现。人们消除了顾虑，放开了手脚，不断地创造新形式，为改革的推进提供了源源不断的动力。同样，制度创新实践的广泛开展形成了一个巨大的基数，这样才有利于更多适宜制度的涌现。乡镇企业的发展、各种企业承包方式的出现，都是适宜制度创新的突出例子。

最后，大量的基层制度创新实践与政府的正确引导共同促使中国的改革趋向适宜制度。自发制度创新的积极性已经蕴藏在广大人民群众当中了，大规模的基层制度创新实践形成的各种模式、经验为比较优劣提供了便利。而政府一方面在放松管制的条件下，使基层的能动性和积极性充分发挥出来，另一方面又通过对这种自发的制度创新产物的筛选来实现对改革的最终把握。邓小平也说过，农村搞家庭联产承包，这个发明权是农民的，乡镇企业也是群众创造的，他不过是把这些新生事物加以推广（李尚志等，1992）。也就是说，对于各地涌现出来的大量不同做法，政府可以通过汇总、比较和筛选来确定具有普遍意义的经验，并加以推广，最终形成适宜的制度，从而实现效率的更大增量。

总之，在向基层主体放权让利的前提下，制度创新的动力在广大人民群众中爆发出来，使得微观主体和基层组织持续保持了极强的制度创新活力，推动了中国的改革不断走向深入，构成了适宜制度产生的土壤。政府则为基层的制度创新提供了友好的环境和可操作的空间，并顺势而为，对成熟而具有普遍意义的基层制度创新予以认可和推广，起到了甄别遴选的作用，最终造就了改善经济绩效、促进经济增长的适宜制度。因此，中国的改革应该说既非自上而下，也非自下而上，而是上下互动。这一点也许是中国适宜制度得以产生的最为重要的原因。

第二节　中国改革的渐进性和社会稳定

渐进性是中国改革最为突出的特点。新中国成立后，中国在短短几年内即迅速建立起高度集中的计划经济体制；自 1978 年以来，中国的改革开放已持续了整整四十年，目前仍在进行之中。渐进性保证了改革过程中整个社会的稳定，是中国经济得以持续增长的根本原因之一。

一、阶段性制度安排体现渐进性

中国改革的渐进性特征深刻地体现在政府与市场边界调整的驼峰路径上。中国的体制改革是把发展经济作为最终目的，而不是把市场化、自由化等作为目的，从深层次来看则是根据国内经济社会条件的发展变化，以追求经济绩效的直接、连续改善为指导，在不同的阶段实施不同的改革。

渐进性在各个重要的改革领域都有所体现：企业改革是非公有

制经济先行发展，随后国有企业逐渐转换经营机制并深入到产权层次的改革；市场体系的发展也经历了一个从自发形成到自觉培育、从边缘发展到全面推进的过程；价格改革从调放结合入手，经过双轨制过渡，最终形成以市场为基础的价格形成机制；对外开放在区域上逐步推进，开放层次渐次提高。

虽然中国的方式一度不被看好，但事实证明计划和市场不一定位于峡谷的两侧，也不一定需要一步跨过。中国改革与其他国家改革的最大区别是，几乎所有发展中国家（包括转轨国家）的改革都是把市场化、私有化当作目标，认为只要实行了市场化和私有化，经济就会发展。而中国的改革把市场化、私有化（也就是产权改革）当作实现发展的手段。

林德布罗姆（Lindblom）在其1953年的著作《政治、经济及福利》一书中，提出了“渐进决策”的模式及其几个优点：(1) 渐进方式选择的决策方案与现实相差不大，可以预测；(2) 在一时无法厘清各种需求信息时，渐进方案能通过不断尝试的方式，找出较为满意的答案；(3) 易于协调各种相互冲突的目标，不会因为远离原有目标，搞乱了原目标间的秩序；(4) 渐进方式可以帮助人们检验所作的决策是否正确，特别是在复杂条件下，可以孤立某些因素，比较其利弊；(5) 渐进方式比较稳妥，容易控制，能够及时纠正错误，不会造成大起大落的状况（丁煌，1999）。

渐进改革的思路不仅考虑了政治上的一致性和稳定性，同时也是由技术上的困难和现行制度的连续性所决定的。改革是一项庞大的系统工程。对于长期实行计划经济体制的国家来说，短期内不仅企业和个人没有参与市场竞争的经验，政府也不具备利用经济手段驾驭宏观经济的能力。一旦完全放开，不仅计划时期造成的经济扭曲难以改变，由于缺乏控制能力和权力制衡，还会导致私有化和自由化成为少数人掠夺大众的便利工具，经济混乱难以避免，改革失败的命运也无法逃避。而中国则采取了一种“小步行进”的方式，速度虽然不快但允许试错，有机会随时调整以达到制度的适宜。正因为如此，中国的改革才走出了一条政府与市场边界逐渐向下调整的路径，避免了由于制度剧烈变动超出经济社会承受能力而再次回到集中的老路上去。

二、制度变迁体现灵活性

经济体制改革在本质上属于制度的变迁，必然要在“成本与收益”的矛盾运动中展开。如何扩大收益、减小成本，决定了改革的成效和命运。中国的改革没有采取一个固定的模式，而是采取了以结果论成败的方式，灵活地确定各个阶段改革的步骤、重点和形式，以使改革的“净收益”最大。

首先，中国的改革是从解决最紧迫的问题开始的，这意味着改革的边际收益较大。农业是国民经济中的基础部门，又在计划经济体制下为工业部门的发展作出了巨大牺牲和贡献。在这种情况下，改革先从农村入手并迅速取得成功，农业生产成倍增长，为全面经济改革（包括城市改革和国有企业改革等核心领域）铺平了道路，创造了条件。在国有企业改革方面，同样也是按照问题的轻重缓急安排改革顺序。先通过放权让利的形式扩大企业自主权并提高其生产积极性，以提高企业经济效益为前提，再通过实行经济责任制兼顾国家利益；先实行所有权和经营权分开的企业承包责任制，保证国有企业平稳运行，再过渡到涉及产权问题的现代企业制度改革。

其次，中国的改革是从计划经济体制最薄弱的领域入手，这意味着改革的成本相对较小。农村改革、对外开放以及非公有制经济的发展，都体现了这种特征。相对于城市区域和国有企业，计划经济体制在农村的实践形式相对松散，市场的观念和机制更多地得到了保留，改革的基础较好。而非公有制经济直接在体制外酝酿发展，更避免了与原体制的冲突。先放开个体私营政策，造就一批有自主权、有活力的企业，同时以兴建特区、开发区形式大量引进内外资，使其成为市场观念和机制的有形载体。在非公有制经济和市场范围不断扩大的情况下，对国有企业形成外部竞争和激励，由此逐步过渡到国有企业改革。在对外开放方面，也是利用了沿海省份城市毗邻港澳台、华人华侨众多、市场经济氛围比较浓厚的特点，使其成为全面开放的先导。

最后，“先试点后推行”是改革中广泛采用的一种形式，以便在实践中检验改革方案的效果。如农村家庭联产承包责任制、国有企业放权让利和承包经营责任制，以及设立经济特区和开发区等，都是从小范围试点开始的。各种方案经过反复对比和筛选，最终选取最有利的形式向全国推广。

没有条条框框的限制，中国的改革根据客观条件以自己的方式灵活进行，选择了正确的顺序和方式，总能在各个阶段取得明显的成效，极大地鼓舞了人们的信心，保证了改革的顺利进行。

三、制度安排体现不对称性

中国经济体制改革的过程总体上是一个政府退出、市场引入的过程。其特殊之处在于广泛采取了一种不对称的制度安排，即对部分领域实行保护的同时，在其他领域积极推进市场化调节。但这种不对称安排是动态调整的，随着条件的成熟，对前者的保护逐渐减少，而后者不断壮大，主要表现在以下几个方面。

第一，增量改革。改革初期，由于国有企业放权让利的试验效果有限，改革重点开始由“体制内”转向“体制外”，从非国有部门入手，通过发展乡镇企业、城镇集体企业、个体经济和沿海三资企业等，实施增量改革战略。非公有制企业是市场经济的天然适应者和推动者。体制外先行的增量改革实际上是对国有部门的一种保护，使得国有企业改革可以暂缓，等待时机成熟时再深入进行，同时也是对国有部门形成的一种竞争压力，使它们逐渐适应市场竞争的文化。

第二，双轨制。体制内和体制外两种企业的共存对资源配置方式提出了新的要求。在价格调整和配置手段改革无法一步到位的情况下，生产资料（包括工业产品和农产品）供应和定价的双轨制应运而生。这是一种让大多数人都能受益的制度安排——既维持了国有企业的运营，又保证了非国有经济的原材料供应和产品销售渠道。随着改革开放的深入，市场力量逐步增强，国有企业对于市场运作模式的适应性越来越高，双轨制才最终完成了历史使命而退出舞台。

第三，补贴。补贴政策是中国改革过程中的特有产物。各种补贴的内容非常广泛，既有政府对个人的补贴，如农副食品价格改革后对城镇居民实行的长期补贴；又有政府对企业的补贴，如国有企业改革时以财政或贷款形式给予的补贴；还有中央政府对地方政府的补贴，如 1994 年实行分税制后对地方的税收返还。补贴是对改革中可能受损一方的利益补偿和必要保护。有了各种补贴充当“减震器”，市场化改革才得以更加顺利地推进。补贴是为了减少市场化改革中出现的震动，目的是更顺利地实现市场化运行机制。因此，补贴不应长期存在，否则会扭曲市场，破坏市场机制的形成。

四、渐进性改革是生产力逐步提高的必然要求

中国的现代化在民族独立战争的硝烟中起步，面临着基础设施和资金、物资的严重短缺，完全不具备工业化和现代化所需的基本经济、政治、文化、意识等条件。在这个时期，市场完全失灵，供

求之间无法平衡，在这样的条件下完全实行市场调节是要失败的。如果政府不能强有力地将现有资源集中起来发挥作用，经济就不可能得到恢复，因此必须实行政府主导的计划经济体制。在政府的强力推动下，中国迅速实现了高速的经济发展和初步的工业化，建立起了相对完整的工业体系，经济的自我发展能力有所增强。因此，计划经济体制在特定历史条件下发挥了积极作用。

当吃饭、穿衣等基本生存需求得到满足、经济基础有所改善、市场作用逐渐恢复后，寻求经济自主、尊重市场规律、发展社会生产的要求在各个阶层和各个领域自然地爆发出来。从集中走向分权，从计划转向市场，打破国有、私营的界限，追求生产力的极大发展和社会福利的迅速提高，成为时代的必然选择。正是由于实行改革开放的战略抉择，中国经济走上了一条良性发展的快车道，才有了今天生产力的巨大发展和中国经济的高增长。

对于广大经济落后但渴望发展的发展中国家来说，它们面临的初始发展条件与中国极为相似。沿着“计划经济—计划与市场相结合（包括从以计划为主、以市场为辅向以市场为主、以计划为辅的过渡）—符合本国国情的市场经济”这样一条道路谋求自我发展，或许是一个可供选择的方案。

中国既是一个转型国家，又是一个发展中国家，具有双重身份。西方发达国家发展的起点就是以私有产权为基础的市场经济，其发展是连续的，本身就是市场经济不断完善的过程。中国的情况却不尽相同，是在发展的过程中逐步产生了从计划经济向市场经济转型的要求，体制转型和经济发展就成为新时期中国面临的两大任务。束缚中国经济发展的主要是体制问题，因此转型是必需的，为主要矛盾，但转型必须促进发展，这是检验转型是否成功的标准，也是适宜制度的根本目标。这就要求在转型过程中不能出现发展的断层，也就是说，转型必须能够达到立竿见影的效果，否则就无法获取足够的支持和认可并使体制改革继续进行。

改革是一门艺术，只有正确选择改革的起点、路径和方式，才能连续不断地推动生产力向前发展。改革本身就是制度安排与现有生产力水平互动演化的过程。中国的改革从农村起步，解决了基本生存需求和工业发展基础问题，才有了继续向城市推进的条件。城市改革的最初核心是价格改革和所有制改革：前者的目标是为市场经济提供运行的基础，后者的目标则是扩大企业自主权、增强企业内部激励。价格双轨制既为非公有制经济释放现有生产力和积极性提供了可能，又暂时保留了国有企业的经营模式。随着乡镇企业、个体私营及外资企业的快速扩充，经济发展到一定水平，社会承受能力有所增加，深化国有企业改革的问题便被提上日程，从所有权与经营权分开的承包制开始，逐步过渡到现代企业制度的建立。为进一步使市场成为资源配置的基础，增强企业活力和地方发展经济的积极性，政府职能转变以及财政税收、金融体制的改革必须同步推进，对外开放的力度也要逐步增加。因此，选择了恰当起点和路径的改革如同一个触发机制，一项改革的背后必然牵涉其他改革，其原因就是各个阶段的改革适应了当时生产力条件和发展需要，两者之间形成了螺旋上升的演变轨迹。

在此过程中，中国走出了一条渐进式改革道路。这不仅体现在改革从一个部门向另一个部门的有序转换上，更体现在政府在推进一些改革的同时对另一些领域采取了保护。中国仍是一个发展中国家，资本积累依然有限，经济发展水平和技术水平远远落后于世界先进国家，在国际竞争中处于弱势。为维护国家经济安全和国民利益，还需要政府在资源配置中发挥独特的作用，特别是要对一些关乎国计民生的重要行业和领域进行必要的保护。从市场建设和参与的能力来看，改革初期各方对市场的驾驭能力有限，监督管理等配套制度不到位，全面彻底的私有化和市场化不仅不现实，而且相当危险。只有加强政府对经济生活的必要干预，培育和引导市场，保证改革进程的宏观可控，特别是通过发展科技、教育、培训及卫生保健等社会福利事业，调节国民收入的再分配，使经济增长的实惠向低收入阶层扩散，才能兼顾效率与公平，避免经济盲目发展，推动改革持续进行。这也是特定国情下的现实选择。

五、渐进性改革、中国传统文化和实事求是的思想路线

（一）兼容并蓄和中庸和谐的传统文化精神

中国的传统文化是以华夏文化为主体，同时包括众多民族文化的多元文化形态，具有很强的包容性和同化力，兼容并蓄。就文化形态而言，儒、释、道呈多元互补之势就是很好的例证。一方面，汉文化具有强大的生命力和同化力。历史上，中原虽多次遭到外族入侵统治，但儒家思想主流仍延续至今，而且统治时期较长、较为强大的民族恰恰也是被同化程度较高的民族。另一方面，中华文化的精神指向总是“和合”“中和”，而不具有强烈的攻击性和侵略性。中国文化善于吸收外来优秀思想，对其加以改造并实现融合。在改革过程中，中国同样能够接受不同的经济理论和发展模式，特别是中国领导人具有宽阔的胸襟和眼界，对于先进文明和外来经验能够博采众家之长、为我所用，兼容并蓄地形成有自己特色的发展模式。

同时，中国文化强调中庸，它的核心含义是要求人们在待人处世、治国理政等社会实践中时时处处坚持适度原则，恰到好处，无过之，无不及，从而实现人与人的协调和人与自然的协调。反映在体制转型过程中，就是先从那些体制转型成本较低、收益较高的部门开始，先解决容易的问题，而把难题留在后面。中国文化强调统

一，善于将看似矛盾的事物融合起来，发挥其不同的功效，反映到改革上就是体制内改革与体制外改革相结合，通过发展非国有经济来逐步推进国有经济的改革。中国文化强调平衡，任何改革都是在民主集中制的原则下，在平衡各种利益关系的基础上展开的，必要时还要对受损者进行补贴。所以，中国改革的渐进模式是与中国的历史和文化传统相一致的。

从反面的教训来看，中国历史上激进式的改革，上至战国时期从打击大贵族入手的楚国“吴起变法”，中至宋朝牵涉广泛、急于求成的“王安石变法”，近至清末触动既得利益的上层阶级，且追求大变、急变的“百日维新”，几乎没有什么成功的先例。

（二）实事求是思想路线的关键

“任何一种经济体制都有一整套与之相适应的意识形态作为其文化支撑”（博恩斯坦，1988）。相应地，任何经济体制的变革都需要发展一套更具有适应性的意识形态。中国的市场化改革之所以能够取得成功，与始终坚持马克思主义的指导思想，又在此基础上以实事求是为原则不断进行理论创新，并且以意识形态的本土化发展作为改革先导的特点是分不开的。

首先，坚持符合中国国情的政治制度和指导思想，从而防止出现思想路线的混乱，避免盲目地屈服于内外压力，使改革乱了方寸。改革的基本性质是社会主义制度的自我完善和自我发展；市场化改革必须也只能在中国共产党的领导下有步骤、有秩序地进行；计划经济在后期显示的种种弊端和不适宜性，并不是马克思主义或社会主义的失败，而是教条主义或脱离国情的失败。有了对这些关键问题和主导思想的正确把握，中国的改革才没有演变为对过去的全面否定，更不意味着对社会主义基本经济与政治制度以及主流意识形态的彻底否定。对马克思主义基本原理的坚持，有利于体制转轨沿着好的路径顺利推进，保持社会稳定，而稳定是经济改革发展的必要条件。与完全照搬外来的新自由主义意识形态的简单做法不同，中国的做法决定了改革不会是以私有化为中心的颠覆式“休克疗法”，而是在社会主义基本制度下，对政府与市场作用边界进行边际调整的渐进式改革。

其次，一切从实际出发、实事求是的思想路线，保证了改革模式的创新性和适用性。一方面，中国坚持不懈地开展反教条主义斗争，始终强调马克思主义与中国实际相结合、与时代和实践的发展相结合。即使在历史上，中国也从来没有严格按照苏联模式开展革命和建设。在社会主义市场化改革的今天，成为理论指导的也只能是不断创新中的马克思主义理论体系。另一方面，中国也从国情出发，始终同新自由主义教条及其所蕴含的市场原教旨主义改革方案保持着距离。事实上，在改革过程中，决策者从来没有把某一种模式作为一个终极理想去追求，而是坚持从解决实际问题的立场出发，采取了实践是检验真理唯一标准的态度去推进制度创新。正因为如此，中国才有了建设“中国特色社会主义”的基本命题，并按照发展了的马克思主义，将公有制占主体与推行市场经济并行不悖地统一起来，同时对新自由主义及其以私有化为核心的政策主张保持警惕，消除市场崇拜心理，正确实现转型过程中政府与市场关系的动态调整。

六、渐进性改革与国际环境

20 世纪 70 年代后期，有利的国际环境曾为中国改革开放的决策提供了重要前提。而纵观整个改革开放的年代，正是由于顺应国际格局和世界经济的发展演变，采取了渐进式的基本策略，中国改革开放才取得了今天的成就。

（一）改革时期的国际环境

首先，多极取代两极成为当今世界格局的基本特征。20 世纪 50 年代后期以来，美苏争霸成为世界政治格局中最引人注目的关键词。美苏两个超级大国之间的竞争态势愈演愈烈。60 年代中期至 70 年代末的十几年间，美国受经济危机的冲击，经济增长趋于缓慢，再加上陷入越南战争泥沼，力量严重耗散，苏联则凭借经济实力的相对上升在世界霸权的争夺战中积极采取攻势。然而，过度的军事投入与盲目扩张给苏联并不十分稳固的经济基础带来了沉重压力，1979 年入侵阿富汗的战争既标志着苏联霸权主义政策发展到极点，也是美苏战略地位转换的拐点。进入 80 年代，美国开始采取强硬态度，提出“星球大战”计划，启动了以高技术为核心的新一轮军备竞赛，从而拖垮了经济实力相对落后的苏联。90 年代，苏联解体、东欧剧变，标志着世界格局的重新排列，美国暂居上风，成为唯一名义上的超级大国。在此期间，中国利用国际关系的缓和，敏锐地抓住了全球化的机遇进行发展，在十多年的时间里奠定了融入世界经济格局的基础，又经过十多年的发展，到 20 世纪末、21 世纪初，世界经济格局发生了有利于中国的改变。

其次，经济全球化加快发展，资本主义国家与社会主义国家之间、发达国家与发展中国家之间的竞争与合作出现新特点。经济全球化是生产力与生产关系矛盾发展的必然结果，是不可逆转的时代潮流，它以 19 世纪后半期资本主义大工业的出现为开端，伴随资本主义生产方式向全球扩张，在资本追逐利润的狂热推动下而蓬勃发展。从某种意义上讲，两次世界大战就是这种扩张的极端反映。不过，经济全球化程度日益加深，使世界各国的生产、投资、贸易、金融之间的相互依赖大大加强，人们不得不慎重考虑极端方式的机会成本，转而寻求其他更符合现实的利润实现方式。特别是在进入

20 世纪 90 年代之后，在不同社会制度和发展程度的国家之间，其竞争与合作关系都出现了新的调整。苏联解体后，美国、日本、西欧等国的国家安全和国家利益概念随之发生了变化，军事、政治上的对抗让位于经济、科技领域的竞争，发达国家之间经济实力和综合国力的斗争成为各国关注的焦点。这种局面也给发展中国家的发展带来了一些机遇。虽然意识形态、政治体制、价值观念上的矛盾依然存在，但随着经济全球化进程的推进，发达资本主义国家从其自身利益出发，也需要同发展中国家扩大和加强交流与合作，开拓第三世界的广阔市场，共同解决世界经济发展和其他世界性问题，包括中国在内的发展中国家也就具备了承接国际产业转移的条件。由于各国的共同利益在增加，东西方国家之间、南北两大集团之间的交流与协作已经成为时代的一大特点，为落后国家发挥后发优势、缩小与先进国家的差距提供了可能。

最后，国际政治经济格局的演变使和平与发展两大主题更加突出。一方面，现有国际格局的变动，不是强国对弱国的征服，不是战胜国意志对战败国的强加，综合国力的强弱是决定各国在未来国际关系格局中地位的关键因素。由于综合国力的提高需要较长的时间，因而各国都需要和平的国际环境以发展经济。这种需求是世界形势出现和平与缓和趋势的决定性因素。另一方面，经济全球化深入发展，这种你中有我、我中有你的局面使各国越来越清楚地认识到：任何大规模战争的爆发所造成的损失都不仅仅是交战国的，而是世界性的；即使是美国、日本这样的发达国家，也不能脱离别国而单独发展。因此，在当今的世界政治、经济格局下，和平与发展两大主题成为世界各国共同的追求。

（二）改革的推进符合国际环境的发展变化

首先，中国利用了和平与发展的世界趋势，大胆推进改革开放，把握了社会主义现代化建设的有利时机。正如邓小平同志所说："我们的现代化建设要取得成功，决定于两个条件。一个是国内条件，就是坚持现行的改革开放政策。……还有一个是国际条件，就是持久的和平环境。"（中共中央文献编辑委员会，1995）。在世界大战不会很快到来、各国之间的竞争将主要围绕经济实力展开的基本判断下，中国坚定不移地走改革开放的道路，将主要精力放在经济建设方面，取得了举世瞩目的成就。与此同时，随着经济实力和国际地位的提高，中国已经成为维护世界和平与稳定发展的主要力量之一。改革开放与和平发展相互促进，中国不仅为自身赢得了良好的国际环境，也为世界更多国家的稳定和进步作出了巨大贡献。

其次，中国始终以正确的心态推进改革开放并融入世界经济，态度积极，而又避免冒进，以便最大限度地利用机遇，规避风险。

中国不改革、不开放、不融入全球化，就会被时代抛弃，就要被边缘化。经济全球化是各国都必须面对的必然趋势。虽然发达国家掌握着推动经济全球化发展的命脉，独占着信息、科技、知识产权优势，主导着世界市场的发展，左右着国际经济的"游戏规则"，经济全球化的成本和收益在南北国家集团之间的分化相当严重，但一个国家很可能因为不能跟上经济全球化潮流而错失发展良机，经济全球化不会因为某个国家或组织的缺席而停止发展。面对这种时不我待、日新月异的形势，停滞是落后，发展缓慢同样也是落后。中国必须积极搭上经济全球化列车，在对外开放中把握机遇、应对挑战，争取最大收益。

但是，作为一个发展中的大国，在发展的道路上中国仍面临着许多危机与困难。面对中国的发展，发达国家可能不愿接受这一现实，因为中国的成功意味着它们鼓吹和极力传播的"华盛顿共识"式的发展道路失去吸引力。因此发达国家会给中国的发展制造各种各样的障碍，有政治的，也有经济的，对此中国必须做好应对的准备。

第三节　不良贷款的“贡献”与经济金融稳定

由于中国经济增长的资金主要来源于银行体系通过贷款创造的货币，而获得贷款的主要对象是国有企业，所以，在中国改革开放的过程中就一度形成了较多的不良贷款。一方面，不良贷款反映的是中国经济的转轨成本；另一方面，由于货币是经济增长的“第一推动力”和“持续推动力”，而不良贷款的大量存在正是货币得以被注入并且保留在经济领域的根本原因。因此，不良贷款对于中国经济的持续高速增长作出了巨大的“贡献”。中国金融体系的稳定和物价水平的基本稳定，使不良贷款对社会经济发展的可能副作用得到了抑制，而其正面作用也因此而得到了充分的发挥。

一、正确认识转轨时期形成的不良贷款

一般认为，一国金融体系的效率与经济发展是协调一致的。然而改革开放以来，一方面中国的经济增长取得了举世瞩目的成就，另一方面中国的金融体系却表现出了国有金融机构运营效率相对低下、不良贷款大量滋生等不令人满意的一面，形成了经济高增长与金融“低”效率并存的局面。事实上，这一悖论的存在本身就说明了对中国金融体系效率低下的评价过于片面，通过分析不良贷款的数额、形成背景和作用，我们认为不良贷款实际是国有银行为主导的金融体系支持中国经济发展的成本。

首先，我们尝试估计国有商业银行的不良贷款率。这是一个很大的挑战，国内外对此存在较大分歧。我们尝试做一次简单计算。先计算不良贷款：1999 年剥离了 1.4 万亿元，中国银行、建设银行

股改两次剥离了约 0.5 万亿元，银行自身处置了约 1 万亿元（按照自 2001 年起每年降低 2% ~3% 的不良贷款率估算），2004 年的存量约为 1.6 万亿元，合计约 4.5 万亿元。2004 年末，四大行的贷款资产总额约为 10.5 万亿元。也就是说，如果不进行剥离和处置，四大行的不良贷款率约为 45%。如果按 30% 的回收率（四大资产管理公司的平均回收率为 20%，但其不良资产质量较差）计算，四大行的贷款损失率为 31.5%。

这个计算过程本身并不存在太大问题，但以这种计算方式得出的结论不能公允地反映国有商业银行的资产质量。1999 年以前，中国几乎没有核销不良贷款，银行自身也很少冲销不良贷款，因此，四大行的不良贷款是历年累计的结果，是一个累计数。但银行贷款不是这样，它是一个时点数字，它等于银行发放贷款减回收的贷款。比如，今年放款 100 亿元，收款 60 亿元，则资产负债表上只有 40 亿元的贷款。如果以一个时点数（如 40 亿元）做分母，而以一个累计数做分子来计算不良贷款率，那得到的结果显然要高于实际情况。因此，应当正确看待国有商业银行的不良贷款率，不要过高估计中国的金融风险。

其次，不良贷款实际是中国经济的转轨成本。新中国成立初期，由于百废待兴，加之面临不利的国际形势，中国实行了政府主导型经济增长模式，以集中财力发展经济。这种政府主导模式在新中国成立初期和改革开放初期有利于中国经济的迅速发展，并导致银行在支持经济发展的过程中发挥了主导作用。因为当时政府的财力十分有限，只能依靠银行等金融机构的间接融资功能来扩大资金来源、促进经济发展。作为由政府所有的银行，四大国有商业银行承担了许多政府职能和社会功能，在发放各种商业性贷款的同时还发放了许多政策性贷款，并在政府指令下为一些政府支持的项目融资。可以说，国有银行发放的贷款在过去几十年来绝大部分都形成了生产力，极大地促进了中国经济的发展，为中国的社会主义建设、为四十年来中国的改革开放作出了不可磨灭的贡献。在此过程中也有部分贷款成为不良贷款，但这是中国经济发展的必然，是政府主导型经济增长模式发展的必然。另外，20 世纪 80 年代财政体制改革后，银行部分承担了国家财政的职能，对中国渐进式经济改革给予了重要支持，带来了巨大的社会效益和经济效益。因此，中国在经济发展过程中形成的不良贷款在很大程度上起到了积累资本和财政替代的作用，促进了经济增长和社会稳定，可以说，不良贷款是从计划经济向社会主义市场经济过渡过程中的必要成本。没有银行承担这些成本，就难以换来中国社会政治的稳定和经济的持续高速增长。因此，从总体上来看，可以说历史上的银行坏账大部分只能视为国家为发展经济进行的"透支"或"补贴"，没有银行的这种"补贴"，中国的乡镇企业、民营企业和国有企业都难以快速发展。所以，若要权衡历史上不良贷款的"功过是非"，是"功"大于"过"，"是"大于"非"。

最后，从全社会的角度来看，体现在银行的不良资产必然会体现为其他经济主体的优良资产。比如，某家银行给一家房地产企业发放一笔贷款，建造了一批别墅，最后这些别墅都销售不出去，就形成了银行和该房地产企业的不良资产。但对于在建造房屋过程中从该房地产企业获得收入的经济主体（如钢筋、水泥等建筑材料的销售企业、提供劳动服务的建筑工人等）来说，其所获得的货币收入就是优良资产。因此，在评价银行不良贷款问题时，不能只看银行，还必须同时从整个社会的角度进行更为全面的分析。

相对于不良贷款问题来说，更为重要的是，金融安全归根结底是经济实力的综合反映。只有经济真正发展起来，才能化解金融风险，保障金融安全。正如张军 2005 年所说，"中国经济今天有很多问题，但中国经济的增长才是所有问题中最重要的问题。没有高速增长，我们看不到今天出现的这些问题。但是，没有增长才是最大的问题。……在那些关于中国经济行将崩溃的‘研究’文献中，银行的坏账……常常被作为重要的‘证据’，但是被这些作者一直忽略的逻辑是，这些证据恰都与经济增长联系在一起。没有增长在很大程度上就没有这些‘可怕的’问题，而恰好是增长又在不断地‘解决’着这些问题，包括使问题变得不再如此重要。虽然这些‘可怕的问题’都与经济增长相连，但经济不增长倒可能是最可怕的问题。”

二、凯恩斯的“挖坑填坑”理论

把不良贷款看作中国改革的成本，迈出了正确认识中国改革过程中巨额不良贷款的重要一步。从货币流通的角度来进行思考，能够更清楚地看到不良贷款对于中国经济的持续高速增长有着巨大的“贡献”。凯恩斯的“挖坑填坑”理论可以帮助人们更深刻地理解这一点。

凯恩斯认为，当经济中出现有效需求不足、经济无法自动达到充分就业均衡时，货币政策将是无效的，此时只有通过政府的财政政策才能够使经济回到充分就业的轨道上来。形象解释凯恩斯通过财政政策向经济体系注入货币从而启动经济增长逻辑的，是一个常被宣称为源自凯恩斯的“挖坑填坑”理论。对于这一理论，霍彦立在2012年发表的《克服经济萧条的妙招》一文中概括说：

在经济萧条、企业倒闭、失业严重之时，政府无奈之下决定雇200人挖坑。于是，需要配发200把铁锹。铁锹厂得到新订单，它又向木材厂购买锹把，向钢厂购买钢铁，向煤矿购买焦炭……铁锹厂、木材厂、钢厂、矿山……所有关联企业，机器重新轰鸣，人头再次攒动，就业开始回升，GDP开始增加。

响应政府征召前来挖坑的人，挥汗如雨，辛苦劳作，地面上遍布大坑小坑。可是，坑挖好了之后干什么？坑挖好之后，再将其填上。把坑填上之后干什么？再将其挖开，如此重复下去……

挖坑也好，填坑也罢，都是政府安排的工作，干完了活，政府就得给钱，就得发工资。等发了工资，工人们及其家属便增加消费，牛奶、面包、香烟、啤酒、衣帽等需求量开始增加，所有相关企业增雇工人，扩大生产。牵一发而动全身，整个经济开始缓慢复苏，渐渐走出萧条。

翻遍凯恩斯的《就业、利息和货币通论》一书，并没有找到他“配发 200 把铁锹”等具体文字，上述故事显然属于后来者的演绎。不过，凯恩斯在该书中确实有核心思想完全一致的论述：

如果财政部把钞票塞满用过的旧瓶子，把它们埋在废弃不用的煤矿的适当深度，同时把这些煤矿留给私人企业，让它们再把钞票挖出来。在由此造成的反响的推动下，社会的实际收入和资本财富很可能比现在多出很多。确实，建造房屋等会是更加有意义的办法。但是这样做，如果遇到政治的和实际的困难，那么，上面讲的挖坑的办法总比什么都不做要好。

因此，后来者的前述演绎也并不是没有根据的，我们也就完全可以把凯恩斯的理论概括为“挖坑填坑”理论。凯恩斯说，在经济中存在非自愿失业时，“浪费”的货币支出可以使整个经济变得富裕起来。他说，建造金字塔、开采金矿、发生地震、挑起战争等都会达到同样目的。凯恩斯说，对于古埃及人来说，最为幸运的是，他们同时拥有建造金字塔和开采金矿这两项有利于促进经济增长的活动，从而创造出了璀璨的古埃及文明。

三、美国西部淘金热的经济影响

凯恩斯在论述黄金开采时，并没有提到19世纪中期开始的美国西部淘金热的经济影响，而这个例子可以说是对凯恩斯“挖坑填坑”理论的最好注解。著名经济史学家杰拉德·纳什（Gerald D. Nash）在《一场名副其实的革命：加利福尼亚淘金热的全球经济影响》一文中提到，1848年加利福尼亚发现黄金，对于加利福尼亚、美国和整个世界来说都极为重要，它引发的一系列事件使得美国从一个农业国发展成了一个工业强国（Nash，1999）。

加利福尼亚淘金热的影响主要是两个渠道：第一个是淘金过程中通过需求而引起的连锁反应，第二个是其产出——黄金的增加。从国际影响来看，第二个渠道是主要的，但从对美国经济的影响来看，第一个渠道无疑要重要得多。凯伦·克雷（Karen Clay）和兰德尔·琼恩斯（Randall Jones）对淘金热期间移民富裕程度变化的研究表明，矿工移民的财富状况在移民前后变化很小，甚至基本没有变化，而非矿工移民的财富状况则在移民后得到了非常显著的改善，从而在很大程度上证明了需求渠道的重要性（Clay and Randall，2008）。

四、货币、不良贷款与经济金融稳定

凯恩斯的“挖坑填坑”理论，以及加利福尼亚淘金热的广泛影响，在充分说明货币在经济增长中的显著作用的同时，也可以帮助我们理解银行不良贷款在中国经济增长中所起到的作用。

中国采取的是渐进式改革的总体战略，“摸着石头过河”是对其最形象、最简洁的说明。这一总体战略反映在具体改革实践上，就是在宏观和微观上的不断试错，而不断试错持续推进的关键在于如下两个方面：一是要建立起一种对试错进行不断投资并最终承担试错成本的机制，二是要建立起防止试错过程中出现系统性严重错误、引起经济和社会动荡的保障体系。

第一个方面的机制主要是国有银行体制，即在发放贷款前的审批相对比较宽松，而在贷款出现坏账后统一由国家承担，从而使贷款被不断地发放出去，货币被不断地创造出来，并停留在流通领域，持续推进着经济水平的提升和经济结构的变迁。第二个方面的保障，除了政治和社会稳定以外，在经济方面最为重要的是有效防范通货膨胀。对于中国的通货膨胀问题，我们将在下一节详细讨论，本节将着重讨论前述第一个方面的问题。

上述过程成功的关键是，在改革开放的初期，银行发放的大量贷款变成了无法收回的不良贷款。这一点看似矛盾，但却是事实，也是完全符合货币运行和经济运行逻辑的。如果在初期所有贷款都能得到偿还，那么，原来发放贷款所创造的货币将会被消灭，货币对经济的“持续推动力”将丧失，私营部门就将完全丧失发展的可能。

正是由于大量贷款变成了不良贷款，原来发放贷款时所创造的货币得以滞留在流通领域，这为没有得到银行贷款支持的部门（如私营部门）的发展提供了极为重要的“资金支持”。不过，这一“资金支持”不是直接来自银行，而是来自消费者的“货币选票”，而这些“选票”最终也是来自银行的货币创造，只不过是经过了直接获得银行支持的、国有企业的“中转”（或称“媒介”）。

中国经济增长中不良贷款的重要作用是对凯恩斯的“挖坑填坑”理论的最好诠释。也就是说，中国改革开放以来的经济增长也是通过凯恩斯所说的“挖坑填坑”（或淘金）机制来实现的，只不过在中国的“挖坑填坑”工作，主要是由各级政府通过商业银行（以及国有企业）来完成的，其结果也并非如凯恩斯所想象的那样直接体现为财政赤字，而是体现为国有银行的不良贷款（以及国有企业的亏损）。

同时，从目的来看，中国国有银行发放贷款并非一开始就是“挖坑填坑”，对于绝大部分贷款而言，银行还是希望能够创造价值从而保证贷款回收的；从结果来看，虽然不良贷款率很高，但也并不是全部都变成了不良贷款，也就是说，“挖坑填坑”也只是商业银行整个工作的一部分，大部分工作仍然是具有建设性的，也正因为如此，中国的“挖坑填坑”显然要优于凯恩斯建议的方法。

我们当然希望无论是政府还是私人投资的每一分钱都能够创造价值，都能够获得充足的回报，而不是像凯恩斯所建议的那样去做“挖坑填坑”式的无用功，不是像中国改革开放初期的国有企业和国有银行那样产生如此巨额的不良贷款。但是，在经济无法自动达到充分就业状态，从而存在大量闲置资源（尤其是存在大量失业）的情况下，尤其是在像中国改革开放初期“一穷二白”的基础上不得不采取“试错”式总体改革战略的情况下，由于政府可以着眼于更长期限内（比如30年）、更广范围内（比如全社会）的利益，在一定程度上克服私人部门通常不得不注重短期利益、局部利益的局限，从而就有可能采取相应措施，使整个经济最终走上正常发展的轨道，而能够创造货币的银行体系就提供了将这种可能变成现实的工具。

五、中国物价保持基本稳定的主要原因

中国以银行体系货币创造支持经济的持续高速增长，除了带来巨额不良贷款问题之外，还因为贷款创造的货币大量滞留于流通领域，从而有可能带来严重的通货膨胀。但是，改革开放以来，中国始终保持了物价的基本稳定。图6.1显示，在自1978年至2016年的

39年中，用消费者物价指数（CPI）衡量的中国通货膨胀率的平均值仅为5.0%，最高值为1994年的24.1%，超过10%的年份只有5个。

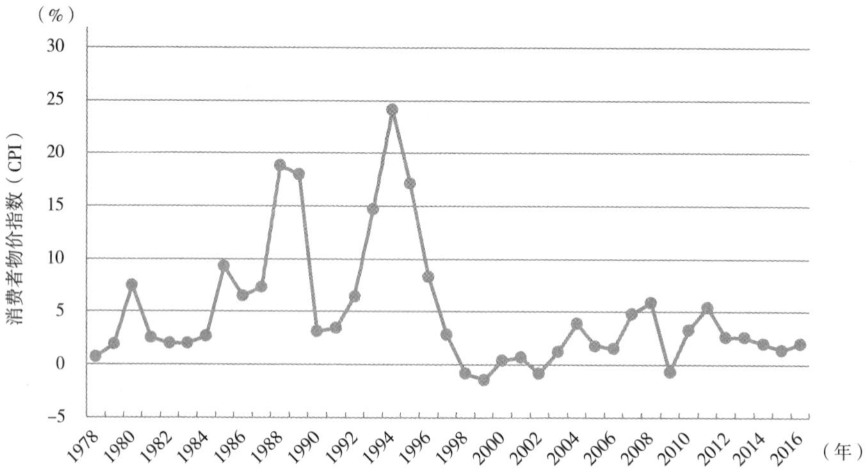

数据来源：全球国别宏观经济指标数据库（EIU Country Data）。

图6.1　中国1978—2016年消费者物价指数

（一）价格体制改革的渐进性

与中国的整体渐进改革策略一致，中国的价格体制改革也是渐进性的。中国价格改革是循着消费品价格改革、生产资料价格改革、要素价格改革的顺序进行的，在终端产品和消费品价格逐步放开的同时，仍有相当份额的生产资料价格存在管制，汇率、利率等生产要素价格的改革则更为滞后。即使是在改革已进行了四十年之后的今天，一些生产要素的价格仍然存在着一定程度的管制。同时，中国采取的“双轨制”这一独创形式提高了价格改革的灵活性。

在价格体制改革的过程中，中国政府始终保持着对整个价格水平的控制能力，当某一项价格改革措施可能带来物价水平较大幅度上涨时，政府立即着手对其进行调整。比如，1988年，中国试图通过“价格闯关”，一步完成价格改革，但由于引起人民群众对价格上涨的普遍预期，导致全国性的抢购，引起 CPI 从 1987 年的 7.3% 迅猛上升到 1988 年的 18.8%。面对这种情况，中国政府立即采取措施，在随后的 3 年时间里进行治理整顿，1990 年的 CPI 就下降到了 3.1%。当然其代价也是巨大的：GDP 增长率从 1987 年和 1988 年的 11.7% 和 11.2%，下降到了 1989 年和 1990 年的 4.2% 和 3.9%。但这一代价换来了经济增长的物价稳定环境，1991 年的经济增长率就恢复到了 9.3%。

价格体制改革的渐进性，以及政府对价格改革进程的控制，一方面，有助于培育老百姓对于价格放开和上涨的承受能力，稳定老百姓的价格预期，进而稳定商品需求；另一方面，也有助于稳定生产企业和商业企业的价格预期，减少它们对商品的投机，从而稳定商品供给。这两者结合起来就保证了商品价格总水平的基本稳定。

（二）文化传统、收入差异扩大和社会保障制度改革的影响

中国文化倡导节俭，这与中国延续了几千年的农耕经济有千丝万缕的联系。春耕夏耘，秋收冬藏，农耕生产需要逐渐积累，自给自足的小农生产者经不起自然界和社会的“风风雨雨”，形成为防不测而习惯性地节衣缩食的传统。儒家文化历来注重节俭，反对铺张浪费。孔子说：“奢则不孙，俭则固。与其不孙也，宁固。”（《论语·述而》），“道千乘之国，敬事而信，节用而爱人，使民以时”（《论语·学而》）。墨子把节用看作是治国治民的法宝，在他看来，节俭则“民富国强”，“俭节则昌，淫佚则亡”（《墨子·辞过》）。荀子把节俭认作是顺应天地间的自然规律而又能与天相抗争的手段：“强本而节用，则天不能贫；……本荒而用侈，则天不能使之富”（《荀子·天伦》）。节俭思想一旦以一种文化的意识在一个民族、社会中扎根，它的道德约束力便往往使人们看不到节俭和储蓄

的目的，而更多地把储蓄当作目的本身。

改革开放前，与计划经济体制相适应，中国实行平均主义的低工资政策，20 世纪 50 年代一名教授的工资是一个普通工人工资的 6 倍以上，到 1978 年，这种差别已经微乎其微。1952 年职工的年平均工资是 445 元，1978 年是 615 元，实际平均工资仅上涨了 10.3%，年均增长 0.4%。国家通过低工资政策将劳动者剩余掌握在手中，进行经济发展和建设。但由此导致的平均主义挫伤了劳动者的积极性，劳动者的经济剩余没有被更大限度地生产出来。改革开放以来，中国实行按劳分配和允许一部分地区、一部分企业和一部分人先富起来的分配制度的改革。通过改善微观激励机制，激发了人们的劳动热情，增加了劳动剩余和储蓄来源，提高了社会整体的储蓄水平。

社会保障制度的变化也迫使国民加大了储蓄。改革开放以前，国家负责社会保障和福利，水平不高但可以维持基本需要，城镇居民几乎没有必要进行货币储蓄。20 世纪 80 年代中期以来，中国对计划经济时期的社会保障制度进行了一系列改革，其变迁过程是一个从“国家—单位保障制”向“国家—社会保障制”的转变过程（郑功成，2002），改革以后中国社会保障的总体特征是福利色彩淡化。费尔德斯坦（Feldstein，1974，1996）认为，社会保障对个人储蓄的净效应取决于资产替代效应和退休效应的对比。通过实证研究，他指出每一美元的社会保障福利会降低 2～3 个百分点的个人储蓄，美国的社会保障计划使得私人储蓄减少了 30%～60%。就中国来说，相对于改革以前，改革后中国居民所享受的社会保障福利水平是下降的，在原来的保障方式被打破而新的保障体制还不完善、各项社会保障制度覆盖率大大降低的情况下，未来生活和收入的不确定性大大增加，出于谨慎和预防动机为未来消费进行的储蓄也就增多了。

“黜奢崇俭”的文化传统、收入差异的扩大、社会保障制度的改革结合在一起，提高了中国居民的储蓄倾向，使得改革开放过程中中国老百姓对于商品的消费需求大大降低了，从而减轻了对商品价格上涨的压力，这是中国保持物价基本稳定的重要原因之一。另外，经济发展中出现的过剩产能也使供大于求，抑制了价格的上升。

（三）储蓄存款持续增长的贡献

前面提到，中国改革开放以来，居民储蓄倾向一直保持在较高的水平，降低了中国老百姓对于商品的消费需求。但是，如果居民缺乏对银行体系的信心，不愿意持有储蓄存款，在缺乏其他金融资产投资渠道的情况下，就只能采取商品储蓄的形式，这同样会增加对商品的需求（只不过不是消费需求，而是投资需求，即把商品当作是投资品），同样有可能导致物价的持续上涨。

自改革开放以来，老百姓对于银行体系的信心从未发生过系统性的动摇。中国之所以能够做到这一点，主要源于中国改革的政府主导性，尤其是在银行体系方面，国家始终保持着对银行业的绝对控制，即使是在进行股份制改造、国有股份所占比例下降的情况下，这一点也仍然没有改变。

正是由于国家对银行体系的绝对控制，老百姓愿意持有储蓄存款，这样就使得银行体系创造的货币有相当大的部分并没有用于购买商品，没有形成对商品市场的冲击，从而为物价稳定作出非常重要的贡献。

第七章　制度适宜视角下的中国发展道路

中国作为一个13亿人口的大国，在长达四十年的时间里保持了经济的持续高速增长。实践表明，中国的发展道路是成功的，而这又是一条颇为与众不同的道路，对此进行认真的梳理、总结和提炼，不仅对中国今后的发展具有指导作用，对于渴望发展而仍困惑于发展道路选择的许多发展中国家来说，也不乏借鉴意义。

第一节　中国经济发展的成功经验值得总结

一、中国走的是一条有自己特点的发展道路

作为一个发展中大国，中国具有相对复杂和特殊的国情，也走了一条有自己特点的发展道路，这一道路不仅与西方发达国家有着本质区别，与其他发展中国家相比也存在较大差异。

部分发展中国家以"华盛顿共识"为指导，进行的是自由市场经济的实践，中国的改革也是市场化取向，但两者之间区别很大。"华盛顿共识"强调的是市场自由主义至上，遵循的是新自由主义经济政策，尽可能压缩政府干预，最大限度地通过市场这只"看不见的手"进行调节；中国则强调协调发挥政府与市场的作用。虽然两者都充分重视市场的作用，但中国在如何有效发挥政府与市场的作用方面有自己独到的做法。

中国和苏联、东欧国家一样，都是从传统计划经济体制转向市场经济体制，同处于体制转轨之中，但两者的转轨路径和目的都有所不同。从转轨的路径来看，苏联解体、东欧剧变后，在欧美国家和国际金融组织的举荐下，俄罗斯和其他东欧国家采取了“休克疗法”，通过激进的改革方式在短时间内迅速向市场经济过渡；而中国则选择了渐进式改革的策略，整个改革至今已持续四十年，而且还在继续推进之中。从改革的最终目的来看，俄罗斯和其他东欧国家的改革目的是实现自由市场经济，而中国改革的目的则是发展经济，提高生产力水平，增强综合国力和改善人民生活，建立社会主义市场经济体制不过是实现上述目的的手段。

中国地处东亚，与以日韩为代表的东亚模式有着不少相似之处，都是采取出口导向，政府干预比较明显，都有着较高的储蓄率和投资率，因此不少人也将中国道路等同于东亚模式或是纳入东亚模式之中，但实际上两者的区别同样是明显的。以日韩为代表，东亚模式的运行基础是自由市场经济，说东亚经济体政府干预较强，只是相对于西方发达国家的传统市场经济而言，事实上，东亚各经济体的政府干预明显小于拉丁美洲国家，与中国也不一样。中国四十年来一直处于体制转轨之中，这样一个大的制度变迁是其他东亚经济体所没有的。中国的国有企业和国有银行在相关领域的主导地位也与其他东亚经济体不同。虽然同是外向型经济，但中国的经济规模要比其他东亚经济体大得多，面临的国际环境也不一样，对外贸易对中国经济的直接拉动作用要小得多。

综合来看，与其他发展模式相比，中国的发展道路虽然也借鉴了其他一些国家的经验，但中国有自己的国情，其发展模式从大的层面来看区别已经很明显，如果深入到更细致和具体的层面，差别还要大得多。更为重要的是，以主流经济学对市场经济制度这一被视为欧美国家成功之关键的认识来看，中国的发展道路在制度上的特殊性尤为突出。

正因为中国发展模式与西方主流经济学的主张存在较大差异，因而中国经济高增长与所谓改革不彻底的事实被许多经济学家认为难以用西方主流经济学原理加以说明，不符合正统经济学的逻辑。这种不一致的情况被称为“中国之谜”（Nolan，1993）。本书就是要试图突破现有西方经济学的理论束缚，解开这个谜。

二、总结中国发展道路意义重大

中国经济在非常困难的情况下发展起来，走的是一条与既往的发展模式不同的发展道路，在发展过程中曾经饱受争议。但事实证明中国的经济发展取得了成功，而且与早期欧美国家的兴起相比，中国的发展没有采取以邻为壑的做法，没有伤害到其他国家，中国反而成为促进世界发展与和平的重要力量。但与此同时，中国在经济发展过程中也有很多矛盾和问题长期得不到解决，在发展中又不断遇到新的瓶颈和问题，有的问题还非常尖锐。这些问题往往会引起很多人对中国发展道路的质疑。

目前国际上对中国的发展道路仍存在较大争议，既有肯定的，也有否定排斥的；有人认为这只是一个特例，没有普遍意义，也有人认为给其他发展中国家提供了新的选择，甚至有人认为是对西方模式和“华盛顿共识”的否定与对抗，有人也因此担心中国把自己的发展模式向外输出，造成所谓的“模式威胁”。就国内来说，虽然绝大多数人对中国的成功倍感自豪，对中国的发展充满了信心，但怀疑担忧者也大有人在，对于未来的发展道路感到疑惑。在这种情况下，认真总结中国经济发展的成功经验，不仅对中国今后的发展有着指导作用，对于推动世界经济发展也具有重要意义。

首先，加强对中国发展道路的研究，有利于总结中国过去的经验及教训，有利于中国未来进一步的改革和发展。“中国发展道路”的概念是伴随着中国改革开放的历程出现的，不仅集中浓缩了中国经济与社会发展得以成功的经验，也涵盖了中国如何应对经济、社会发展中的困难和问题，其中有的问题完全是中国特有的，例如巨大的就业压力。通过认真总结“中国发展道路”，既有利于认识中国的成功政策和措施，也有利于分析发现发展过程中遇到的挑战、困难和问题，对中国未来的改革和发展具有重要的指导意义。

其次，总结“中国发展道路”对经济学理论，尤其是发展经济学理论会有重大的贡献。“中国发展道路”最具创造性的贡献是建立并不断完善社会主义市场经济体制，这在人类历史上是前所未有的伟大尝试。中国将市场经济引入社会主义制度，使整个社会的经济、政治、文化运作机制产生一系列深刻变革，重新激发社会主义持续发展的内在活力，使人类对社会主义的认识和实践发生了根本性的变化，开创了迈向现代化的全新发展道路。“中国发展道路”既超越了传统社会主义的发展模式，也超越了西方发展理论所认可的各种模式。“中国发展道路”形成的诸多经验，不仅推动了中国经济的快速发展，而且是对世界发展理论与实践的重大贡献，是中华民族对人类发展作出的最有历史意义的贡献之一。

再次，“中国发展道路”对发展中国家的发展具有重要的启发和借鉴意义。中国改革开放的成功使世界上人口最多的国家在相对较短的时间里摆脱了贫穷落后的面貌，使人民走上了致富之路。中国取得的这一发展成就是在人口众多、自然资源相对不足、资金严重匮乏、科技水平不高、教育比较落后、经济中农业占比较大，以及国外封锁的情况下取得的，而这些状况与绝大多数发展中国家的情况相似，这就在客观上使得中国所走过的发展之路对广大发展中国家更具借鉴性。从实践的角度来说，“中国发展道路”就是告诉发展中国家在谋求自身发展时，必须遵循本国国情，通过借鉴和创新找到适合本国发展的道路，而不能盲目照搬其他国家的现有模式，包括“中国发展道路”，同样不能简单地照搬、照抄。每个国家的发展处于不同的国际和国内环境之中，用一种模式去套用不同情况的国家，除了失败很难有别的结果。

最后，总结“中国发展道路”可以避免歪曲和误导。由于发达国家掌握着世界的舆论工具，因此国际上对中国恶意攻击、有意歪曲，或者貌似公平地只报道那些负面“事实”，从而对许多人产生了误导。再加上能来中国亲眼看一看的普通百姓少之又少，因此西方媒体的误导和歪曲往往被视为“真实”。把中国的经验认真地加以总结，使其能客观公正地传达给全世界，有利于人们正确认识中国和中国经验。因为中国的经验并不只属于中国，它也属于世界和世界人民，因为中国的成绩也是在全世界人民的帮助下取得的，他们有权全面了解真相。

三、国外对中国发展道路的总结

由于中国经济的快速发展，国内外讨论中国成功原因的研究从来就没有停止过。国内外的研究机构、学者和政府部门很早就开始对中国经济的成功经验进行研究和总结。而近几年这类研究呈现一个显著的特点，就是逐步改变了过去单纯寻找中国经济高增长之谜解释的做法，而越来越多地试图从中提炼出普遍性经验，以期对中国的未来发展和一些探寻发展之路的发展中国家提供指导和借鉴，由此形成了一股研究中国模式（中国道路）的热潮。

（一）雷默的“北京共识”

雷默（Ramo，2004）在英国《金融时报》上首次提出“北京共识”概念，并于同年5月11日在英国外交政策研究中心全文发表了

《北京共识》报告。“北京共识”对中国20多年的经济改革成就做了理性的思考与分析，指出中国的经济发展模式不仅适合中国，也是发展中国家追求经济增长和改善人民生活可以效仿的成功范式。“北京共识”主要由三个部分组成。第一是锐意创新，创新是改革中最重要的一个组成部分，它是由改革的特性所决定的。改革能否成功完全取决于是否能够以更快的创新解决改革中产生的新问题。第二是公平发展，既然混乱不可能自己加以控制，就需要建立一种具有可持续性和平等性的发展模式，努力创造有利于持续、均衡与稳定发展的环境。第三是国家主权，“华盛顿共识”片面地考虑经济因素，而“北京共识”提高了对国家主权的重视程度，强调国防的自主，保证独立发展。

（二）托马斯·帕利的中国模式

帕利（Palley，2006）认为，中国的发展模式是以减少中央计划经济的规模，并增加以市场为导向的私有部分的规模为目标的。中国经济发展的原因在于，它在展开以市场为中心的经济活动的同时，实施了明确的内部和外部的资本积累战略。外部资本积累依赖于外国直接投资和出口导向型增长，内部的资本积累依赖于国有银行对国有企业的信贷支持和对基础设施的投资。就经济发展的主要推动力而言，帕利认为中国到目前为止所实施的是一种出口导向型增长模式。

（三）麦金农对中国模式的评述

美国斯坦福大学教授麦金农（Ronald I. Mckinnon，1994）认为：通过高储蓄和国家控制的银行体系，采用非通货膨胀的手段进行大规模的金融动员以弥补政府财政赤字，是中国宏观经济保持稳定的主要原因；实行双轨制是中国经济自由化过程中的必然选择；在二元结构下，乡镇企业的发展对于促进中国经济发展、防止“大城市病”功不可没；与经济体制改革的总体模式相协调，中国的对外贸易也选择了一条渐进式改革的道路，在人民币汇率相对稳定的情况下推动对外贸易快速发展，成为中国经济增长的发动机。

（四）斯蒂芬·罗奇看中国模式

斯蒂芬·罗奇（Stephen Roach，2005）认为中国经济之所以取得骄人的成绩，在很大程度上要归功于外向型的发展模式，即强烈地依赖对外贸易及其伴随的基础设施和工业化投资。而且他也认为中国模式的成功在于采取渐进式改革，持续推进市场化取向的改革，同时，始终坚持稳定压倒一切，任何决策都要考虑其对稳定的影响，包括经济方面的稳定、社会方面的稳定，最重要的是政治方面的稳定。他在比较中印两国发展模式时指出，这两种模式各具优势：中国在制造业上所取得的成就正是印度欠缺的，而印度较为发达的服务业和较强的消费能力也是中国的不足。这两种不同的发展道路是基于不同的体制。中国制造业的发展战略是计划经济的必然结果，中国政府有比较强大的调集资源的能力，可以把国内巨额储蓄投资于基础设施建设，扩大生产能力。

（五）郜若素对中国模式的解读

澳大利亚国立大学教授郜若素（Garnaut，2004）认为中国改革开放之所以成功在于以稳定的政治秩序为基础，中国在恰当的地方、恰当的时间，采取了新的经济发展战略，采取了可以促进增长的改革措施，同时也建立了更复杂的能够维持增长动力的政策基础。中国政府从实际出发在对外贸易、外商投资以及利用外部技术和资金方面制定了完善的国家政策，在农业方面实行了家庭联产承包责任制。

（六）张维为对中国模式的解读

日内瓦大学亚洲研究中心的张维为教授（Zhang Weiwei，2006）认为中国的发展模式完全独立于现有的西方经济发展模式。其特点包括：第一是“以人为本”，集中全力满足人民最迫切的需求。邓小平主张中国只能“实事求是”，而不是信奉任何教条，所有改革都必须考虑中国的具体情况，并给人民带来实惠。第二是“渐进改革”，而非激进革命。中国拒绝了“休克疗法”。中国的办法是利用现有不完善的体制来运作，并在这个过程中，逐步改革这个体制本身，使之转化，为现代化服务。同时进行不断的试验，所有的变革都首先在小范围内进行试点，成功了再推广到其他地方。第三是政府的主导作用。中国的变革是由一个强有力的、致力于发展的政府所领导的。这个政府有能力凝聚全民对于实现现代化的共识，保证政治和宏观经济的稳定，并在这种环境中推进大规模的国内改革。第四是有选择的学习，并且由自己来决定何时、何地、以何种方式采用外国的思想。第五是“正确的优先顺序”。中国改革的顺序是，先易后难，先农村后城市，先沿海后内地，先经济后政治。这种做法的好处是，第一阶段的经验为第二阶段的改革创造了条件。

（七）国际组织对中国模式的解释

以世界银行（1996）为代表的一些国际机构围绕市场和政府的关系对中国模式进行了总结。它们认为，中国的成功归因于政府对经济的主导作用，国家不但有发展本国经济的强烈愿望，把经济发展当作自己的使命，而且还有实现这个愿望的能力，能有效地推行必要的经济政策，不遗余力地推动高积累和工业化，实现经济高速增长的目标。随着经济的进一步发展，市场逐渐取代了政府成为资源配置的主导者，实现计划经济向市场经济的成功转型（世界银行，1997）。

四、国内专家对中国发展道路的总结

刘国光认为，中国社会主义自我完善的改革是以建立社会主义市场经济体制为目标的改革，绝对不是简单的“市场化改革”。中国的改革包括政治改革、经济改革、社会改革、文化改革、政府改革等，不能都叫作“市场化改革”，而是社会主义制度在各领域的自我完善。就是在经济领域，也不完全是“市场化改革”，而是“建立社会主义市场经济体制”，是在国家宏观调控下让市场起资源配置的基础性作用，并不是简单的“市场化改革”所能概括的（刘国光，2013）。

厉以宁认为，四十年来中国改革开放取得的最突出成就是完成了三件事：第一个是农村的家庭联产承包责任制，第二个是国有企业的股份制改革以及在此基础上形成了证券市场，第三个是民营经济的兴起（厉以宁，2008）。

吴敬琏认为，中国经济体制改革的实质，在于用以市场机制为基础的资源配置方式取代以行政命令为主的资源配置方式。在这个意义上，社会主义经济可以叫作市场经济。把中国改革最为成功的事情总结为三件事。第一是党的十二届三中全会明确了商品经济是改革的目标；第二是在党的十四届三中全会后进行的全面改革；第三是关于基本经济制度的改革，所谓基本经济制度就是以公有制为主体、多种所有制经济共同发展的制度（吴敬琏，2002）。

钱颖一认为，中国取得的迄今为止的成功是非常不容易的，这里面有非常复杂的因素，但基本推动力是三条并不特殊的基本经济规律：一是把激励搞对，二是让市场起作用，三是实行对外开放（钱颖一，2008）。

成思危认为，中国改革围绕的核心是“制度创新”，有四个突出特点：一是自上而下，二是量力而行，三是循序渐进，四是路径依存。

林毅夫认为，中国模式之所以成功，在于制定并实施了一套行之有效的发展战略，中国根据自身比较优势，从劳动密集型的产业起步，在完成了资金、人力和资本积累后，再逐渐向资本密集型产业升级，同时以渐进的方式完善市场经济体系，让价格发挥作用，使中国企业可以在竞争中形成自生能力。此外，他还指出制度是内生的，不存在一个放之四海而皆准、绝对优越的制度安排，任何制度安排的有效性都是在一定的发展阶段和特定的社会、历史条件下才成立，中国政府也正是在制度的不断演进中保持了经济的持续增长（林毅夫，2007）。

易纲认为，中国改革之所以成功的关键在于渐进式的改革，其基本要素包括：改革的目标和蓝图在改革过程当中一直在不断调整；改革的顺序按照从易到难进行，采用双轨制的方式；改革由政府主导，呈现很大的地区差异；中国的改革是一个“走走停停”的演进式的试验过程（易纲，2004）。

田春生从制度的视角对中国模式进行总结，认为：一个国家的发展模式应该由一个主权国家独立自主地进行探索，任何由外部强加的发展模式都是要失败的；社会主义与市场经济相兼容，是经济高速增长与社会协调发展的保障；转型政策具有不断调整的“人民性”特征，不是向少数特权阶层倾斜的政策；在转型过程中，中国的传统文化与现代发展能够融合（田春生，2006）。

俞可平从成功的经验和深刻的教训两个方面来讨论中国发展模式，认为成功的经验包括：在全球化时代同时推进国内的改革与对外部世界的开放，正确处理改革、发展和稳定的关系，坚持市场导向的经济改革，同时辅之以强有力的政府调控等。需要高度重视的是：经济发展必须与环境保护、生态平衡、人口增长、国民素质、社会安定、文化教育等相协调；必须把效率和公平放在同等重要的地位；在全面推行经济改革和社会改革的同时，适时进行以民主治理和善政为目标的政府自身改革和治理改革（俞可平，2006）。

吴增基将中国发展模式的概念界定为：在强有力的中央集体领导下进行的，以经济建设为中心，经济、社会、环境协调发展的，以人民共同富裕为目标，既积极借鉴中外一切优秀的文明成果，又立足于中国的具体国情，坚持独立自主的、渐进式的、和平的改革与发展道路（吴增基，2005）。

李克钦等则将中国经验总结为：以渐进式改革为中国改革的普遍形式；经济体制转轨与社会结构转型同步进行；社会稳定优先原则和稳步的民主化探索；长期保持低生育率水平和逐步减少贫困人口的政策；人口大国向人力资源大国的转变；对外开放、走向世界，努力扩大国际活动空间（李克钦、史伟，2006）。

杨启先认为，中国的改革之所以取得巨大成功，最根本的原因在于：在以“解放思想、实事求是”和“三个有利于”为标准的思想路线指导下，较好地处理了五个重要方面的关系，从而使中国的改革能够有条不紊、卓有成效地进行。一是较好地处理了经济改革与政治改革的关系，二是较好地处理了计划经济与市场经济的关系，三是较好地处理了市场发展与所有制结构调整的关系，四是较好地处理了激进改革与渐进改革的关系，五是较好地处理了借鉴外国经验与从本国国情出发的关系（杨启先，1998）。

五、中国发展道路的普遍性和特殊性

前述总结涉及影响中国经济发展的方方面面，这实际上也反映出，中国经济的成功本来就是多种因素共同作用的结果。可以将这些要素大体划分为特殊性因素和普遍性因素两大类。特殊性因素是中国自身特有的，至少对于其他国家而言不是普遍存在的因素，主要包括：中国作为一个社会主义国家，具有与其他许多国家不同的意识形态；中国实行的不是西方式的民主制，而是具有自身特点的民主集中制和中国共产党领导下的多党合作制；中国是一个拥有 13 亿人口的大国；中国既是发展中国家，又是转轨国家，经济具有特殊的双重性；中国以儒家文化为主，在文化传统上有着自己鲜明的特色；同时，中国处于东亚经济区，这种地理位置对中国经济发展有很大帮助。这样一些特殊因素对中国经济的发展起到了重要作用，但对于其他一些发展中国家来说是不一定具备的。从这个角度来讲，中国经济一些成功的具体做法具有相当的不可复制性。

与此同时，中国经济的成功经验中，也有一些因素并非中国独有，至少是可以学习借鉴的、有着一定普遍意义的因素。比如说，中国四十年来始终坚持把发展作为第一要务，长期保持社会政治稳定，使得改革发展和稳定之间的关系得到较好处理，而在改革中，坚持从实际出发，根据客观条件和国情不断推进制度创新，并坚持走渐进式改革的道路，同时大力推进对外开放，积极参与并受惠于经济全球化，此外，还充分发挥银行的货币创造功能实现资本积累。这样一些经验对于许多发展中国家来说，可能具有一定的借鉴意义。

特别值得注意的是，与一些欧美国家的主张不同，中国是把社会主义市场经济体制的建立和完善作为发展经济、提高人民生活水平的手段，而不是把它作为改革的目的。欧美国家则本末倒置，把建立市场经济、所谓的“民主制度”当作目的而不管这样的市场经济与“民主制度”是否有利于一国的经济发展、国力的增强和人民生活水平的提高。这也是欧美国家的主张在发展中国家失败的根本原因。

第二节　中国发展道路的普遍性

总体上看，中国经济快速发展的原因是多方面的。其中，最为重要的经验是：始终把发展作为第一要务，并正确处理了改革、发展和稳定的关系，以发展推动改革和维护稳定，并以发展作为检验制度创新成败的根本标准；始终坚持维护社会经济稳定，稳定是压倒一切的，稳定的社会政治环境促进了经济发展，也保证了改革的持续推进；始终坚持实事求是，立足本国国情进行制度创新，通过适宜的制度安排促进经济发展；始终坚持根据生产力发展水平和经济社会条件推进改革，合理调整并有效发挥政府和市场的作用；坚持稳步推进对外开放，在互利共赢的情况下充分受惠于经济全球化；坚持立足国内实现资本积累，积极发挥银行的货币创造功能，为经济发展提供充足的金融支持。这些经验都与适宜的制度安排有关，是中国根据自身的特点和实际情况作出的合理选择。这些经验对于其他发展中国家来说也不乏可资借鉴之处。

一、将发展置于首位

对于任何个人、国家和社会来说，用可持续的眼光来看，追求发展是其共同的目标。第一，经济发展是人类社会活动最为重要的一个目标。人类社会是由无数的个体组成的。对于理性的人来讲，追求个人利益最大化是本性使然。对于整个社会来讲，个体对自身利益的追逐最终可导致社会利益的最大化，实现经济发展，并反过来能为个体的经济社会活动提供更大的可能和更广阔的空间，形成螺旋上升的景象，经济发展也就成为人类社会的核心。

第二，经济发展是人类社会进步的体现和要求。自上古时代起，到刀耕火种的农业社会，再到日新月异的工业和科技时代，人类社会的面貌发生了翻天覆地的改变，最终都要落脚在经济的发展上。而且这种发展带有“拒下刚性”的特征，是一个不可逆的过程，只要人类社会存在一天，发展就必然延续。

第三，促进经济发展也是一国政府的重要职责。政府的长期执政地位必然要与其执政绩效相联系，突出表现为经济社会发展。因而如何满足人民的要求和愿望就成为执政者必须考虑的首要问题。作为制度的主要提供者，能否促进经济发展也就成为政府检验制度优劣的标准。

对于一个发展中国家来说，在一个相当长的时期内，发展经济更是其最紧迫、最重要的任务。

首先，发展经济是改变发展中国家落后状况、增进人民福祉的根本途径。社会生产是人类全部历史和全部活动的基础，生产力的发展是衡量社会进步主要的和最终的标准。人类社会的发展始终是先进生产力不断取代落后生产力的历史过程。发展经济、积累财富、提高人们生活水平，是社会进步最为直接的反映，也是人性最基本的要求。对于发展中国家来说，其最本质和最突出的问题就是生产力水平低下和贫穷落后，要改变这种面貌，唯一的途径就是发展经济。特别是发展中国家目前还有大量人口严重缺乏基本的生活必需品，温饱问题尚未解决，这种情况下，当务之急就是要迅速发展经济，满足人们最基本的生活需要。

其次，发展经济是解决发展中国家诸多社会经济问题的关键。当前，世界上许多发展中国家面临各种各样的社会和经济问题，诸如医疗卫生条件差、教育得不到保证、环境污染问题严重、贫富差距大，以及公民权利得不到有效保障，等等。而在所有这些问题中，经济发展问题是最关键的，因为这些问题的解决从根本上说都需要建立在经济发展的基础上，必须在发展中去解决。世界银行的研究也认为，即使是民主，与其说它是经济发展的原因，不如说是经济发展的结果（The World Bank，2005）。邓小平在总结中国改革开放经验的基础上，鲜明地提出“发展才是硬道理”的著名论断，这已经被中国经济和社会发展取得的巨大成绩证实，对其他发展中国家来说也值得借鉴。

最后，经济发展是制度改革的有力保障。就改革与发展的关系而言，两者是相互促进的。但改革本身并不是目的，目的还是要促进发展。因此，经济发展的实绩是衡量改革成败最为根本的标准。同时，经济发展反过来又可以推动改革顺利进行。一个国家的制度改革要取得大多数社会成员的支持，必须通过不断发展经济，做大蛋糕，使社会大多数人能够分享改革成果，实现整个社会的“帕累托改进”效果，提高人民对改革的认同度和对生活的满足感，从而增强整个社会的凝聚力和向心力。这样，政府的改革措施才能得到贯彻，改革才能够不断推进。

中国经济的高增长之所以能够发生，最重要的一条经验就是始终把发展放在首位。改革开放前后，党的指导思想和基本路线发生了重大变化。党提出了“一个中心、两个基本点”的基本路线，强调了“以经济建设为中心”。此后，“发展才是硬道理”“发展是党执政兴国的第一要务”的重大命题进一步强调了发展的重大意义。在这样的指导思想下，“发展”作为最重要的核心被贯穿到改革开放的整个过程以及各种制度安排当中，既是制度变迁的目标，也是检验制度是否适宜的最终标准。在这种情况下，受利益最大化驱动，企业和个人作为市场主体对于发展的要求无须赘言；更重要的是，以经济指标为核心的官员考核制度也对政府官员起到了类似的激励作用，使得经济发展成为全民共同的目标，制度提供者（政府）与制度需求者（企业、个人）的目标得以高度一致，为适宜制度的产生提供了保障，有力地推动了经济发展。

把经济发展放在首位，还意味着发展过程中必须在多重目标和多种利益之间根据轻重缓急进行权衡和取舍，必然要付出一定的代价。比如，中国人口多，资源相对不足，在推进工业化、城镇化的进程中，必然带来环境污染和资源消耗的问题，但在发展初期，中国经济面临的主要问题是供给不足，人民生活水平低，迫切需要解决的是温饱问题，在自己没有能力兼顾发展与环境双重目标的情况下，在发达国家拒绝提供或高价出售环保设备和技术的情况下，同时也因为当时许多环保技术并不具备，也不够完善，保护生态环境被放到相对次要的位置，使得经济发展确实给环境资源造成一定压力，付出了代价。再比如，为了解决外汇资金短缺问题，中国鼓励外商来华投资，为吸引投资，中国在土地出让、税收减免上作出了重大的让步，四十年来给外商投资的好处数以万亿计。中国经济发展中类似的付出和代价还很多，也很大，值得在今后的发展中予以高度关注。但回过头来看，如果当初不作出这样的牺牲，中国经济也不可能取得现在这样的成就，也没有能力来解决环境污染这一类的问题。因此，总的来看，这些付出是值得的，也是必需的。其实解决这类问题也不困难，只要发达国家无偿向发展中国家提供环保技术与设备，或以发展中国家出得起的价格出售这些技术、设备，同时给予发展中国家更多的援助。这样做本就是发达国家的责任：一是使发达国家在自己减少污染的情况下为环保作出更大贡献；二是发达国家偿还它们几百年发展中所欠下的“环境债”和“掠夺债”；三是这样做发达国家自己也能从中受益。

二、保持社会政治稳定

稳定的社会政治环境是制度有效运行和经济发展的必要前提。

中国在改革和发展中始终坚持的一条原则，就是保持稳定，“稳定压倒一切”。没有稳定的政府、稳定的政策、稳定的社会环境，经济就不能发展。稳定的重要意义在于以下三个方面：第一，维持社会稳定具有重要的政治意义。这是执政者与民众共同的诉求，是社会和谐的必要基础。第二，社会稳定是经济发展的关键前提。动荡本身将直接造成社会福利的损失，其产生的不确定性还会影响人们的预期和行为。反之，稳定的预期能够降低交易中的成本，提高资源的可利用率和配置效率，将市场主体的行为纳入长期利益最大化的目标下，避免短期行为。第三，社会稳定对于制度变迁过程也具有不可忽视的作用。一方面，它是观察社会对制度变迁承受力的重要途径。改革可以促进经济发展，但不应超出社会的承受范围。如果社会稳定，则表示当前的改革仍在可承受的范围内，可以在这个范围内选择最能促进经济发展的制度安排。另一方面，只有在稳定的前提下，才能不断推进改革，而不断改革又是生产力发展变化的必然要求，这也就是改革、稳定和发展之间的辩证关系。

坚持中国共产党的领导，维护强有力的政府，是确保中国政治和社会稳定的重要保障。改革开放必须有坚强、稳定的领导，政策必须稳定且一以贯之。这是建立市场信心、人民信心、投资者信心的基础。没有稳定的政府、稳定的政策，发展是不可能实现的。历史上是这样，现代社会也是如此。中国政府在大力推进经济领域改革的同时，没有盲目追求西方民主形式，而是立足于本国实际，有步骤地推进政治体制改革，保证中央政府的权威和控制力。中国经济改革发展过程发生了许多波动和争论，但在四十年的改革开放实践中，有一条始终没有改变，就是坚持社会主义的大原则、大方向。稳定的政治体制保证了改革方向和改革政策的连续性，坚持了市场化改革方向和“以经济建设为中心”。中国政府对社会和市场具有很强的宏观调控能力，通过产业政策、投资政策、财政政策、金融政策、土地政策等对国内宏观经济实施强有力的调节，通过法律、行政等手段规范经济行为和社会行为，确保社会的总体稳定。

坚持以人为本，让广大人民群众充分受惠于经济发展的成果是维护社会稳定的基础。改革和发展的目的是为了满足人民群众的物质文化生活需要。改革通常会对现有的秩序构成冲击，只有让人民群众从中受益，才能得到群众的拥护和支持，才能在维护社会稳定的情况下向前推进。中国在改革过程中，一直坚持“效率优先，兼顾公平”的原则，由于改革和发展给广大人民群众带来了实实在在的好处，有效地维护了一个拥有13亿人口大国的稳定，从而为改革的持续推进奠定了坚实的基础。

中国渐进式改革有效避免了社会剧烈震动。中国政府十分注意控制改革的速度和力度，确保对改革局面的控制力和社会稳定，保证改革开放渐进有序进行。中国改革开放措施逐步到位，目标分步实现；先着手比较容易的领域，再进行攻坚和突破性改革；先试点，再推广等。这样一些改革措施更贴近各地的实际情况，避免对现存利益格局造成太大的冲击，容易为广大群众理解和接受，在改革中有效维护了社会稳定。

稳定是发展的前提，没有稳定就无从发展。对于发展中国家来说，一条比较实用的策略就是在稳定中求发展，以发展促稳定，以改革促发展，实现改革、发展与稳定之间的相互促进。良好的发展环境能促进制度创新，在较短的时间内形成与经济发展战略相配套的适宜制度，降低制度创新的成本，提高制度创新的效率和收益。反之，不利的发展环境可能使得制度创新中断或者失败，从而导致经济发展战略得不到有效实施，不利于国家的经济发展。国内的政治稳定有利于调动企业、人民的积极性；稳定的国际关系有利于拓展国际市场；国内政治社会稳定和国际关系和谐有利于吸引外资、参与国际分工，从而使国内经济与国际经济快速接轨，进而促进国内的制度改革和创新。制度创新的变革促进了政治稳定的结构功能升级，而政治的稳定有序也会保障制度创新的顺利推进，两者结合起来就形成了一种互动的推动社会进步的机制。

三、制度创新本土化

一项制度本身并没有绝对的好坏之分，关键是要适应一个国家自身的需要，才能在特定的经济社会环境中发挥促进发展的作用。例如，当处于欠发达阶段时，经济利益可能是最好的激励与约束，而当经济发展到一定程度时，名誉和信誉可能上升到更重要的地位。也就是说，对于一个国家具有激励约束作用的制度，在另一个国家可能不一定有效。因此，任何制度，即使是学习和引进过来的，也必须根植于本土，切合实际。

中国在改革开放过程中，作出了一系列具有中国特色的制度安排，这些制度之所以能够有效运转，促进经济发展，关键是适应了中国国情和实际需要。比如，中国的农村家庭联产承包责任制的产生就鲜明地呈现了本土化特征。1978 年安徽凤阳小岗村农民自发签订“包产到户”的契约时，政府明确规定“不许分田单干”和“不许包产到户”；但 1979 年安徽省已经自发产生了 3. 8 万个包产到户生产队，占全省生产队的 10% 左右，这时候中国政府下发文件表示因地制宜、分类指导；到了 1982 年推广家庭联产承包责任制时，中国“双包”生产队占到全国的 86% 。这一制度最初是由基层基于实际需要创新出来的，中国政府则根据中国国情和经济社会发展变化不断对政策进行调整，由开始的禁止和不赞成到容忍，最后是普遍推广，形成了对生产力发展起到巨大推动作用的适宜制度。

中国也广泛吸收人类文明成果，通过引进国外先进制度推进改革。在此过程中，中国并不是照搬照抄，而是本着为我所用的态度，取其精华，去其糟粕，并注意根据中国的实际情况进行调整和完善，较好地避免了国外先进制度在中国的水土不服。比如，中国的金融体制改革是参考欧美国家制度进行的，但十分注意结合中国的文化传统特点。中国的文化传统使股票、债券市场的发展缺乏应有的人文和法律环境，致使为直接金融配套的社会服务体系不够发达，限制了直接金融的发展。而中国人民生活节俭、吃苦耐劳、喜欢积累财富而不愿背负债务，加之几千年的封建君主制度和儒家思想所倡导的中央集权也让国家意识、国家观念深深扎根于社会，人们习惯于接受国家和政府主导型的经济和社会发展模式，这些为中国建立国有银行主导的金融体系奠定了社会文化基础。实践证明，国有银行主导的金融体制对中国经济发展起到了巨大的促进作用。

社会文化作为一种制度性约束，对一国制度体系的形成有着根本性和长久性的影响。发达国家或发展中国家市场经济不断演进的历程表明：一个国家社会经济制度的形成，既是自己国家和民族特色长期演绎与变革的结果，即内生性；同时，也是不断吸收其他国家文明、文化、成功的政策和制度，不断借鉴和综合世界范围内所有成功精华的结果，即移植性。这里的移植并不是全盘的移植，而是要根据引进国本国的国情，进行必要、适当的改进，即进行“本土化”改造，只有这样才能使得移植性的制度与已有的制度、传统文化和本国国情相匹配、相吻合，从而使其有利于促进本国经济的发展。否则，不考虑本国已有的制度和现实国情，全盘移植国外整套的制度或机制，就会导致新制度与已有制度的不配套、不吻合，对经济产生不利的影响，甚至可能导致政治的不稳定和社会动乱。移植的外来制度必须是与现有的内在制度相匹配的，当移植的外来制度与内在制度不兼容时，执行成本和代价将会大大提高，而当它们与内在制度兼容时，执行的成本和代价将会大大地下降，经济就会平稳快速发展。因此，移植的外来制度要进行本土化，使其大体上与内在制度兼容。

一些国家采取“休克疗法”进行改革的效果从反面说明了制度创新和本土化的必要性。20 世纪 90 年代初期，当时的许多社会主义国家选择了私有化的道路，受当时国际、国内形势的影响，这种私有化没有采取“渐进式”的方法；相反，当时的领导者接受了西方经济学家的建议采取了所谓的“休克疗法”，希望通过快刀斩乱麻的方式迅速实现所有制形式的变革，从而完成向市场经济的转型。然而事实证明，这种激进式的改革方案不但没有起到预想的作用，甚至还激化了旧有的一系列社会矛盾，把这些国家的人民拖入了苦难的深渊。一般都认为“渐进式”与“休克疗法”只是改革时间长短问题，其实，两者的本质区别是“渐进式”考虑了改革国家的国情，而“休克疗法”忽视了国情，“渐进式”是把发展作为改革的目标，而“休克疗法”把改革本身作为目标。

四、政府与市场边界动态化

政府与市场是经济发展过程中两种最重要的制度结构。政府制度和市场制度都能解答生产什么、怎样生产、生产多少和为谁生产的基本经济问题，而解答的方式各有特色。政府的特点是具有权威性和强制力，极端的情况是计划模式，虽然能发挥集中的优势，但容易产生资源配置低效率的问题；市场是以价格机制和分散决策为基础的，虽然弥补了政府计划的不足，但也可能产生无序等问题。因此，政府和市场各自有各自的优势和作用，同时也都存在失灵，没有绝对的优劣之分，需要合理把握政府与市场的关系，形成优势互补。而政府和市场各自的优劣又强烈依赖于制度环境，因而需要根据形势变化动态地调整政府与市场作用的边界。这是制度适宜相对性和动态性的内在要求和重要体现。

中国自1978年以来波澜壮阔的改革总体上是市场化取向的，通过放权让利、引入竞争机制、完善产权制度等，市场在资源配置中的基础作用得到越来越充分地发挥，极大地调动了市场参与者的积极性和创造性，更加充分有效地利用要素资源，有力地推动了中国的经济发展。改革的总体方向是明确的，就是市场化；改革的步伐是坚定的，但改革的路径是渐进的而非一步到位式的。市场化的进程总体上是与经济发展水平的逐步提高和经济社会条件的逐步成熟相一致的，是在充分考虑经济发展的需要和社会承受能力的基础上逐步推进的，既没有过于超前，也没有明显滞后。

国家调控与市场调节并存、政府政策与市场活力相结合是中国制度改革的重要特征。中国的改革过程突破了把计划经济等同于社会主义、把市场经济等同于资本主义的传统观念，认识到社会主义与市场经济之间不存在根本矛盾，计划与市场都是经济发展的手段，从而确立了发展社会主义市场经济的指导思想。通过不断的制度创新，政府的宏观政策和市场机制有机结合，共同促进经济发展，成为中国经济发展的显著特点。中国的发展道路不同于“纯”市场的模式和“纯”计划的模式，而是在充分发挥市场经济活力的同时，重视政府调控作用，这使中国能够防止混乱和无序，稳定地发展经济。

中国工业体制改革采取了两条腿走路的办法，没有实行以私有化为中心的改革模式：一方面，实行国有企业的改革，以市场化为导向，沿着“放权让利—企业承包制—建立现代企业制度”的改革路径不断推进国有企业改革，国有企业逐步脱离了传统的计划经济体制，市场化的经营理念和行为模式逐步确立起来，提高了生产效率，增加了商品供给；另一方面，支持非公企业发展，促进不同所有制形式的企业之间的竞争，逐步实现计划经济向市场经济的转移，增加市场在经济资源配置中的作用，提高经济效益。

在发展的过程中注重发挥政府的作用，对于促进发展中国家经济发展具有重要意义。但政府干预的一个重要任务是要培育和完善市场，形成内生经济增长能力，并随着经济条件变化动态调整与市场的边界。经济发展既不能完全依靠市场，也不能完全依靠政府，因为既存在"市场失灵"，也存在"政府失灵"。"市场失灵"使政府的积极干预成为必要，"政府失灵"又决定了政府干预必须适度和有效。市场和政府之间的关系是互补的、动态变化的，要根据具体情况的不同，在坚持市场调节的基础上，针对发展目标发挥政府宏观调控职能，进行适度有效的干预。市场经济不必然排斥政府干预，问题不在于干预的强与弱，而在于符合实际需求。实践表明，发展中国家往往更容易出现"市场失灵"情况，发展过程中保持一个强有力的政府是十分必要的，这样可以发挥公共部门在资源合理配置方面的重要作用，克服"市场失灵"问题。

五、充分受惠于经济全球化

全球化已经成为当今世界经济发展的一个主要趋势，任何国家发展国内经济的约束和条件都已经大大扩展，远远超出了本国的范围，各国面临的机遇和挑战都前所未有。特别地，对于发展中国家来说，把握机遇，积极参与并受惠于经济全球化，是实现经济跨越式发展的必由之路。第一，发展对外贸易有利于发挥比较优势，从国际分工合作中获取利益。第二，通过引进技术，可将后发劣势转化为后发优势，用更短的时间缩小与发达国家的差距。第三，在对外交往的过程中，人才的交流将产生技术、知识的外溢效应，可促进本国人力资本积累。第四，在开放的过程中，不仅先进的技术、经验可供借鉴，还可以学习借鉴他国先进的制度，在修正和改造的基础上以较低的成本形成适宜的制度。第五，融入全球化有利于形成更具包容性和开放性的思想意识，可以更好地学习先进的技术和经验。

中国的改革开放在时间上与全球化的加速时期基本吻合。自1978年开始，中国政府采取了种种优惠措施吸引海外投资，扩大进出口贸易。为了吸引较高水平的海外直接投资、促进技术转让和吸纳现代管理经验，中国在对广东、福建两省实行特殊政策的基础上，1980年正式批准在深圳、珠海、汕头、厦门成立经济特区，实行优惠的经济政策，进行对外开放的试点。1984年，将开放地区扩大到大连等14个沿海城市，1985年进一步向长江沿岸城市和内陆省区、内地沿边城市推进，开放长江三角洲、珠江三角洲和辽东半岛、胶东半岛等地区。20世纪90年代，以上海浦东的开放和开发为标志，中国对外开放进入一个新的时期。2001年中国加入世界贸易组织，标志着中国进入全方位的对外开放，以全新的姿态投入国际经济合作与竞争。

开放政策为中国经济带来了巨大的发展动力，外国直接投资带来先进的技术和管理经验，直接参与改造中国产业，使中国企业完成脱胎换骨式的升级改造。全球产业结构大调整和国际产业大转移推动与加速了中国的产业结构调整。20世纪80年代，中国抓住了国际上以轻纺产品为代表的劳动密集型产业向发展中国家转移的历史性机遇，大力发展加工工业，形成了中国自身的比较优势；20世纪90年代，中国抓住国际产业结构调整和转移的难得机遇，极大地促进了机电产业的发展；21世纪以来，中国又面临着向以信息产业为代表的高科技生产制造环节的转移。

实践表明，全球化是当今世界经济发展的必然趋势，生产社会化和国际分工使生产打破了地域和国界限制，市场经济的进一步发展要求在全球范围内优化配置资源，世界各国更多地成为世界生产链条中的一个环节；由于比较优势的发挥和生产专业化程度的提高，世界各国都被卷入国际商品交换之中，世界贸易的增长速度大大超过世界经济的增长速度，跨国并购活动大规模进行，全球直接投资不断增长，国际金融市场和资本流动急剧扩张。在这样的历史潮流下，世界上任何国家如果脱离全球化都难以实现发展。积极参与经济全球化，最大限度地发挥本国比较优势，扩展与他国的贸易、投资、金融合作，是实现资源优化配置、促进经济发展的有效途径。

结合本国国情来适应全球化，根据当地需求来融入全球化，是像中国这样的发展中国家实现现代化的必然选择。中国发展道路阐释了发展中国家在全球化过程中大有可为。通过利用外资和对外贸易可以带动本国经济的发展，有利于增加本国的资本积累，促进经济发展；同时，外资带来的不仅仅是资金，还带来了先进的管理经验和技术，通过示范效应、外溢效应和扩散效应，也将促进管理水平和技术水平的提高，以及人力资本的形成，有利于经济发展。另外，通过进口贸易，获取国内生产急需的原材料、先进的技术，缓解国内的资源短缺；通过出口发挥本国的比较优势，出口本国有竞争力的产品，为本国商品提供更大的市场，有利于增加就业、提高技术水平，以及调整产业结构等。

中国在实行对外开放的速度和程度上充分考虑了与自身能力相适应的问题。与发达国家相比，中国经济和金融体制不健全，市场经济体系不完善，基础设施薄弱，监管不到位，如果不顾一切地全面开放，将使中国经济被外国所控制。因此，中国采取的是循序渐进、有计划、有步骤地逐渐开放。中国是先开放加工贸易领域和建立经济特区，并对国内产业采取了必要的保护措施。例如，限制外资进入一些重要的产业和行业，使进口主要向发展所需的技术设备等资本品倾斜，对一般消费品进口有所限制，对外国投资也保持了有选择的接纳，以便保护民族企业和关键行业。后来逐渐降低了门槛，由个别领域、一般领域的开放过渡到各个行业，包括关键领域

（特别是金融领域）的普遍开放。在加入世界贸易组织后才实现比较全面的开放。这些措施维护了国家经济安全，促进了国内重要产业的发展，增强了消化吸收和自我创新能力，从而促进经济内生增长能力的提高。这些经验发展中国家可以参考。

在对外开放中，还应正确看待利益分配问题，要接受和允许外国投资的获利行为。如果不能获得超过平均水平的利润，投资者到发展中国家投资的意愿一般不会太强，因为发展中国家的生活、工作、休闲等条件都比较差，来发展中国家投资在精神上、生活上以及其他许多方面会有一些损失。如果没有超额的回报，外国投资者就不一定愿意来发展中国家投资，而可能选择条件更好的地方去投资。中国在改革开放过程中也曾有类似的问题，当时被称为“红眼病”，即一看到国外投资者赚钱，就产生一种嫉妒心理，就要改变政策，想多占一些好处。结果会把投资者都吓跑。看似保护了国内的资源和经济利益，而实际上并没有获得最大的好处，没有充分受惠于全球化。所以暂时让出一些好处是为了今后获得更大的好处，即所谓“将欲取之，必先予之”的道理。中国实际上是在不断寻找保护自己正当利益及吸引投资之间的平衡。一味让利，使自己的利益过度受损并不可取，而一点利不让，想以绝对平均的办法与投资者分享利益，则可能会赶走投资者。因此要权衡利弊，把握发展的机会，以获得发展为最终目标。

六、发挥银行的货币创造功能促进资本积累

资本积累对于经济发展具有重要作用，特别是在发展中国家的发展初期，资本积累是走上工业化和现代化道路的必然要求。从历史来看，欧美国家在发展早期主要通过比较血腥的方式完成了资本的原始积累，实现了经济发展。当今发展中国家不可能走同样的道

路，因此，缺乏资金完成资本积累是各发展中国家普遍面临的难题。在这种情况下，吸引外部资金是必要的，但过于依赖外资则潜藏较大的经济和金融风险，一些拉丁美洲国家就是因此引发了金融危机。资本积累根本上还是要立足国内，而尤为重要的是，应积极发挥银行的货币创造功能。

中国在经济发展过程中，没有经历像欧美国家那样的原始积累，经济得以迅速发展的一个重要原因，就是利用了银行系统的货币创造功能。中国长期实行国有银行主导的金融制度安排。改革开放以来，中国金融制度改革不断向前推进，金融体系日趋完善，但在整个改革过程中，有两个基本特征始终没有发生根本改变：一是在整个金融体系中，银行占据主导地位；二是在银行体系中，国有银行占据主导地位。中国以国有银行为主导的金融制度安排使政府有效地调控了金融资源——这在中国发展初期是十分稀缺的资源，并且弥补了转型时期由于金融机构自律性差、能力不足和监管弱而产生的金融风险控制不力的缺点，从而保证多年来经济高速增长所需的资金支持，使金融为实体经济服务成为可能。

过去四十年，正是利用银行体系的货币创造功能，中国解决了绝大多数发展中国家发展资金严重匮乏、无法完成原始积累这一难题，从而使经济从开始发展就具有比较充分的金融支持。当然，要充分利用国内银行体系为发展融资，还必须有一个清廉、一心为公的政府，必须妥善处理可能带来的通货膨胀问题和金融稳定问题。只有这样，发展中国家才能通过银行体系的货币创造为自己解决资金不足的问题。

第三节　中国发展道路的特殊性

由于不同国家具有不同的文化背景，发展所处的历史环境和阶段也不一样，所以任何一种发展模式在不同国家和地区必然会表现出一些特殊形态。中国国情决定了中国发展道路有其自身的特点，中国改革开放过程中形成了一系列特殊的制度安排，其他国家不一定可以效仿。中国经济具有独特性，中国经济的强劲增长屡屡超出世界众多著名专家学者的预测，也使得传统理论和发展经验难以合理解释中国经济的高增长。

一、不同的政治体系

中国之所以能够选择独特的改革开放道路，与中国有稳定的政府分不开，也与中国坚持社会主义的大方向分不开。中国共产党及其领导的政府是一个坚定地为人民服务、为人民谋利益的政党和政府。中国共产党根据人民的意愿和要求不断修正自己的政策，中国坚持的社会主义是不断完善自己的社会主义，不是一个一成不变的、僵化的、教条的社会主义，是以造福广大人民群众为目标的社会制度。因此，中国共产党和中国政府制定的措施切合实际，经济发展的政策可以保持必要的连续性，各项改革措施的出台时机、步骤的设计和过程的调控以及各方利益的平衡等基本都在政府可控的范围内。

另外，社会主义的本质决定了中国不能实行以私有化为中心的改革模式，这就避免了其他一些国家在私有化过程中出现的不公平现象及由此产生的社会冲突问题，从而使每一个社会集团或个人都可以从改革中获益，使改革成为大多数人的共识并得到大多数人的支持和参与。同时，正是由于坚持了党的领导，政府才能够在推进各项改革的过程中，不断推进转变自身职能的改革。

党和政府的领导方式也在改革中不断改进和完善。在改革开放和应对全球化挑战的过程中，中国共产党在坚持马克思主义基本原则的前提下，结合不同时代的特征和本国的国情，使马克思主义与时俱进并不断进行理论创新，推进意识形态的建设和向更高层次的发展，进一步发挥其指导实践的作用。

二、不同的决策机制

对于一个国家来说，拥有适宜的制度十分重要，但是拥有制定和实施适宜制度的决策机制和能力也很重要。许多国家和地区经济发展落后或改革不成功，不仅是因为缺乏适宜的制度，更重要的是缺乏能够产生适宜制度的决策机制。每个国家的决策机制未必相同，好的决策机制有利于创造出更适宜的制度，而适宜制度也会有利于决策机制的不断科学化、高效化。

中国以民主集中制为主要特征的决策机制，在中国适宜制度的产生过程中起到了积极作用。民主集中制是马克思主义认识论和群众路线在党的生活和组织建设中的运用，是民主基础上的集中和集中指导下的民主相结合的制度。这一决策机制不同于西方式的竞争性民主，不是简单的“少数服从多数”。安格尔（2006）认为，民主集中制之所以是民主的，“是因为它对所有参与者的意见给予同等的重视。但是，作为‘集中制’，它要求从决策过程中得出一个所有参与者都要遵守的唯一决定”。民主集中制运行的一个重要程序是协商，通过协商，“大量的、常常是不同的信息得以整合或集中为一个单一的政策结果”，这种政策会得到两种结果，或者是适应了当地的状况，或者是受到指责后进行调整。自由民主制和合宜民主制各有特点，很难说孰优孰劣，而可能“共享‘组织良好的人民’的称号，自由主义者和民主集中制者都立足于同样的基础上，谁也不比谁更组织良好”。

“冷战”结束之后，欧美国家（包括其主导的国际机构）把发展中经济体实行以西方“民主”理念为基础的“多党执政”和“票选民主”政治作为获得其援助的前提条件。因此多数发展中经济体实行了所谓的“选举民主制度”。这一制度是否适合发展中经济体的实际呢？这要用事实来说话。

世界银行2005年发布的一份全面回顾总结20世纪90年代改革情况的报告显示，许多国家在实行所谓的“民主”制度后，其经济表现均出现大幅下降。20世纪六七十年代南部非洲国家人均GDP年均增长2.6%和0.8%，而在进入改革后的80年代和90年代均为负增长，分别为-1.1%和-0.4%；拉丁美洲和加勒比国家20世纪60年代和70年代年均增长分别为2.5%和3.4%，80年代和90年代分别为-0.8%和1.6%；东欧国家在90年代更是总体上陷入经济停滞和衰退（The World Bank，2005）。该报告同时指出，整个90年代世界上一个突出的现象是越来越多的国家转向自由竞争式民主选举，特别是相对贫困的国家，采取竞争式民主选举的国家数量增加了2倍。但不幸的是，民主化并未带来经济的发展。民主化既没能使一些国家建立起基本的法律和秩序，也没能阻止寻租和腐败。国际实证分析表明，在考虑收入影响后，竞争式民主选举与政府的好坏几乎没有联系。与之相应，大量的文献发现民主对经济增长没有显著影响。

世界银行在这份报告中分析指出，竞争式民主选举之所以没能带来经济发展，一个重要的原因是，在两极分化严重等情形下，民选政府倾向于牺牲多数人的利益以取悦少数人群。事实上，我们认为，这并不是说民主制度不好，其中的关键在于：首先，把民主制度作为目的是本末倒置，民主只是手段，不是目的。其次，把民主制度僵化为选举议会和总统是对民主的歪曲，是典型的教条主义，因此是不会成功的。最后，实施民主的时机不对。对于经济落后的发展中国家，首要的任务是发展经济，提高人民的生活水平，凡是能实现这样目标的制度都应该是允许实行的制度。不能先入为主地认为“议会民主”是最适合发展中国家的民主形式。事实胜于雄辩。许多没有实行西方式民主制度的发展中国家，其经济增长却好于那些实行了所谓“民主”的国家。欧洲及北美不让发展中国家自己选择适合它们的发展道路，非要坚持西方的发展理念，在发展中国家强制推行西方式民主制度，其用意好坏姑且不论，至少客观上的结果是阻碍了发展中国家的发展，使一些发展中国家始终处于动乱与不稳定之中。

对于中国来说，中国是基于自身的国情和历史选择了民主集中制。正如安格尔所说，“当代中国各种各样的特点或许使真正的民主集中制成为一种具有吸引力和较为可行的选择，或许是一种吸引力和可行性在中国得到最佳结合的选择”（安格尔，2006）。中国共产党按照民主集中制的原则把党组织成为一个行为一致、具有战斗力的整体，保证了在每一次新政策的制定以及实施时，在每一次经济发展面临紧急问题时，都能给予很好的解决。通过民主集中制，中国的改革得到大多数社会集团的支持和大多数人民的信任，能够在改革和发展过程中把握住速度和稳定的平衡，正确地处理好中央与地方、集体与个人之间的利益关系，促进经济的协调发展。1978 年中国从封闭经济走向开放经济，以及后来各种经济政策、区域发展战略的变化和调整，都是与民主集中制分不开的。民主集中制有利于调动各种积极因素，发挥了中国共产党和中国人民的主动性与创造力，激起了人民群众的市场参与意识和竞争意识，有利于市场经济的建立；同时，民主集中制保证了中国政府的民主科学决策，有利于及时正确地进行宏观调控和干预，维护了市场经济的有序运行，使经济避免了大起大落，保证了稳定持续发展。但这并不是说中国实行的民主集中制就完好无缺，现行的制度肯定有许多不完善的地方，还要不断改进。中国之所以不放弃这一制度，不是因为它完美，而是因为它适合中国发展的需要，只能在发展的过程中不断完善这一制度。

三、大国优势

中国人口多、劳动力丰富是基本国情，既增加了经济发展的难度，也是大国优势所在。在已经实现工业化的西方国家中，英、法、德、意等国，人口至今仍未能达到上亿人，只有日本人口有1亿多人，美国人口是3亿多人，而中国拥有13亿多人。中国劳动力资源因素弥补了中国在市场体制发育不足方面的缺陷，拉动了经济增长。丰富、廉价、优质的劳动力吸引外商投资于劳动密集型产业和生产环节，特别是加工、组装等行业，促进了加工贸易的发展；受过良好教育的人才储备又是吸引资本及技术密集型产业直接投资的重要原因。中国改革开放充分地利用劳动力优势，大力吸引外资，融入国际分工，取得了巨大的成功。

人口大国有利于形成完备的产业结构。中国不仅在劳动密集型的低端产业上有较强的竞争力，在高科技产品和高端产业上也有竞争优势，这在迄今为止的世界经济发展史上是不多见的。中国是世界上第三个成功发射和回收载人宇宙飞船的国家，在航天、通信、计算机等高尖端领域掌握了世界领先的技术。从改革开放开始到20世纪80年代中期为止，中国经济增长主要依赖轻工、纺织等行业。从20世纪90年代开始，中国经济增长的主要动力转为基础产业、新一代家电产品和房地产等。1995—2001 年，中国高新技术产业一直保持着年均 20% 以上的高速增长。21 世纪，汽车、机械、建材、电子等高科技行业又逐渐成为中国带动经济发展的主要力量。

中国的市场规模居于世界前列，且开放程度不断扩大。庞大的市场规模不但是中国发展内需经济的重要保证，也为中国与国际接轨、融入全球化大趋势提供了重要的渠道支持，日益成为中国经济发展中越来越重要的因素。中国不但对来自欧美的寻求高端市场的直接投资有相当的吸引力，也为来自发展中国家针对中低端产品的直接投资提供了市场。巨大的市场规模和消费潜力是中国可以成为主要经济力量的基础，也是中国经济未来发展的保证。这是中国经济与日本、韩国、新加坡等亚洲出口导向型经济发展模式的重要区别。

中国劳动力丰富、产业结构齐全、市场潜力巨大等大国优势，吸引了大量外资，促进了本国经济的快速发展，形成了良性循环机制，即劳动力丰富、产业结构齐全、市场规模大→吸引大量外资进入→优化劳动力结构、产业结构，扩大市场规模→吸引更高级别的外资进入……所以，与小国相比，中国为外资配套的能力更强，更有利于提升外资对本国经济的外溢效应。特殊的大国优势使中国发展道路对世界的影响远大于历史上任何其他的发展模式。

四、经济双重性

中国既是发展中国家，又是转轨国家，经济具有特殊的双重性，这使得中国发展道路具有鲜明的特点。

一方面，中国是发展中国家，经济具有后发优势。中国作为发展中大国经济相对落后，为加快经济发展、缩小与发达国家之间的经济差距提供了可能性。中国的后发优势在相当程度上表现为，承接亚洲地区的产业转移，通过技术模仿、技术引进、外资企业示范效应、外溢效应等多种途径，实现经济结构和劳动力结构不断优化，达到整体技术水平不断提高。通过多年努力，中国承接产业转移的能力日益提高，欧美发达国家对中国的直接产业转移逐渐增多，不仅规模逐渐扩大，而且技术含量日益提升。实践中，中国的工业化并没有跟在别国后面按照技术发展的自然阶段逐步发展，而是借助发达国家的先进技术，结合中国国情，跳过某些技术发展阶段，使国民经济整体质量提高。中国在保持重工业发展的同时，大力发展轻工业，特别是在民营经济和个体经济领域，并不断跟踪世界工业发展的最新进展，及时发展信息产业，并使信息产业及信息技术与整个国民经济紧密结合，用现代信息技术改造传统产业，实现信息化与工业化的结合，走出了一条跨越式的工业化道路。

另一方面，中国是转轨国家，经济体制的转变也是经济发展的重要动力。中国经济从计划经济向社会主义市场经济转变，实现了经济体制和经济增长方式的双重转变。经济体制转轨是生产关系层面的改革，经济增长方式转轨则是生产力层面的改革，两种转变共同为经济发展注入了新的活力，促进了经济发展。中国转轨采取渐进方式，维持了原有组织资源和法律体系的连续性，保持了改革中制度安排的相对稳定和有效衔接，避免了经济滑坡和宏观经济混乱。中国渐进转轨逐步化解了生产力和生产关系之间的矛盾，使得技术和制度成为经济发展的新源泉，保证了经济稳定、可持续性的发展。

五、不同的文化传统

文化是各国、各民族在其长期历史发展过程中形成的民族习惯、风土人情和社会风尚，是各国、各民族的道德规范、价值理念、意识形态和社会理想的集合，带有鲜明的民族性、地域性、时代性。

文化因素在制度变迁过程中具有十分重要的作用，影响制度变迁的路径选择。不同的文化会产生不同的制度变迁路径和适宜制度。与文化相适宜的制度安排，是促使正式制度安排发挥作用的不可缺少的保障，也是经济发展强大的动力。

在中国经济的发展过程中，文化是影响制度变迁和经济运行的重要因素。中国历史悠久，文化绵延，是儒家文化发源地。儒家文化在中国历史几千年时间里发挥着巨大作用。尽管中国文化多次受到西方文化的影响和冲击，但儒家文化一直处于中华文化的核心地位，通过教育和传统影响着中国人的价值观、行为方式。儒家文化对中国发展道路的形成和成功起到了特殊的积极作用。

中国传统文化具有很强的包容性，在改革过程中同样能够接受不同的经济理论和发展模式，对于先进文明和外来经验能够博采众家之长、为我所用，兼容并蓄地形成有自己特色的发展模式。中国传统上尊师重教，即使在改革开放前，人均教育水平也居发展中国家前列，改革开放后更加重视教育，促进了人力资本的积累，为中国经济快速增长提供了源源动力。中国儒家经济伦理提倡“黜奢崇俭”的消费道德观，居民的高储蓄为投资提供了较丰富的资金来源，对于积累物质财富与扩大生产、发展经济起着重要作用。这样一些因素都对中国的改革和发展起到了积极作用，构成了中国发展道路中有自身特色的内容。

六、有利的地理位置和世界华人圈

中国能迅速获得成功与特殊的地理位置有着很大的关系。改革初期，第一批进入中国内地的外资主要来自港澳地区。香港与内地（特别是深圳）形成了前店后厂的经济发展模式，发挥了香港国际经营优势和内地的劳动力优势，有力地促进了内地经济发展。亚洲四小龙承接欧美发达国家的产业转移，在经过二三十年的发展以后，开始寻求把低端产业向外转移，中国就是得益于良好的工业基础、劳动力优势以及地理位置，成为这些产业转移的主要目的地，有力地促进了经济发展。中国东部沿海地区的经济发展水平远远地高于中西部地区，也和中国东部沿海地区与港澳台地区在地理位置上接近有关。

世界各地的华人为外资进入中国起到了带头和桥梁作用。海外华侨华人是世界经济中的一支重要力量。改革开放以来，华人对中国的投资十分活跃，占到中国吸收外资的相当比重。欧美发达国家的外资企业进入中国，相当一部分也与欧美的华人有关。海外华人比较了解中国国情，他们到中国投资不仅带来了资金，也带来了相对先进的技术及管理经验，对促进中国经济发展起到了重要作用。

第四节　以制度创新推进全面深化改革

2012 年召开的党的十八大作出了全面深化改革的战略部署；2017 年召开的党的十九大再次强调要“蹄疾步稳”地推进全面深化改革，要“坚决破除各方面体制机制弊端”。这是中国改革在进入深水区后进行的“攻坚战”，需要突破现有利益格局对经济社会发展的制约，当然也就会遇到前所未有的阻力和压力。为此，必须把握住制度适宜这一根本性指导思想，通过不断的制度创新，进一步推进改革。

一、改革中存在的主要问题

回顾过去四十年所取得的成就，值得骄傲和欣慰，但也要看到现在的政治、经济、法律等制度还有很多不适应发展需要的东西，美、欧、日的制度体系中还有一些值得我们学习的内容。

（一）关于政府与市场的关系

过去，中国根据形势变化动态调整政府与市场作用的边界，在一般情况下让市场发挥主导作用，市场失灵时政府积极介入，两者相互补充形成平衡。但是不可否认，这方面做得还不够好，行政干预过多，市场作用发挥得还很不够，现有利益格局在一定程度上制约了经济社会发展。例如，对国有企业的管理就存在“不该管的管了，该管的没管好”的问题。有许多规定都要求“国有企业参照执行”，这种安排实际是不妥的。因为国有企业性质上虽属国有，却是参与竞争的市场主体，政府应该做的是在监督其经营行为、确保国有资产保值增值的同时，减少行政干预，扩大企业自主权，而不能把国有企业当成国家机关、把企业经理当成国家干部来管。

（二）关于投资

一段时期以来，投资过度扩张的问题虽然对经济社会发展的模式和质量产生了一定影响，特别是对资源环境造成了不小的压力，但对于一个拥有 13 亿人口，并且还有大量的贫困地区和人口的大国来说，大幅压缩投资，改变人们的消费习惯和观念，未必是件好事，因为可能带来全世界资源的过度使用及浪费。而且，人们消费观的转变也需要时间。

中国将在较长一段时期内处于社会主义初级阶段，国家的基础设施建设、城市化进程等有待进一步发展，解决当前一些经济和社会问题仍需要大量的资金投入，未来保持一定的投资水平对于保障经济平稳快速发展十分必要。

为了保证投资的效率和质量，需要在制度上作出改变。第一，弱化政府对投资的介入力度，抑制一些地方政府的投资冲动，由投资者根据市场环境作出投资决策。第二，进一步完善财政转移支付制度，加大对中西部地区、农村地区和中小城镇的财政支持力度，缓解城乡、区域发展不平衡问题。第三，通过特殊的制度安排加大银行体系对中西部和农村地区的资金支持。对上述地区的贷款分类标准宜适当放宽，相应的风险可由政府贴息制度等予以补偿，使得银行在总体风险可控的情况下，加大资金倾斜力度。第四，改进财政管理体制，加强预算管理，推动向公共型财政的转变。完善预算编制与执行的制衡机制，对财政投资进行规模控制；同时，为推动增长方式转变，促进社会和谐发展，增加财政资金在社保、医保、教育等方面的投入，合理控制生产性投资。第五，加快股市、债市发展。

（三）关于科技创新

科技兴则民族兴，科技强则国家强。科技实力远远落后于西方国家是制约中国整体实力提升的短板。中国科技成果转化率只有约10%，远低于发达国家40%的水平，大量科技成果不能转化为应用技术，企业不能真正成为技术创新主体，这是建设创新型国家的主要障碍之一。因此，关键是要改进科学技术体制，营造创新氛围。政府要制定有利于创新的税收制度、投资法律，在经济上、体制上对市场主体的创新活动予以更多鼓励和支持，进一步减少审批。在建设创新型企业和国家的过程中，要有“允许失败”的勇气，如果不敢“放”，就没办法取胜。目前社会上、政府部门中存在的不敢或不愿负责任、不愿承担风险的风气，不克服就没有希望。

（四）关于教育

教育事业是事关千秋万代的事业，中国的教育改革还任重道远。教书育人是统一的整体，只讲教书，不讲育人，个人的成长与发展就可能出现严重偏差。目前中国对教书、对知识传授有足够的重视，但在育人方面还要下更大的功夫。需要进一步落实育人为本的本质要求。坚持德育为先，推行素质教育，改革教育界的分配制度，使大学、中学、小学教师安心做好本职工作。要使教育领域成为培养世界级学科领军人物的基地。

二、中国经济元素走向国际面临的主要挑战

（一）四个“走出去”

中国经济元素走向国际主要包括四个方面。首先是货币“走出去”，也就是人民币的国际化。人民币的国际化从根本上反映的是中国经济的国际化。人民币国际化不仅有助于促进贸易、投资便利化，更有利于稳定区域乃至全球金融市场，推进国际货币体系多元化、平稳化，符合中国和世界其他国家的共同利益。

其次是资金“走出去”。资金“走出去”是一个国家发展到一定阶段后的必经过程。中国这样一个有着数十万亿元国内总储蓄、资金充裕的国家的资金流向世界是合情合理的。中国的资金无论是对发展中国家还是对发达国家都同样重要。因此，国际社会应以更加开放、平和的心态来看待中国的海外投资，建立更公平、公正、透明的投资合作机制。

再次是技术和标准“走出去”。当前，国际市场上的竞争已越来越多地表现为技术和标准的竞争，谁能占领技术、标准的高地，谁就获得了制胜的法宝。经过几十年的发展，中国已经掌握了一大批处于世界先进行列的技术、标准，以及较丰富的生产、管理经验，且这些技术、标准已被诸多实践证明是可靠的、适用的。目前已被许多国家接受、利用或看好的桥梁、高铁就是很好的例证。

最后是发展理念“走出去”。中国关于经济社会发展的成功经验可以为世界各国提供参考，为发展中国家谋求发展提供多样化的借鉴。同时，通过文化上、理念上的融合，有利于中国与其他国家共同发展，也有利于人类命运共同体的建设。

（二）两个大挑战

中国经济元素走向国际，面临着两个巨大的挑战。第一，中国走向世界，首先要面对的是现有的规则和制度。回顾历史，以往大国的崛起多数是依靠武力争夺或殖民掠夺手段实现，而中国现在不通过战争和殖民主义也发展起来了。因此，全世界面临如何接受一个依靠和平发展起来的大国，面临如何接受中国已是世界第二大经济体的现实。世界其他国家必须承认，现行的一些制度、规则不符合中国及广大发展中国家的根本利益，必须对这些不合理的制度和规则加以调整，使之更符合当今世界发展的需要，而不能一味要求中国和广大发展中国家接受过去由西方国家主导制定的全部制度和规则。当然，这种调整并不是全盘否定、针锋相对、从头再来，而是需要中国与西方大国都作出一定让步，在尊重现实的基础上，对现行规则进行调整、修订，使之更加符合各方利益。

第二，应以更加开放包容的心态，深化互利共赢合作。过去四十年来，尤其是 2001 年加入世界贸易组织以来中国的发展经验表明，中国社会、中国金融和三次产业的各个领域非但没有因为开放而走向衰落，反而因此获得了蓬勃生机和强大动力。这充分说明一个包容的市场、一个开放的环境对经济增长的特殊意义。世界上有一种现实主义的观点，认为中国的发展强大必然与现有的西方大国产生冲突，战争不可避免。我们认为，中国与西方国家必须合作，没有第二条道路可选，选择战争就是选择人类的毁灭。因此，对中国及世界各国特别是西方国家而言，未来既要进一步推动政府间双边、多边协作，为贸易、投资、金融提供更多便利，也要以更为市场化的心态切实降低市场部门尤其是商业性金融活动的准入门槛和合规成本，真正构建一个繁荣、有序、稳定，且符合世界各国共同利益的、互利共赢的大市场、大体系。这不能仅依靠中国的努力和诚意，还需要其他国家打破“冷战”思维，达成更多共识，以更加包容、宽容、开放的心态，以实际行动推动双边、多边贸易和投资自由化、便利化。

三、矫枉不能过正

对中国这样一个正处于转型关键期且有十三亿人口的发展中大国而言，经济体制改革的深化、政府与市场边界的调整没有先例可循，这种调整实际是一个对经济学理论的创新、继承与发展的过程，是理论创新与实践创新动态结合的过程。在这一过程中，既不能全盘照搬传统的西方经济学理论，那些是针对相对小的工业化国家发展而言的，当然，也不能盲目否定其他国家长期发展所形成的理论和经验。关键是要认清中国的经济发展特点和发展阶段，从中国国情出发，实事求是地把市场经济体制建设、把政府和市场的边界问题和互动调整，纳入中国作为一个后发国家实现跨越式发展、扮演与中国日益增长的综合国力相称的世界角色的大背景中加以考虑。在理论创新、实践创新过程中必须一切从实际出发、一切从发展出发，根据经济发展的需要不断摸索调整、与时俱进。在此过程中，需要特别注意不能矫枉过正。

凡事过犹不及。改革既要符合中国的实践，也要吸取其他发展中国家和西方国家的教训，不能走极端。过分依赖政府而忽视市场作用或是只重视市场而忽视政府作用的经济发展模式都难以成功。

（一）法治与“法无禁止即可为”

当前谈推进简政放权，加快转变政府职能，关键取决于政府能不能、敢不敢真放权。在过去的改革过程中确实出现过“一放就乱，一乱就收，一收就死”的情况。那么，如何放、放多少，如何绕过“放乱收死”的怪圈，这就又回到了如何承认并发挥好市场的决定作用，厘清政府与市场边界的根子上了。实际上，简政的“政”不是指政府机构，而是行政干预；放权的“权”也不是将引导的责任一推到底，而是扩大企业的自主权，真正形成“履行多大责任，赋予多大权力，承担什么后果”的责、权、利的统一。放权就是让企业真正成为市场的主体，而不是把企业当国家机关、把企业经理当国家干部来管，说是搞社会主义市场经济，而实际上仍是政府在主导。放权不是懒政、怠政，而是要变事前审批为事中、事后监督评价，变行政指令为指导，企业必须担当起市场主体的责任，政府保障市场的公平、公正、透明运行，这是转变政府职能的关键。

关于当前发展中面临的一些具体问题，解决的关键是依靠法治，依靠完善的制度。党的十八届三中全会之后全面深化改革的核心任务之一就是要发挥市场在资源配置中的决定性作用。今后的政府如何在不越位的同时保证不缺位，更好地发挥政府的协调与监督功能，避免出现过去“放乱收死”的老路，既需要在实践中继续摸索、调整，更重要的是要法规先行，要加快立法。政府要依法监管，营造公平、透明的环境，企业要依法行事，真正做到权、责、利相一致。在有了法律之后，还要尽快落实“法无禁止即可为”，这样才能充分调动各类市场主体的积极性和创造性，这也是建设创新型国家的根本出路，是保证中国能在强手如林的国际竞争中立于不败地位的关键一招。

（二）金融监管不能过度

当前，包括中国在内的世界大多数国家的金融监管体系几乎都是按照所谓的“西方模式”设计的。所采用的监管标准和具体指标针对的是西方成熟的工业化经济基础上的金融体系，而不是一个正在发展中的经济基础之上的金融体系。当前中国与西方国家所处的经济金融发展阶段有明显差异。2016 年，中国人均 GDP 约为 8 000 美元，仅相当于 20 世纪 70 年代中期西方国家的水平。被后来称为“全球金融监管柱石”的巴塞尔协议 I 当时尚未提出，资本充足率、风险权重等核心监管概念直到十余年后的 80 年代甚至 90 年代才被提出。在此期间，西方金融发展是非常自由化的，几乎没有实质性的有效约束，更谈不上监管的国际协调和统一。相比之下，中国当前的金融监管环境与中国经济发展的实际有较大差异。

监管理念与标准需符合实际情况和需要，不是越先进越好、标准越严越好，只有适合自己情况的，才是最好的。对于金融机构而言，促进发展与控制风险都要做到，但发展是第一位的。经济不发展才是最大的风险，也不是不顾风险的发展。与其他行业不同，金融业是专门经营风险的，承担着国民经济风险分散与跨期配置的基本职能。特别是在经济下行期，金融机构出现一些不良资产是符合企业经营一般规律的。对于金融监管而言，未知总是大于已知，风险“全覆盖”是几乎不可能的，因为经济运行具有一定的“黑箱”特征，超出现有认知水平的东西是无法覆盖的。所以，总会有一些风险暴露出来，也应该让这部分风险合理释放，只要损失可控就行。监管机构要做的不是控制具体的、个案的风险，而是要注重金融企业的风控机制及其执行，有好的控制风险的机制和严格的执行就可以控制风险带来的损失。合理有效的监管体系应该注意让控制风险与支持发展取得平衡，形成既支持发展又防止出现不可控的风险、既不能管死又要防范风险的局面。

第五节　需要新的思想解放

一、中国发展道路的总结

中国的发展道路就是坚持把经济发展作为最主要的目标，只要是能使经济不断发展的做法就支持。而发展的环境必须是稳定的，没有稳定的政治经济环境，经济发展就无法实现。要发展就不能墨守成规，就必须敢于冲破原有制度的束缚，敢于创新。而改革也好，创新也好，检验的标准只有一个，即是否能促进经济发展。不能促进发展的改革和创新是错误的，反之就是正确的。中国发展的经验就是要有适宜的制度，适宜的制度就是能够促进发展的制度。制度的选择应该与特定国家的经济发展水平、文化传统、意识形态和所处的国际环境相适应；同时，要随着条件和环境的改变，特别是随着生产力水平的改变而不断调整制度，在变与不变之中达成适宜制度。制度适宜实际上是变与不变的哲学，环境是变的，制度是变的，而制度必须适宜发展的需要这一原则是不变的。

党的十七大报告中将中国改革开放以来的经验总结为“十个结合”，即把坚持马克思主义基本原理同推进马克思主义中国化结合起来，把坚持四项基本原则同坚持改革开放结合起来，把尊重人民首创精神同加强和改善党的领导结合起来，把坚持社会主义基本制度同发展市场经济结合起来，把推动经济基础变革同推动上层建筑改革结合起来，把发展社会生产力同提高全民族文明素质结合起来，把提高效率同促进社会公平结合起来，把坚持独立自主同参与经济全球化结合起来，把促进改革发展同保持社会稳定结合起来，把推进中国特色社会主义伟大事业同推进党的建设新的伟大工程结合起来。这个系统而全面的总结中贯穿始终的一个最本质的结合，就是马克思主义基本原理同中国的具体实践相结合。从这个意义上说，“十个结合”的经验也将中国改革开放以来的成就从深层次上归因到中国根据本国国情和需要作出的适宜制度安排，这个制度就是中国特色社会主义。

党的十九大报告提出了新时代中国特色社会主义思想。这一思想是中国面临新的时代课题而取得的重大理论创新成果，内容极其丰富，其中与中国发展道路密切相关的是如下三个方面：明确了坚持和发展中国特色社会主义的总任务是实现社会主义现代化和中华民族伟大复兴，在全面建成小康社会的基础上，分两步走在21世纪中叶建成富强民主文明和谐美丽的社会主义现代化强国；明确了当前需要解决的社会主要矛盾是人民日益增长的美好生活需要和不平衡不充分的发展之间的矛盾，必须坚持以人民为中心的发展思想，不断促进人的全面发展、全体人民共同富裕；明确了中国特色社会主义最本质的特征是中国共产党领导，中国特色社会主义制度的最大优势是中国共产党领导，党是最高政治领导力量。这三个方面是对中国发展道路的高度概括和精练总结，也为中国未来的进一步发展指明了总体方向和基本路径。

二、关于中国发展道路的几点结论

中国四十年来的发展道路具有鲜明的中国特色，任何机械教条式地照搬照抄中国发展道路的做法都是错误的，但它包含着一个最有价值和意义的核心理念，这就是制度适宜。从这个角度来讲，所谓中国道路，其实质就是一个不断寻求适宜制度的过程，是在制度的变与不变之中达成适宜的动态制度变迁。也许这才是中国成功之谜的谜底。但它并非一把钥匙，更不是一把能解万把锁的万能钥匙，而是可以帮助寻找和制造钥匙的方法。也就是说，制度适宜作为中国发展道路的核心，实际上是一种理念和哲学思想，是方法论而非工具。由此，我们试图就中国的发展道路提出如下几点基本结论：

第一，中国发展道路的核心是制度适宜。即根据本国的具体国情和需要作出适宜的制度安排，并根据条件变化特别是生产力水平的变化不断创新，适时改变，在变与不变中达成适宜制度，以促进经济发展。就中国来说，这种制度安排的具体形式就是中国特色社会主义。这也是中国在今后的发展中必须坚持的。

第二，具有普适性的经济发展模式是不存在的。制度适宜理论与西方的制度经济学的关键区别在于，制度适宜理论坚持认为并不存在最优制度，也不存在普适性制度。无论是市场经济模式还是计划经济模式，无论是“华盛顿共识”还是“北京共识”，都不可能在所有发展阶段适用于所有国家。对于各个国家来说，只有适合自己的制度。

第三，正是因为不存在最优制度，因此，任何制度本身都不足以成为目标，经济发展才是目标；任何制度本身都不足以成为标准，经济发展才是标准。任何制度的适宜性都是处于不断变化之中的，因此，所有制度都需要随着生产力的发展和客观条件的变化而不断调整，从而在变化中体现适宜性；所有制度都需要根据不同国家和地区的不同情况进行修正，从而在多元化中体现适宜性。相反，用固定单一的制度套用一切国家注定要失败。

第四，中国发展道路就其具体形式而言，只适合于中国国情，不可能原封不动地移植到其他国家。

第五，中国发展道路就其制度适宜的核心理念来说，最大的价值是表明任何一个国家都可以根据本国国情和实际需要选择自己的发展道路，制定适宜的制度，并最终取得成功。

第六，中国发展道路从根本上说并非某种特定的模式，而是一种方法、理念和哲学思想，它强调变是永恒的。因此，中国发展道路不是任何其他发展模式的替代品，也不是任何其他模式的对立面。它不否定任何一种特定的发展模式，否定的只是把发展模式单一化和僵化的做法。

第七，中国发展道路的核心思想适用于所有国家。由于生产力是经济活动中最具活力的因素，且发展变化最快，任何希望发展的国家都必须建立适应生产力发展的制度。无论是发达国家还是发展中国家，那些认为自己的制度最好、无须改变的，必然会走向僵化和落后，只能带来失败。

三、需要新的思想解放

改革开放前夕，经过一场轰轰烈烈的解放思想的大讨论，中国形成了"实践是检验真理的唯一标准"的共识，为实施改革开放奠定了思想基础。审视现在，中国面临的问题与当时一样。关于中国今后走什么路的问题，虽然仍有"实践是检验真理的唯一标准"的指导，但现在已有许多人认为应以西方的"成熟"制度改变中国。是否可以再来一次大讨论，进一步明确发展道路的问题？习近平同志曾指出："道路决定命运"。经过四十年的发展，中国找到了一条正确的道路，必须坚定不移地走下去，与时俱进地完善下去。在这一过程中，要重视发挥中国拥有的体制与制度优势，扬长补短，实现更大的发展。

改革开放以来中国的成功源于一条不同于西方的发展道路，这条道路与不论是在西方国家还是在发展中国家均以失败告终的"华盛顿共识"形成了鲜明的对比，有人将其称为"北京共识"，也有人称其为"中国模式"。无论何种称谓，中国发展理念、发展道路的出现无疑对几个世纪以来西方倡导的发展理念和发展道路构成了强有力的挑战：西方向世界推销的模式化、公式化、数量化的发展方法是不是已经走到尽头？什么样的文化和思想将主导21世纪世界的发展方向？

关于中国市场经济地位的争议，主要源于对政府在市场中的作用的不同认识。中国对市场调节的认识是以效果或结果作为判断的标准，即如果市场调节有利于经济增长和效益提高，就让市场来调节；市场常有失灵的情况，这时就由政府进行必要的干预以纠正市场失灵。欧美国家认可的市场经济近乎一种“原教旨主义”的市场经济，但为了解决2008年发生的国际金融危机，发达国家普遍使用了政府的干预。其实，问题可能出在“市场经济”的定义上。这一定义一直是由欧美国家以其发展经验与实践为背景提出的。而今天广大发展中国家所处的环境与发达国家几百年前的发展初期已完全不同，按照发达国家和市场定义的发展，它们永远无法赶上发达国家，因此发展中国家必定会走与发达国家不同的发展道路。那么今天的“市场经济”为什么不可以采取与发达国家所实行的“市场经济”不同的形式呢？换句话说，今天世界上的“市场经济”定义应突破发达国家曾经给出的定义，而由发展中国家的实践来决定。否则，实际上就是让发展中国家走一条完全不可能实现发展的“发展之路”。

但这不是不承认发达国家所主张的市场模式对经济发展的贡献，只是希望根据已经变化了的环境和不同的发展基础，使市场经济的原则更适应发展中国家的发展需要。

归根结底，中国的成功在于不断微调，在于没有遵循固定的模式，在于它是一个“没有模式的模式”，在于它遵循变与不变的哲学思维，环境是变的、制度是变的，而制度必须适宜发展的需要这一原则是不变的。如果西方能够适时认清自身不足，调整自己的发展道路，也可能获得成功。例如，在2008年国际金融危机中，过度消费、发展虚拟经济的美欧经济遭受沉重打击，中国因合理把握了虚拟经济与实体经济之间的比例、投资与消费之间的关系而没有陷入危机。正是看到了中国的成功，美国等意识到实体产业的重要性，纷纷提出“再工业化”，以期重拾制造业竞争力。

经过四十年的发展，历史已经证明中国的道路是成功的，是适合中国国情的。但是今天的中国与四十年前已完全不同。中国已跃居世界第二大经济体，2017年的GDP已达82万亿元，固定资产投资达64万亿元，进出口贸易达28万亿元。如此庞大的经济体，其复杂性是不言而喻的。过去的老办法已不适应现在的形势，因此要创新发展道路。如何按党的十八届三中全会的决定让市场在资源配置中起决定性作用是继续推进改革开放的一项艰巨任务，只有实现了这项任务我们才能发展得更快、更好。

中国基于适宜制度的成功将有助于世界各国探索适合自己的发展道路，将为世界多样化作出自己独特的贡献。对中国发展道路的争论，不仅事关中国的文化、文明能否得到世界的认可，更事关整个人类发展道路、人类文明的多样化。我们有理由相信，世界终究会拥抱中国的发展。

参考文献

［1］阿瑟·刘易斯：《经济增长理论》，周师铭、沈丙杰、沈伯根译，北京，商务印书馆，1983。

［2］芭芭拉·斯托林斯等：《经济增长、就业与公正——拉美国家改革开放的影响及其经验教训》，江时学等译，北京，中国社会科学出版社，2002。

［3］白景美、宋春艳、王树恩：《试析战后日本技术创新政策演变的特点及启示》，载《科学管理研究》，2007（2）。

［4］包群：《贸易开放度与中国经济增长》，载《世界经济》，2003（2）。

［5］包群：《中国外商直接投资于技术进步的实证研究》，载《经济评论》，2002（6）。

［6］薄一波：《若干重大决策与事件的回顾》，北京，中共中央党校出版社，1993。

［7］彼得·马赛厄斯、M. M. 波斯坦：《剑桥欧洲经济史》（第七卷），王春法等译，北京，经济科学出版社，2002。

［8］查默斯·约翰逊：《通产省与日本奇迹》，金毅、许鸿艳、唐吉洪译，长春，吉林出版集团有限责任公司，2010。

［9］陈雄章、杨惠娟：《战后东南亚崛起探因》，南宁，广西师范大学出版社，1998。

［10］陈志武：《大国崛起：面向全球的中国》，载《经济观察报》，2006－12－04。

[11] 成思危：《制度创新是改革的核心》，载《南风窗》，2008（9）。

[12] 大卫·兰德斯：《解除束缚的普罗米修斯》，谢怀筑译，北京，华夏出版社，2007。

[13] 戴维·兰德斯：《国富国穷》，门洪华译，北京，新华出版社，2002。

[14] 道格拉斯·诺斯、罗伯特·托马斯：《西方世界的兴起》，厉以平、蔡磊译，北京，华夏出版社，1999。

[15] 道格拉斯·诺斯：《经济史中的结构与变迁》，陈郁、罗华平译，上海，上海人民出版社，1994。

[16] 道格拉斯·诺斯：《制度、制度变迁与经济绩效》，刘守英译，上海，上海三联书店，1994。

[17] 丁煌：《林德布罗姆的渐进决策理论》，载《国际技术经济研究》，1999（8）。

[18] 董辅礽：《中华人民共和国经济史（上卷）》，北京，经济科学出版社，1999。

[19] 董晓阳：《村社意识与俄罗斯社会发展》，载《东欧中亚研究》，2002（6）。

[20] 泛美开发银行：《拉美改革的得与失》，江时学译，北京，社会科学文献出版社，1999。

[21] 菲利普·戴尔海斯：《危机中的亚洲》，黄贵海译，香港，宇航出版社，1999。

[22] 弗里德里希·冯·哈耶克：《法律、立法与自由》，邓正来、张守东、李静冰译，北京，中国大百科全书出版社，2000。

[23] 冈纳·缪尔达尔：《亚洲的戏剧：南亚国家贫困问题研究》，方福前译，北京，首都经济贸易大学出版社，2001。

[24] 高波、张志鹏：《文化与经济增长：一个文献评述》，载

《江海学刊》，2004（1）。

［25］高德步：《世界经济通史》（中卷），北京，高等教育出版社，2005。

［26］贡德·弗兰克：《白银资本》，刘北成译，北京，中央编译出版社，2000。

［27］谷源洋：《中国缘何建立中国—东盟自由贸易区》（2002），http：//www. china. com. cn/chinese/jingji/123030. htm，2008－02－12。

［28］郭庆旺：《中国全要素生产率的估算：1979—2004》，载《经济研究》，2005（6）。

［29］国家统计局：《国际统计年鉴（2017）》，北京，中国统计出版社，2018。

［30］国家统计局：《新中国五十年（1949—1999年）》，北京，中国统计出版社，1999。

［31］国务院：《发展权：中国的理念、实践与贡献》（2016），http：//www. xinhuanet. com/politics/2016－12/01/c_1120029207. htm，2016－12－12。

［32］胡祖六、李山：《中国经济持续增长的源泉与极限》，载《改革》，1997（4）。

［33］华桂宏、高扬：《城市化历史进程的国际比较》，载《世界经济与政治论坛》，2002（1）。

［34］霍彦立：《克服经济萧条的妙招》，载《企业观察家》，2012（12）。

［35］江时学：《拉美发展模式研究》，北京，经济管理出版社，1996。

［36］江时学等：《拉美与东亚发展模式比较研究》，北京，世界知识出版社，2001。

［37］教育部：《2017年全国教育事业发展统计公报》，http：//

www. moe. edu. cn/jyb_sjzl/sjzl_fztjgb/201807/t20180719_343508. html，2018－09－05。

［38］杰弗里·萨克斯、胡永泰、杨小凯：《经济改革和宪政转轨》，载《经济学（季刊）》，2003（4）。

［39］杰弗里·萨克斯、胡永泰：《中国、东欧、前苏联经济改革中的结构因素》，载《经济政策》，1994（4）。

［40］金雁：《农村公社与十月革命》，载《苏联历史研究》，1987（3）。

［41］李德洙：《切实加强对新时期民族问题和民族工作的研究》，载《中央民族大学学报》，2005（1）。

［42］李京文、龚飞鸿、明安书：《生产率和中国经济增长》，载《数量经济技术经济研究》，1996（12）。

［43］李克钦、史伟：《“中国模式”还是“中国经验”?》，载《中共南宁市委党校学报》，2006（2）。

［44］李尚志等：《伟大的实践、光辉的篇章》，载《人民日报》，1992－10－24。

［45］李实、赵人伟：《中国居民收入分配再研究》，载《经济研究》，1999（4）。

［46］厉以宁：《中国改革开放三十年成就三件大事》，http：//forex. hexun. com/2008－03－03/104164157. html，2008－03－03。

［47］林毅夫、蔡昉、李周：《论中国经济改革的渐进式道路》，载《经济研究》，1993（9）。

［48］林毅夫、蔡昉、李周：《中国的奇迹：发展战略与经济改革》，上海，上海三联出版社，2003。

［49］林毅夫：《李约瑟之谜、韦伯疑问和中国的奇迹》，载《北京大学学报（哲学社会科学版）》，2007（4）。

［50］林毅夫：《制度、技术与中国农业的发展》，上海，上海

人民出版社、上海三联书店，1994。

［51］刘德芳：《苏联经济手册》，北京，中国金融出版社，1988。

［52］刘国光：《社会主义市场经济理论问题》，北京，中国社会科学出版社，2013。

［53］刘力臻：《市场经济“现代体制”与“东亚模式”》，北京，商务印书馆，2000。

［54］刘世锦：《我国经济“低成本竞争”模式形成的背景和特征》，载《经济社会体制比较》，2005（6）。

［55］罗伯特·巴罗：《经济增长的决定因素：跨国经验研究》，李剑译，北京，中国人民大学出版社，2004。

［56］罗纳德·麦金农：《经济市场化的次序》，周庭煜译，上海，上海人民出版社，1997。

［57］罗荣渠：《现代化新论——世界与中国的现代化进程》，北京，商务印书馆，2006。

［58］罗志刚：《对城市化速度及相关研究的讨论》，载《城市规划学刊》，2007（6）。

［59］马克思：《马克思恩格斯全集》（第一卷），北京，人民出版社，1975。

［60］马克斯·韦伯：《儒教与道教》，洪天富译，南京，江苏人民出版社，1995。

［61］马克斯·韦伯：《新教伦理与资本主义精神》，于晓、陈维纲译，北京，三联书店，1987。

［62］麦迪逊：《世界经济千年史》，北京，北京大学出版社，2003。

［63］莫里斯·博恩斯坦：《比较经济体制》，王铁生译，北京，中国财政经济出版社，1988。

［64］齐世荣：《世界史·近代史》（下卷），北京，高等教育出

版社，2005。

[65] 钱颖一、许成钢、董彦彬：《中国的经济改革为什么与众不同——M 型的层级制和非国有部门的进入与扩张》，载《经济社会体制比较》，1993（1）。

[66] 钱颖一：《并不特殊的中国改革》，载《商界（评论）》，2008（3）。

[67] 青木昌彦等：《政府在东亚经济发展中的作用：比较制度分析》，张春霖、攘温来等译，北京，中国经济出版社，1998。

[68] 桑秀国：《利用外资与经济增长：一个基于新经济增长理论的模型及对中国的数据验证》，载《管理世界》，2002（9）。

[69] 史蒂芬·安格尔：《合宜的民主集中制》，刘智利、吕增奎译，载《经济社会体制比较》，2006（4）。

[70] 世界银行：《1986 年世界发展报告》，北京，中国财政经济出版社，1986。

[71] 世界银行：《2020 年的中国：新世纪的发展挑战》，北京，中国财政经济出版社，1997。

[72] 斯蒂芬·罗奇：《中国在哪些方面做对了》，载《21 世纪经济报道》，2005－12－10。

[73] 孙健：《中国经济通史》（下卷），北京，中国人民大学出版社，2002。

[74] 孙焱林：《我国出口与增长的实证分析》，载《国际贸易问题研究》，2000（2）。

[75] 田春生：《“中国模式”：如何理解——从制度转型的视角》，俞可平等主编，载《中国模式与“北京共识”：超越“华盛顿共识”》，北京，社会科学文献出版社，2006。

[76] 托尼·安德烈阿尼：《法国学者安德烈阿尼谈社会主义的历史命运》，顾锦屏译，载《国外理论动态》，1998（10）。

［77］汪丁丁：《回家的路：经济学家的思想轨迹》，北京，中国社会科学出版社，1998。

［78］王珏：《世界经济通史》（中卷），北京，高等教育出版社，2005。

［79］王小鲁：《中国经济增长的可持续性与制度变革》，载《经济研究》，2000（7）。

［80］韦森：《经济学与伦理学——探寻市场经济的伦理维度与道德基础》，上海，上海人民出版社，2002。

［81］韦森：《文化精神、制度变迁与经济增长——中国—印度经济比较的理论反思》，载《国际经济评论》，2004（3）。

［82］翁东玲：《东亚模式的基本特征及产生的历史背景》，载《亚太经济》，2000（3）。

［83］吴承明：《中国资本主义与国内市场》，北京，中国社会科学出版社，1985。

［84］吴敬琏：《制度重于技术》，北京，中国发展出版社，2002。

［85］吴敬琏：《中国增长模式抉择》，上海，上海远东出版社，2005。

［86］吴增基：《论“中国模式”可持续的条件》，载《理论探讨》，2005（1）。

［87］武剑：《货币政策与经济增长》，上海，上海三联出版社，2000。

［88］小川雄平等：《南朝鲜经济分析》，赵凤彬、小川雄平译，北京，中国展望出版社，1989。

［89］杨启先：《论中国经济改革的成功经验》，载《理论前沿》，1998（24）。

［90］叶静怡：《发展经济学》，北京，北京大学出版社，2003。

［91］易纲：《中国的货币化进程》，北京，商务印书馆，2004。

［92］俞可平：《关于“北京共识”与中国发展模式的对话》，载《当代世界与社会主义》，2004（5）。

［93］翟凡：《改革开放二十年来中国经济增长的因素分析》，载《国务院发展研究中心调查研究报告》，1998（197）。

［94］张耿庆：《我国技术创新与经济增长的实证研究》，载《经济纵横》，2007（8）。

［95］张季风：《挣脱萧条：1990—2006年的日本经济》，北京，社会科学文献出版社，2006。

［96］张晶：《日本技术创新的管理机制》，载《国际技术经济研究》，2005（3）。

［97］张军，《双轨制经济学：中国的经济改革（1978—1992）》，上海，上海三联书店，1997。

［98］张军：《对中国资本存量K的再估计》，载《经济研究》，2003（7）。

［99］张军：《中国经济发展：为增长而竞争》，载《世界经济文汇》，2005（4）。

［100］张维迎、栗树和：《地区之间的竞争与中国国有企业的民营化》，载《经济研究》，1998（12）。

［101］张宇：《中国的渐进式改革为什么能获得成功》，载《中国人民大学学报》，1996（3）。

［102］郑功成：《中国社会保障制度变迁与评估》，北京，中国人民大学出版社，2002。

［103］郑先炳：《利率导论》，北京，中国金融出版社，1991。

［104］中共中央党史研究室：《中国共产党的七十年》，北京，中国党史出版社，1991。

［105］中共中央文献编辑委员会：《邓小平文选》，北京，人民出版社，1995。

［106］中国人民大学政治经济学系：《中国近代经济史》（下册），北京，人民出版社，1978。

［107］中国社会科学院、中央档案馆：《中华人民共和国经济档案资料选编 1949—1952（工业卷）》，北京，中国物资出版社，1996。

［108］中国社会科学院经济研究所经济增长前沿课题组：《经济增长、结构调整的累积效应与资本形成》，载《经济研究》，2003（8）。

［109］Acemoglu D.：Technical Change，Inequality，and the Labor Market，Journal of Economic Literature，2002（1）.

［110］Aghion P.，Howitt P.：A Model of Growth Through Creative Destruction，Econometrica，1992（2）.

［111］Arrow K. J：The Economic Implications of Learning by Doing，The Review of Economic Studies，1962（3）.

［112］Bairoch P.：The Main Trends in National Economic Disparities since the Industrial Revolution，In Disparities in Economic Development Since the Industrial Revolution，edited by P. Bairoch and M. Levy－Leboyer，New York，St. Martin s Press，1981.

［113］Balassa B.：Exports and Economic Growth：Further Evidence，Journal of Development Economicsm，1978（2）.

［114］Barro R. J.，Sala－I－Martin X.：Economic Growth，New York，McGraw Hill，1995.

［115］Borensztein E.，Ostry J.：Accounting for China's Growth Performance，American Economic Review，1996（2）.

［116］Bruton H. J.：A Reconsideration of Import Substitution，Journal of Economic Literature，1998（2）.

［117］CEPAL：Report on Latin American Symposium on Industrial Development，United Nations，1966.

[118] Chenery H. B., Strout A. M.: Foreign Assistance and Economic Development'. The American Economic Review, 1966 (4).

[119] Chow G., Li K. W.: China's Economic Growth: 1952 – 2010, Economic Development and Cultural Change, 2002 (1).

[120] Claessens S., Djankov S., and Lang L.: Who Control East Asia Corporations? — and the Implications for Legal Reform, World Bank Working Paper No. 2054, 1999.

[121] Clay K., Jones R.: Migrating to Riches? Evidence from the California Gold Rush, The Journal of Economic History, 2008 (4).

[122] Djankov S., La Porta R., Lopez – De – Silanes F. and Shleifer A.: Courts, The Quarterly Journal of Economics, 2003 (2).

[123] Euh D., Rhee H.: Lessons from the Korean Crisis: Policy and Managerial Implications, Long Range Planning, 2007 (4).

[124] Feldstein M.: Social Security and Saving: New Time Series Evidence, National Tax Journal, 1996 (2).

[125] Feldstein M.: Social Security, Induced Retirement, and Aggregate Capital Accumulation, Journal of Political Economy, 1974 (5).

[126] Frasher Institue: World Economic Freedom Index, https://www.fraserinstitute.org/economic – freedom/, 2018 – 05 – 04.

[127] Fung K. C: Foreign Direct Investment in China: Policy, Trend and Impact, Working Paper for the International Conference on "China's Economy in the 21st Century", Hong Kong, 2002.

[128] Garnaut R.: China's Third Economic Transformation: The Rise of the Private Economy, New York, Routledge Curzon, 2004.

[129] Haveman J. D., Lei V., Netz J. S.: International Integration and Growth: A Survey and Empirical Investigation, Review of Devel-

opment Economics, 2001 (2).

[130] Jorgenson D. W.: Information Technology and the G7 Economies, Cambridge, Harvard University, 2001.

[131] Keynes J. M.: The General Theory of Employment, Interest and Money, London, Macmillan and Co., Limited, 1936.

[132] Krugman P.: The Myth of Asia's Miracle, Foreign Affairs, 1994 (6).

[133] Kuznets S.: Modern Economic Growth: Rate, Structure and Spread, New Haven, Yale University Press, 1966.

[134] Lucas R. E. Jr: On the Mechanics of Economic Development, Journal of Monetary Economics, 1988 (1).

[135] McKinnon R.: Gradual versus Rapid Liberalization in Socialist Economies: The Problem of Macroeconomic Control, Proceedings of the World Bank Annual Conference on Development Economics, The World Bank, 1994.

[136] Nash G. D.: A Veritable Revolution: The Global Economic Significance of the California Gold Rush, California History, 1999 (4).

[137] Naughton B.: Reforming Planned Economy: Is China Unique?, In: C. Lee, and H. Reisen, eds. From Reform to Growth: China and Other Countries in Transition in Asia and Eastern Europe, Paris, OECD, 1994.

[138] Nolan P.: China's Post – Mao Political Economy: A Puzzle, Contributions to Political Economy, 1993 (12).

[139] Palley T. I.: External Contradictions of the Chinese Development Model: Export – led Growth and the Dangers of Global Economic Contraction, Journal of Contemporary China, 2006 (2).

[140] Qian Y., Roland, G.: Federalism and the Soft Budget

Constraint, American Economic Review, 1998 (5).

[141] Ramirez M. D.: Mexico's Development Experience, 1950 - 1985: Lessons and Future Prospects, Journal of Interamerican Studies and World Affairs, 1986 (2).

[142] Ramo J. C.: The Beijing Consensus, http://fpc.org.uk/publications/TheBeijingConsensus, 2004-05-11.

[143] Ramos J.: Growth Crises and Strategic Turnarounds, CEPAL Review, 1993 (6).

[144] Rodric D.: What's So Special About China's Exports?, NBER Working Paper No. 11947, 2006.

[145] Rodrik D., Subramanian, A., Trebbi, F.: Institutions Rule: The Primacy of Institutions over Geography and Integration in Economic Development, Journal of Economic Growth, 2004 (2).

[146] Romer P. M.: Endogenous Technological Change, Journal of Political Economy, 1990 (5).

[147] Romer P. M.: Increasing Returns and Long - Run Growth, Journal of Political Economy, 1986 (5).

[148] Sachs J., Lipton D.: Poland's Economic Reform, Foreign Affairs, 1990 (3).

[149] Sachs J.: Tropical Underdevelopment, NBER Working Paper No. 8819, 2001.

[150] Sachs J.: Understanding China's Development Performance, NBER Working Paper No. 5935, 2004.

[151] Salvatore D.: Introduction to International Economics, New York, John Wiley & Sons, Inc., 2004.

[152] Schumpeter J. A.: The Theory of Economic Development, Cambridge, Harvard University Press, 1934.

[153] Stiglitz J. E.: The Second Step Reform Strategy in China, Pacific Journal, 1999 (1).

[154] Solow R. M.: A Contribution to the Theory of Economic Growth, Quarterly Journal of Economics, 1956 (1).

[155] Solow R. M.: Technical Change and the Aggregate Production Function, Review of Economics and Statistics, 1957 (3).

[156] The World Bank: Economic Growth in the 1990s: Learning from a Decade of Reform, World Bank Publications, 2005.

[157] The World Bank: World Bank Country and Lending Groups, https://datahelpdesk.worldbank.org/knowledgebase/articles/906519, 2018-06-01.

[158] Uzawa H.: Optimum Technical Change in an Aggregative Model of Economic Growth, International Economic Review, 1965 (6).

[159] Zhang Weiwei: The Allure of the Chinese Model, International Herald Tribune, 2006-11-02.